本书由中国西部边疆安全与发展协同创新中心资助

西部发展研究

（2014）

主　编　罗中枢
副主编　姚乐野　王　卓

四川大学出版社

责任编辑:高庆梅
责任校对:何　静
封面设计:墨创文化
责任印制:王　炜

图书在版编目(CIP)数据

西部发展研究. 2014 / 罗中枢主编. —成都：四川大学出版社，2015.11
ISBN 978-7-5614-9135-5

Ⅰ.①西… Ⅱ.①罗… Ⅲ.①西部经济-区域经济发展-研究-中国-2014 Ⅳ.①F127

中国版本图书馆 CIP 数据核字（2015）第 276596 号

书名　**西部发展研究(2014)**

主　　编　罗中枢
出　　版　四川大学出版社
地　　址　成都市一环路南一段 24 号 (610065)
发　　行　四川大学出版社
书　　号　ISBN 978-7-5614-9135-5
印　　刷　郫县犀浦印刷厂
成品尺寸　185 mm×260 mm
印　　张　12.75
字　　数　275 千字
版　　次　2015 年 12 月第 1 版
印　　次　2015 年 12 月第 1 次印刷
定　　价　30.00 元

◆读者邮购本书,请与本社发行科联系。
电话:(028)85408408/(028)85401670/
(028)85408023　邮政编码:610065
◆本社图书如有印装质量问题,请
寄回出版社调换。
◆网址:http://www.scup.cn

目　录

社会主义核心价值观是跨民族政治认同的意识形态基础[①]

朱晓明[②]

在2014年5月召开的第二次新疆工作座谈会上，习近平总书记强调，要在各族群众中牢固树立正确的祖国观、民族观，弘扬社会主义核心价值体系和社会主义核心价值观，增强各族群众对伟大祖国的认同、对中华民族的认同、对中华文化的认同、对中国特色社会主义道路的认同。

社会主义核心价值观是我国跨民族政治认同的意识形态基础。深入阐发和领会这一重要思想，对于加强治国理政、"治边稳疆"的理论建设，掌握思想理论的制高点和意识形态的话语权，具有重要的现实意义和长远的指导作用。

（1）历史经验：马克思主义阶级观点和阶级分析的方法曾经是跨民族政治认同的意识形态基础。新中国成立以来，毛泽东处理民族问题的成功经验和基本特点就是运用阶级分析的方法。毛泽东在谈到甘孜民主改革和平乱问题时指出："民主改革是必要的，改革的决心是正确的。战争的性质基本上是阶级斗争，而不是民族斗争。战争的那一方面即叛乱的头子认为是民族斗争性质的。他们用'保卫民族和宗教'欺骗了一部分群众，这个战争带有群众性。打是不得已的，现在又要停下来，就是要争取群众，解决这个群众性的问题，把民族和宗教的旗帜从他们手里拿过来。"[③] 1970年12月，毛泽东在与斯诺的谈话中说，"什么叫民族啊？包括两部分人。一部分是上层、剥削阶级、少数，这一部分人可以讲话、组织政府，但是不能打仗、耕田、在工厂做工。百分之九十以上是工人、农民、小资产阶级，没有这些就不能组成民族。"[④]

这些重要判断对认识民族问题与阶级问题的关系，具有极为重要的理论意义。毛泽东在处理民族问题上，历来是以阶级分而不以民族分，主张发动群众、依靠群

① 本文系作者2014年8月23日参加由中国西部边疆安全与发展协同创新中心主办的"西部边疆安全战略研讨会"时提交的会议论文。

② 朱晓明，男，中国藏学研究中心原党组书记，四川大学客座教授，中国西部边疆安全与发展协同创新中心研究员。

③ 中共中央文献研究室、中共西藏自治区委员会、中国藏学研究中心编：《毛泽东西藏工作文选》，中央文献出版社、中国藏学出版社，2001年版，第147页。

④ 中共中央办公厅：《毛主席会见美国友好人士斯诺谈话纪要》，1971年6月1日。

众、团结多数、孤立少数、打击首恶。

1980 年第一次西藏工作座谈会以纠正“民族问题的实质是阶级问题”为突破口，对于结束以阶级斗争为纲，实现工作重点的转移，发挥了重要的历史作用。但在实践中一度发生了不谈阶级分析的另一种偏差。这不仅在民族关系上造成严重误解，对达赖集团分裂主义集团的定性也一度模糊。

第三次西藏工作座谈会在改革开放条件下第一次系统地阐明了西藏反分裂斗争的基本观点、基本方针。第四次西藏工作座谈会明确指出我们同达赖集团和支持他们的国际反华势力的斗争性质，是社会主义初级阶段一定范围内存在的阶级斗争的突出表现。在加强党的建设中，强调要用马克思主义阶级分析的观点和方法认识达赖集团是代表封建农奴主阶级利益的政治集团。第五次西藏工作座谈会的重要理论创新是提出了西藏的主要矛盾和特殊矛盾，会议指出，拉萨“3·14”事件再次证明达赖集团是代表旧西藏政教合一封建农奴主阶级残余势力、受国际敌对势力支持和利用、破坏西藏发展稳定、图谋“西藏独立”的分裂主义政治集团。用马克思主义阶级观点来分析“后达赖时期”的流亡“藏独集团”，可以说它是农奴主阶级残余势力和西方豢养的政治代理人的混合体。

在改革开放和市场经济的时代条件下，我们要汲取历史的成功经验和深刻教训。不能重犯“以阶级斗争为纲”的错误，也不能否认事实上仍在一定领域和范围内存在阶级斗争。对达赖集团的斗争，就必须坚持阶级观点和阶级分析的方法。离开了阶级分析、阶级观点，强化民族因素、宗教因素，就会模糊对与达赖集团分裂活动斗争的性质和实质的认识，就会削弱跨民族政治认同的意识形态基础。

但是，阶级分析的观点现在只适用在一定范围内仍然存在的阶级斗争，并不适用于社会上大量存在的由于民族、宗教差异形成纠纷、摩擦、矛盾增多的社会现象。在全社会，还需要能够超越民族差异、宗教差异，能够凝聚人心的共同价值观。

（2）国际比较：“变动中的碎片化格局”。

有学者提出“后冷战时代”国际政治的特点是“碎片化”。什么是“碎片化”？“碎片化”，英文为 fragementation，原意为完整的东西破成诸多零块，成为对现代社会传播语境（如微博、微信等）的一种形象化描述，以及对社会转型过程中社会阶层的多元分化的形象化说法。现在，有学者用它来描述“后冷战时代”的国际政治现状。相对于冷战时期，美苏争霸，两大阵营呈现出的“板块化”的格局。冷战结束后，苏联为首的社会主义阵营瓦解，“板块”成为“碎片”。① 但是，我们还应该看到，这种“碎片化”，不是原来对峙双方同时成为“碎片”，而是一方成了“碎片”，另一方，即以美国为首的西方阵营仍然是一个“板块”，北约东扩标志着这个

① 殷之光：《全球化背景下的民族问题与新冷战的结构》，《经略》，2014 年第 37 期。转引自 http://www.21ccom.net/articles/qqsw/zlwj/article_20140425105076.html，2014－04－26。

体现了以美国为中心的霸权主义政治原则的板块还在趁势扩大自己的地盘。

“碎片化”表现突出的代表性地域主要有两个：一个是阿拉伯世界的“碎片化”（美国新自由主义霸权的边缘地带），一个是东欧的“碎片化”（苏联解体后其沙文主义霸权的边缘地带）。两个边缘地区“碎片化”的成因各不相同，但也有规律性可寻。其国内原因是迅速资本化的官僚体系一方面分裂成互相竞争的利益团体，另一方面，也丧失了对于国内人民的意识形态领导权。

面对这种“变动中的碎片化格局”，以美国为代表的“以个人主义经济发展为基础的新自由主义”并没有提出解决之道，也“不能承载所必需的共同体想象”。因此，一方面是美国作为全球传统意义上的权力中心的地位正在下降，另一方面“碎片化”也是无中心的。由此形成的政治意识形态真空，使包括民粹主义、宗教极端思想等意识形态，以反霸权主义的姿态重新浮现出来。

这些动向对中国也有影响。随着宗教极端思想的蔓延，选择世俗化发展方向的新疆维吾尔族社会的穆斯林传统形态受到影响，宗教保守主义是滋生极端思想的温床。在西藏，达赖集团的分裂活动继续受到国际敌对势力的支持，影响西藏和四省藏区的稳定。

两个“碎片化”地带出现的深刻教训是一面镜子。它告诉我们：在改革开放和市场经济的条件下，一方面要解决经济社会发展中的贫富差距拉大、利益集团的问题，另一方面要牢牢掌握意识形态问题的话语权。跨民族之间的政治认同需要一个共同价值观的支持。美国和西方没有提供这样的思想理论武器。

（3）现实需要：社会主义核心价值观的提出为重构政治认同的意识形态基础提供了新的机遇。共同的价值观，是跨民族政治认同的新的意识形态基础。社会主义核心价值观的提出应运而生，具有极其重要的意义和作用。如果抛开社会主义核心价值观和价值体系，用“零敲碎打”的方式，头痛医头、脚痛医脚，既不能高屋建瓴，难以占领理论和道德的制高点，也不能提纲挈领，有效地阐明问题的实质，更不能高瞻远瞩，明确未来的前进方向。

十八大提出，培育和践行社会主义核心价值观是“我们党凝聚全党全社会价值共识做出的重要论断”。所谓全社会的价值共识，就是“确立反映全国各族人民共同认同的价值观‘最大公约数’”。[①]

社会主义核心价值观的提出为重构社会主义意识形态提供了新的历史机遇。说它是机遇，第一是因为它超越了民族、宗教的差异，提炼出了体现一致性、共同性的“最大公约数”，既是共同的价值观基础，也是正确的价值观导向；第二是因为它是由中央提出的，各地各单位、各行各业都要贯彻执行，这就形成了全社会协调、联动的氛围和“气场”。这对于做好新的历史条件下的边疆工作，做好民族、

① 习近平：青年要自觉践行社会主义核心价值观—— 在北京大学师生座谈会上的讲话，2014 年 5 月 4 日。

宗教工作，也是一个难得的机遇，我们要紧紧抓住这个历史机遇。

中央要求，培育和践行社会主义核心价值观，要“坚持联系实际，区分层次和对象，加强分类指导，找准与人们思想的共鸣点、与群众利益的交汇点，做到贴近性、对象化、接地气”。[①] 当前，在边疆民族地区，在民族宗教工作中，贯彻和体现社会主义核心价值观的要求，要抓住影响形成全社会共同价值认同的突出问题，明确价值导向。既要“管肚子”，也要“管脑子”。“加强社会思潮动态分析，强化社会热点难点问题的正面引导，在尊重差异中扩大社会认同，在包容多样中形成思想共识。”[②]

结合自己的研究，笔者谈两点体会：

（1）关于“民族交往交流交融”。第五次西藏工作座谈会提出四个“有利于”的“衡量标准”，即要把有利于民族平等团结进步、有利于各民族共同繁荣发展、有利于民族交往交流交融、有利于国家统一和社会稳定作为衡量民族工作成效的重要标准。在这四条中，对于其他三条，大家都赞成，对于“有利于民族交往交流交融”这一条，却有一些不同认识和看法。第二次新疆工作座谈会重申：“要加强民族交往交流交融。”实际上，在这“三交”中，对交往交流，也没有不同意见，因为任何一个民族都不是孤立、静止的存在于社会，必然要和其他民族发生联系，有交往、有交流，但是对于“交融”这一提法，存在一些误解和担心。

误解和担心主要有三点：①认为中国历史上没有“民族融合”，只有“民族同化”，而且是“强制同化”。但笔者认为这并不符合中国各民族长期交往的历史。②把“民族融合”到共产主义社会才能“最终完成”，误读为到共产主义社会才能“开始进行”。认为既然民族融合是“只有到共产主义社会才能最终完成的过程”，那么现在提出来，没有必要。③担心“民族融合”会使少数民族消失。按照马克思主义经典作家的原意，民族融合的最终实现，将是你中有我，我中有你，共同拥有的人们共同体。

民族之间的相互交流、相互吸收，乃至相互融合是自民族产生以后从来没有停止过的现象。关于资本主义在民族问题上的两个历史趋势，列宁曾经有过著名的论述，他强调民族的觉醒和民族壁垒的打破，“这两个趋势都是资本主义的世界规律”。[③] 列宁曾经深刻地指出：“无产阶级不能赞同任何巩固民族主义的做法，相反地，它赞同一切帮助消灭民族差别、打破民族壁垒的东西，赞同一切促进各民族之间的联系日益紧密和促使各民族融合的东西 。”[④]

---

① 中央办公厅：《关于培育和践行社会主义核心价值观的意见》，http://www.gov.cn/jrzg/2013-12/23/content_2553019.htm，2013年12月23日。

② 中央办公厅：《关于培育和践行社会主义核心价值观的意见》，http://www.gov.cn/jrzg/2013-12/23/content_2553019.htm，2013年12月23日。

③ 《列宁全集》，第20卷，人民出版社，1958年版，第10页。

④ 同上，第18页。

社会主义民族关系也存在两个发展趋势：一方面，各民族自身不断发展；另一方面，各民族社会主义一致性逐渐增加。社会主义民族关系中各民族个性的发展和共性的增多这两个方面的趋势，都是客观存在的。社会主义的根本任务就是在民族平等团结的基础上，使各民族在经济、政治、文化各方面全面发展，实现各民族的共同繁荣。民族团结和民族繁荣，二者不可分离，要互相促进。各民族只有充分发展繁荣了，才会逐步走向更为充分的交往交流交融。

（2）关于反对宗教极端思想。反对宗教极端思想既是当前的一项紧迫任务，也是一个长期的斗争。宗教极端主义从极端思想发展到暴力恐怖活动，问题的性质发生了变化。严重的暴恐事件、自焚事件，已经触犯了法律。其性质已经不是民族问题，不是宗教问题，而是严重的违法犯罪问题。因此，习近平同志指出：暴力恐怖活动，既不是民族问题，也不是宗教问题。这个定性，有利于从政治上、法律上把宗教极端思想与特定的民族、宗教问题区分开来，有利于最广泛地团结各民族各宗教爱国力量，形成反对宗教极端思想的最广泛的爱国统一战线。

但是，宗教极端思想所奉行的思想观念、所举的旗帜、甚至行事的名义无不打着宗教的旗号。所以，我们既要看到宗教极端思想的违法犯罪活动与宗教的质的区别，也要看到宗教极端思想与宗教“剪不断”的联系。否则，既不能分清是非，也不能使宗教界认清宗教极端思想对宗教自身的危害和宗教界理应承担的责任。越来越多的宗教界爱国人士和信教群众已经从宗教极端思想违法犯罪的铁的事实和血的教训中认清了宗教极端思想不仅违背国法国策，也违背了教义教规；不仅损害国家社会，也损害了宗教自身的利益、秩序和形象；既祸国，也害教。

中央第二次新疆工作座谈会把处理宗教问题的基本原则重新概括为：保护合法，制止非法，遏制极端，抵御渗透，打击犯罪。已经明确地把“遏制极端”纳入了宗教工作的范围和职责。反对宗教极端思想，才能维护正常的宗教秩序，使宗教观念和活动不偏离与社会主义社会相适应的方向。

我们必须有与宗教极端思想长期作战的深刻认识和充分准备。美国曾在这方面发生过严重失误。例如，在美苏两强争霸格局下，美国一度把伊斯兰教瓦哈比派和塔利班视为重要伙伴，养痈遗患。长达十年的反恐战争并未取得预期的效果，反而进一步加剧了阿拉伯世界的分裂，美国以新自由主义为主导的意识形态也提不出遏制宗教极端思想的理论武器。

笔者以为，反对宗教极端思想，必须发挥中国特色社会主义的优越性，高度自觉，坚持不懈。要宽严有度，刚柔并济。一方面，要大力发展经济，改善民生，培育和践行社会主义核心价值观，尊重和保护合法宗教活动；另一方面，要旗帜鲜明地反对宗教极端思想，支持和鼓励宗教界开展宗教思想建设，依法严惩违法犯罪活动。

我们要认真学习领会第二次新疆工作座谈会精神，加强意识形态工作，用社会主义核心价值体系构筑边疆民族地区各民族共有精神家园，坚定占领宣传、文化、教育阵地。树立“两观”：祖国观、民族观；提高“三个意识”：国家意识、公民意识、中华民族共同体意识；增强“四个认同”：对伟大祖国的认同、对中华民族的认同、对中华文化的认同、对中国特色社会主义道路的认同。紧密联系边疆民族地区工作实际，加强“治边稳疆”理论建设，加强问题研究、学理研究和学科建设，为促进边疆民族地区的社会稳定和长治久安贡献学术界的研究成果和精神力量。

依法加强与创新寺庙管理，建立健全寺庙管理长效机制[①]

次旦扎西[②]

2011年1月召开的全国宗教工作会议上，国家宗教事务局局长王作安强调，2011年我国宗教工作重在强化管理、规范管理、创新管理。他阐述说：在管理理念上，要更加重视依法管理；在管理制度上，要更加重视建章立制；在管理主体上，要更加重视宗教团体的作用；在管理方式上，要更加重视以人为本；在管理环节上，要更加重视源头治理；在管理手段上，要更加重视引导功能。

2011年9月26日，中共西藏自治区委员会、西藏自治区人民政府下发了《中共西藏自治区委员会、西藏自治区人民政府关于加强和创新寺庙管理的决定》（藏党发［2011］16号）文件，决定对西藏寺庙进行加强和创新寺庙管理。

一、加强寺庙管理委员会建设，推动健全寺庙管理长效机制

2011年下半年，全区1787座寺庙建立了580个寺管会、911个特派员机构，选派了6575名政治立场坚定、政策理论水平较高、熟悉宗教工作、有两年以上工作经验，特别是优秀得力、有培养前途的后备干部到寺庙管委会工作，形成一支稳定的驻寺干部队伍。寺庙管理委员会的成立，把寺庙纳入社会管理范畴，对广大僧尼实施管理、教育、服务三项职能，推动健全寺庙管理长效机制。

关于寺庙管理组织应履行的职责，国家宗教事务局于2010年9月30日颁布的《藏传佛教寺庙管理办法》第十一条规定了九个方面的职责：制定并组织实施本寺庙的管理制度；组织本寺庙教务活动，维护宗教活动正常秩序；管理本寺庙教职人员和其他工作人员，组织学习国家有关的法律、法规、规章以及国家的民族、宗教政策，加强民族团结宣传教育，组织开展对教职人员的教育培训；教育引导信教公民遵守国家有关的法律、法规、规章；管理本寺庙财产和文物；组织开展寺庙自养

---

① 本文为作者2014年8月23日参加由中国西部边疆安全与发展协同创新中心主办的“西部边疆安全战略研讨会”时提交的会议论文。

基金项目：中国西部边疆安全与发展协同创新中心科研项目阶段性成果。项目批准号：SK2011XTCXQY03。

② 次旦扎西（1963—），男，藏族，西藏拉萨人，西藏大学中国藏学研究所所长，长江学者、教授、博士生导师，主要研究方向为藏族历史与文化。

产业和社会公益慈善事业；维护本寺庙治安秩序、消防安全和环境卫生；协调本寺庙与社会其他方面的关系，维护本寺庙和教职人员的合法权益；处理本寺庙的其他事务。虽然《藏传佛教寺庙管理办法》是自治区实施干部驻寺常态化举措以前颁布的，但其总体规定依然适用于今天的寺庙管理组织机构。为了明确寺庙管理委员会的工作职责，自治区党委、政府在《关于加强和创新寺庙管理的决定》中确定了寺管会三项职能：管理、服务、教育。履行此三大职能，将会实现三大目标：确保寺庙的和谐与稳定（短期目标）；建立寺庙管理长效机制（中期目标）；引导藏传佛教与社会主义社会相适应（长远目标）。

2012 年 1 月 6 日，自治区党委召开第七次常委会，决定按属地管理的原则，将目前的这批驻寺干部全部划归同级统战部门管理，所有驻寺干部从原单位带编上岗，人随编制走，中央核定编制后再核拨各地、县；部分驻寺人员的身份转换按照“特事特办、注重表现、例行考试”的原则办理；为了充分调动广大驻寺干部的积极性、主动性和创造性，决定把驻寺工作经历作为提拔任用干部的重要条件，把在西藏会不会做宗教工作作为衡量干部工作能力和水平的重要标尺，对政治坚定、坚守岗位、工作深入、作风扎实、甘于奉献、表现突出的优秀驻寺干部及时、优先提拔重用；明确了驻寺干部工资标准和特殊岗位津贴标准，制定了先进寺庙管委会和优秀驻寺干部表彰意见。

为提高广大驻寺干部的“管理、教育、服务”三大职能的履行能力，区党委、政府安排党委组织部、统战部组织实施全体驻寺干部的培训工作，要求在三年内实现对所有干部的轮训。目前，已基本完成驻寺干部的轮训工作。西藏社会主义学院在具体的干部培训工作中，科学开设了“藏传佛教与宗教事务管理”“宗教理论与政策”“国际形势”“我区藏传佛教工作形势”“创新寺庙管理”“藏传佛教基本知识”“社会主义核心价值观”等课程，为驻寺干部学习贯彻党的宗教工作基本方针和宗教政策，掌握藏传佛教基本知识，把握寺庙管理的特点和规律，推动藏传佛教与社会主义社会相适应起到了积极的作用。

为全面落实中央第五次西藏工作座谈会精神，强化各级党政主要负责人在加强和创新寺庙管理中的主体责任，西藏自治区人民政府于 2011 年 9 月 26 日下发了《关于落实地（市）、县（市、区）党政主要负责人寺庙管理责任制的意见》。《意见》详细规定了党政主要负责人在任职期间针对落实寺庙管理必须做到的十个方面的职责和任务，并要求地（市）、县（市、区）党政主要负责人在年度述职报告中应增加本人落实寺庙管理情况的专项述职。自治区纪检、组织、统战部门依据专项述职报告和实际工作情况，对地（市）党政主要负责人年度落实寺庙管理责任情况进行考评并形成意见，报自治区宗教工作领导小组。党政主要负责人的寺庙管理责任制，确保了各级政府职能部门对加强和创新寺庙管理的真正落实。

二、实现寺庙“六建”工作，依法强化寺庙管理

各地（市）、县（市、区）按照配强班子、选好干部和能够较好发挥教育、管理、服务三大职能作用的原则，深入开展以“建机构、建党组织、建班子、建队伍、建职能、建机制”为核心的寺庙“六建”工作。到了2012年初，“六建”工作取得了明显成效。一是健全了寺庙管理机制。全区成立寺庙管委会580个、专职特派员机构911个、寺庙公安派出所78个、警务室146个，实现了寺庙管理机构全覆盖，为党和政府牢牢掌握寺庙管理权奠定了坚实基础。二是健全了党的基层组织。在健全机构的基础上，全区在寺庙管委会、专职特派员机构成立党委、党总支、党支部776个，为加强党对宗教工作的领导提供了坚实的组织保障。三是加强了领导班子。各党委和政府按照区党委的要求，配齐配全了寺庙管委会领导班子，寺庙管委会主任均由党员干部担任，副主任由寺庙派出所所长、警务室警长担任，同时吸收一部分政治上靠得住、宗教上有造诣、品德上能服众的寺庙上层僧尼担任副主任或委员，寺庙领导力量得到了加强。四是实现了干部驻寺工作常态化，在组织、编制等部门的支持下，全区核定驻寺干部编制6821名，目前已按照优中选优的要求，选配干部6575名，干部到岗率达96%。五是健全了职能。按照区党委明确的管理、教育、服务三个方面的职能，各寺庙管委会、专职特派员机构，积极建立各项工作制度，为牢牢掌握寺庙的人事权、财务权、物权和佛事权提供了制度保障。六是健全了机制。按照属地管理原则，明确了地（市）、县（市、区）、乡镇（街道）、村（居委会）对寺庙的管理责任，理顺了寺庙管理体制。

三、有效开展“六个一”活动，构建和谐寺庙机制

要求驻寺干部开展好“六个一”活动：交一个朋友、做一次家访、办一件实事、建一套档案、畅通一条渠道、形成一套机制。具体而言，就是全区广大驻寺干部与一至数名僧尼或为朋友，及时了解掌握僧尼的生活困难情况和思想动态；经常对自己所联系的僧尼进行家访，了解僧尼家庭的实际情况，坚持每半年为每个僧尼家庭至少解决一个实际困难和问题；为每个僧尼建立一套档案，详细记录僧尼的个人信息和家庭状况；通过电话、通信和家访等形式，建立一条驻寺干部与僧尼家庭联系的稳定渠道；形成寺庙管委会、驻寺干部、僧尼以及僧尼家庭协调联动构建和谐寺庙的机制。在“六个一”活动的开展过程中，广大驻寺干部带着感情、带着关爱、带着真诚，和广大僧尼交朋友，做好僧尼的思想政治工作，解决好僧尼修行、学习、生活和家庭中的实际问题，使广大僧尼紧紧地团结在党和政府的周围。

四、加快推进“九有”工程，强化寺庙公共服务

“九有”工程即：有领袖像、有国旗、有路、有水、有电、有广播电视、有电影、有报纸、有文化书屋。

强化寺庙公共服务，解决寺庙通路、通电、通水、通信、通广播电视等问题，解决僧尼生活中的实际困难。其重要意义在于使广大僧尼切身感受到党和政府的关心、社会主义社会大家庭的温暖，享受到团结发展和谐稳定的成果。目前全区寺庙领袖像、国旗、报纸全覆盖，通路 1175 座，通电 1098 座，通水 933 座，通讯 1284 座，通广播电视 390 座，建立文化书屋 500 多个，正加快剩余的 612 座通路、854 座通水、503 座通讯、689 座通电、1397 座通广播电视、1200 多座文化书屋建设进度，力争在 2014 年全区所有寺庙实现“九有”，切实加强寺庙基础设施，改善寺庙公共服务。

另外，很多地、县根据实际需求和承担能力，在寺庙“九有”工程的实施工作中有了各种行之有效的开拓与创新。拉萨市为了更好地服务于僧尼，进一步丰富了寺庙“九有”工程内容，开创性提出了“9+5”工程，不断提高服务职能。“9+5”工程指在完成“九有”工程工作目标的前提下，在 20 名僧人以上的寺庙另增加五项工作：修建一个食堂、一个澡堂、一个垃圾池、一栋温室，培养培训一名卫生员。在寺庙“九有”“9+5”工程的经费筹措上，不少地方也有创新。嘉黎县通过与对口援藏企业神华集团协调，争取了 910 万元，为全县所有僧尼建设 260 套宿舍，每套补助 3.5 万元，新建僧尼宿舍总面积达 17160 平方米。

五、全面落实“一个覆盖”，从根本上解除广大僧尼的后顾之忧

“一个覆盖”即：将全区所有在编僧尼全部纳入社保范围，实现养老、医疗保险全覆盖，并进行免费健康体检。

为了妥善解决好宗教教职人员的社会保障问题，解除他们的后顾之忧，国家宗教事务局、人力资源和社会保障部、财政部、民政部、卫生部五部门于 2010 年 2 月 10 日联合下发了《关于妥善解决宗教教职人员社会保障问题的意见》。《意见》要求以属地原则、自愿原则、权利与义务对等原则作为基本原则，各级政府宗教工作部门牵头协调，各级政府人力资源社会保障、财政、民政、卫生等相关部门在各自职责范围内组织实施宗教教职人员的最低生活保障和农村五保供养、基本医疗保障和基本养老保险等问题，使他们病有所医、老有所养。为贯彻落实《意见》精神，加快建立自治区寺庙僧尼养老、医疗保险制度，维护其社会保障权益，根据《中华人民共和国社会保险法》，结合自治区实际和僧尼特点，2012 年 1 月 1 日西藏自治区人力资源和社会保障厅制定下发了《西藏自治区僧尼参加社会保险暂行办法》。《办法》详细规定了僧尼参加城镇居民社会养老保险的缴费标准、政府补贴标准、养老金待遇、领取条件和僧尼参加城镇居民基本医疗保险缴费标准。规定僧尼死亡，养老保险个人储存余额除政府补贴外可依法继承，而基本医疗保险的个人账户余额可全部依法继承。为了表彰和谐模范先进集体和先进个人，《办法》也做出了相关规定：对被评为自治区级和谐模范先进称号的寺庙，其在编僧尼养老保险按上年度本人所选缴费档次和医疗保险个人缴费部分由政府按 100%的比例给予补助；获得地（市）级和谐模范先进称号的寺庙，由政府按 50%的比例给予补助；获得县（市、区）级和谐模范先进称号的寺庙，由政府按 25%的比例给予补助；对先进个人也以此标准执行，并力争做到每年免费为僧尼进行一次健康体检，从根本上解除广大僧尼的后顾之忧，使他们老有所养、病有所医、难有所解，切实感受到党和政府的关怀和温暖。目前，寺庙在编僧尼已有 93.3%参加了医疗保险，66.8%参加了社会养老保险，有效保障了僧尼的直接利益。

同时在全区寺庙广泛开展了以弘扬历代高僧大德“爱国爱教、弃恶扬善、崇尚和谐、祈求和平”为主的“一个教育”，力争用十年左右的时间培养 100 名爱国爱教的藏传佛教活佛等高僧大德，促进藏传佛教与社会主义社会相适应的百名高僧大德培养工程即“一个工程”和在全区寺庙广发开展和谐模范寺庙暨爱国守法先进僧尼创建评选活动的“一个创建”，等等。

六、深入开展法制宣传教育活动，推动藏传佛教健康发展

在全区藏传佛教寺庙深入开展以弘扬历代高僧大德“爱国爱教、遵规守法、弃恶扬善、崇善和谐、祈求和平”精神为主体的法制宣传教育活动、不断增强僧尼的祖国观、政府观、法律观“三个观念”和“一个公民”意识，是自治区党委、政府根据当前我区寺庙僧尼的思想实际和反分裂斗争形势，认真研究、审时度势做出的又一重大决定。通过法制宣传教育活动，进一步弘扬藏传佛教优良的爱国主义传统，是藏传佛教自身健康发展的内在需求，是党和政府对藏传佛教的基本要求，也是广大寺庙僧尼的共同愿望。

2008 年 3 月以来，在全区藏传佛教寺庙中开展了四年多的法制宣传教育，广大僧尼的中华民族意识、国家意识、法制意识和公民意识得到了明显提高，法制宣传教育取得了明显的成效，确保了宗教领域的持续稳定。

七、开展和谐模范寺庙暨爱国守法先进僧尼创建评选活动，积极引导宗教与社会主义相适应

开展和谐模范寺庙暨爱国守法先进僧尼创建评选活动，贵在增强寺庙和僧尼参与加强和创新寺庙管理的自觉性和主动性，调动广大僧尼爱国守法的积极性，让他们政治上有荣誉、经济上有实惠，进一步增强中华民族意识、国家意识、法制意识、公民意识，使每一位寺庙僧尼能够爱国爱教、遵规守法，坚决抵制和反对达赖集团的渗透破坏，不参与分裂祖国活动，不参加扰乱社会秩序活动，不干预行政、司法、教育和社会管理活动，成为政治上靠得住、宗教上有造诣、品德上能服众的宗教教职人员，其终极目标是健全寺庙管理长效机制，积极引导宗教与社会主义相适应。

2010 年 11 月，中共西藏自治区第七届委员会第七次全体会议召开，审议通过了《中共西藏自治区委员会关于制定“十二五”时期国民经济和社会发展规划的建

议》。《建议》提出积极开展西藏平安和谐寺庙创建活动，建立寺庙管理长效机制，积极引导藏传佛教与社会主义社会相适应。同年 12 月，根据中共中央统战部、国家宗教事务局《关于 2010 年度评比表彰全国创建和谐寺观教堂先进集体和先进个人的通知》和《全国创建和谐寺观教堂先进集体和先进个人评比表彰办法》的指示精神，召开了首届全国创建和谐寺观教堂先进集体和先进个人表彰大会，对 677 个先进宗教活动场所、151 个先进宗教团体、323 名先进宗教界人士进行了表彰，其中我区获奖寺庙 10 座、先进个人 10 名。

为了创建评选活动落到实处，西藏自治区党委统战部、区民族宗教事务委员会制定了《关于开展和谐模范寺庙暨爱国守法先进僧尼创建评选活动的意见（试行)》。《意见》规定和谐模范寺庙应具备以下条件：与党和政府保持一致，管理体制机制健全，爱国人士作用有效发挥，学习制度健全，寺庙僧尼管理到位，寺庙治保体系完善，建立正常宗教秩序，健全资产管理制度，基本公共服务有效推进，寺庙不得恢复封建特权，保持寺庙和谐稳定；规定爱国守法先进僧尼应该能够拥护中国共产党的领导和社会主义制度，爱国爱教，与达赖集团划清界限，坚决维护祖国统一和民族团结，反对分裂；积极参加爱国主义教育和法制宣传教育，自觉遵守国家法律法规，不从事非法宗教活动；模范服从政府和寺庙管理委员会的管理，自觉遵规守戒；潜心修学，积极参加寺庙佛事活动，具有良好的道德修养。《意见》规定：创建和评选活动实行“一票否决”制，凡寺庙出现危害国家安全事件、影响我区发展稳定事件，僧尼参与群体性事件的，自发生事件之日起三年不得参评；凡寺庙发生安全生产事故造成严重后果的，一年不得参评。2012 年 4 月 19 日，自治区党委、政府召开首届和谐模范寺庙暨爱国守法先进僧尼表彰大会，对 59 座模范寺庙和 6774 名先进僧尼进行了表彰。自治区党委、政府高度重视李源潮、杜青林两位同志的重要批示精神，迅速做出了在全区开展向次仁同志学习活动的决定，追认次仁同志为优秀共产党员、优秀驻寺干部，并按规定为次仁同志申报烈士，向次仁同志颁发奖金 2 万元，安排好次仁同志家属子女的工作和生活，极大地激发了广大僧尼争先为社会和谐稳定做贡献的积极性。

在全区开展和谐模范寺庙暨爱国守法先进僧尼创建评选活动，是全面贯彻党的宗教工作基本方针、宗教政策和国家管理宗教事务的法律法规的重大举措，是促进藏传佛教与社会主义社会相适应的有力抓手，是调动广大僧尼爱国守法积极性的有效载体，是加强和创新寺庙管理的实际步骤，是党和政府关爱广大僧尼的具体体现，符合广大僧尼意愿，顺应各族群众要求，受到了社会各界的拥护和欢迎。

八、健全寺庙管理法规，依法推动创新与加强寺庙管理进程

为了使加强与创新寺庙管理工作有法可依，有章可循，西藏自治区党委、人民政府和自治区民族宗教事务委员会以及相关部门依据国务院颁布的《宗教事务条例》的相关规定和中共中央办公厅、国务院办公厅印发的《关于建立健全藏传佛教

寺庙管理长效机制的意见》精神，自拉萨“3·14”事件以来出台了一系列法规，为创新与加强寺庙管理提供了法律依据和政策界定。2009年12月3日，颁布了《西藏自治区藏传佛教活动场所管理组织章程（试行）》；2011年9月26日，出台了《关于落实地（市）、县（市、区）党政主要负责人寺庙管理责任制的意见》；2011年9月26日，出台了《关于加强与创新社会流动从事宗教活动人员服务管理的意见》；2012年1月1日，颁布了《关于开展和谐模范寺庙暨爱国守法先进僧尼创建评选活动的意见（试行）》；2012年7月2日，颁布了《西藏自治区〈藏传佛教活佛转世管理办法〉实施细则》；2012年8月10日，颁布了《西藏自治区大型宗教活动管理办法》，等等。

《西藏自治区大型宗教活动管理办法》规定：宗教活动管理实行属地管理、分级负责和“谁主管、谁负责”的原则，确保活动依法、安全、有序进行；严禁举办无传统惯例的各种宗教活动；历史上曾经举办、现已自然中断或取缔的宗教活动不得恢复。《办法》还对大型宗教活动的审批权限和程序、需提交的申请材料等问题做出了规定。该《办法》的实施，为规范和加强大型宗教活动管理，切实维护宗教秩序，确保社会公共安全起到了积极作用。《西藏自治区藏传佛教活动场所管理组织章程（试行）》规定：藏传佛教活动场所管理组织由主任、副主任和委员组成，管理组织成员在民主协商推选的基础上产生。管理组织成员政治上要爱国进步，护国利民；宗教上要有一定造诣，在宗教教职人员中具有一定威信和影响；具备一定的文化素养和组织管理能力；遵规守法，公道正派，责任心强。管理组织主任（第一主任）全面负责本场所事务的管理。各副主任和成员在主任（第一主任）的领导下，实行分工负责制，协助主任（第一主任）处理各项日常事务。《章程》为维护宗教活动场所和宗教教职人员的合法权益，规范藏传佛教活动场所管理，建立宗教活动场所正常秩序，对寺庙管理机构的设置、各部门的职责以及财务工作做出了规定。

加强与创新寺庙管理两年以来，各寺庙管理委员会紧密结合当地实际，因寺施策，因人施教，积极探索适合各寺特点的工作方式方法，总结了一系列好经验、好办法，概括起来就是“五坚持、五结合”。一是必须坚持党的宗教工作基本方针、全面执行国家管理宗教事务的法律法规，把依法管理寺庙事务和宗教事务、搞好对寺庙和僧尼的基本公共服务与教育引导僧尼爱国爱教、遵规守法、反对分裂、维护祖国统一和民族团结结合起来，大力推动寺庙由基本稳定走向持续稳定，使僧尼自觉做到不参与分裂祖国的活动、不参加扰乱社会秩序活动。二是必须坚持党的领导、坚持贯彻区党委的各项决策部署，把教育、管理、服务与争取人心、凝聚力量结合起来，准确把握寺庙管理的特殊性和一般规律，充分发挥宗教界爱国进步人士的积极作用，努力引导藏传佛教与社会主义社会相适应。三是必须坚持以人为本，把深化寺庙法制宣传教育、依法管理宗教事务与尊重僧尼的宗教信仰、真诚关心僧尼结合起来，始终把寺庙作为基本社会组织、把僧尼作为普通公民对待，既不特殊化也不边缘化，努力推动宗教事务管理走上社会化、法制化轨道。四是必须坚持原则，讲究策略，把依法管理的政治性、政策性、原则性与策略性、灵活性、时效性结合起来，既有理有据有节管理，又灵活机动、区别对待，紧紧团结和依靠寺庙爱国僧尼实行依法管理，团结教育大多数，孤立打击极少数，最大限度地增加寺庙和谐因素，最大限度地减少寺庙不和谐因素。五是必须坚持发挥寺庙管委会的主体作用，把驻寺干部的工作积极性与僧尼的参加积极性结合起来，密切驻寺干部与僧尼的沟通联系，深入推动加强创新寺庙管理工作健康发展。这是全区前一阶段加强和创新寺庙管理工作积累的宝贵经验。

参考文献

[1] 孜噶向色拉寺颁布的告示. 甘丹颇章时期西藏地方典制约章汇编（藏文）[C]. 北京：民族出版社，2008.

[2] 十三世达赖喇嘛·甘丹大乘强巴林寺规（藏文）. 寺规集（藏文）[M]. 拉萨：西藏人民出版社，2001.

[3] 十三世达赖喇嘛向三大寺轨范师、措勤格贵下发的传令（藏文）. 甘丹颇章时期西藏地方典制约章汇编（藏文）[C]. 北京：民族出版社，2008.

[4] 顿拉. 僧管制度：哲蚌措钦协敖（藏文） [M]. 拉萨：西藏人民出版社，2011.

[5] 刘成有，学愚. 全球化下的佛教与民族·第三届两岸四地佛教学术研讨会论文集 [C]. 北京：光明日报出版社，2011.

[6] 徐百永. 政教分离，抑或政教合一·国民政府对西藏政治和宗教关系的政策考量 [J]. 中国边疆史地研究，2010 (4).

[7] 嘎·达瓦次仁. 当代西藏活佛的权威功能转世喇嘛. 藏传佛教活佛转世制度研究论文集 [C]. 北京：中国藏学出版社，2007.

[8] 却西，曹自强. 金瓶掣签——释尊垂示之体现. 藏传佛教活佛转世制度研究论文集 [C]. 北京：中国藏学出版社，2007.

[9] 陈元福. 宗教对社会稳定的双重效应 [J]. 青海民族学院学报：社会科学版，2000 (1).

西藏边境人口较少民族分布区传统贸易及其特点分析[①]

扎 西 刘 玉[②]

边境贸易（BorderTrade）是指边境地区，在一定范围内边民或企业与邻国边境地区的边民或企业之间的货物贸易，包括边民互市贸易、边境小额贸易和边境地区对外经济技术合作。其中边民互市贸易指边境地区边民在边境线 20 公里以内、经政府批准的开放点或指定的集市上，在不超过规定的金额、货物数量和时间范围内进行的商品交换活动。西藏作为我国西部边疆地区，同南部的缅甸，印控珞隅、门隅地区以及不丹、尼泊尔等国家相邻，各边境地区的边民同邻近国家和地区以及印控门巴族、珞巴族等民族的互市贸易历史悠久，影响深远。

一、西藏人口较少民族边境贸易的历史演进

西藏边境地区人口较少民族指在林芝山南两地边境地区生活的门巴族、珞巴族以及在西藏林芝察隅县的僜巴（僜人）和日喀则地区定结县、聂拉木县及定日县绒辖区边境地区的夏尔巴人。僜人和夏尔巴人族属未定，但在西藏自治区内享有单一民族的有关待遇。在西藏，除以上四个人口较少民族外，还有回族、纳西族等民族，因这些民族在西藏历史短且人口少，在边境县域少有分布，故本研究中不予涉及。

西藏人口较少民族大部分分布在边境区域，同藏民族等的贸易历史悠久，这种边境贸易一方面推动了藏区畜牧业产品和其他农副产品大量流入周边国家和地区，同时其他地区的茶叶、绢、布、陶瓷、米面、调料、茜草及其手工产品也通过人口较少民族的生产与交易大量进入藏区，不但促进了双方畜牧业、手工等产业的发展，更增强了不同地区民族之间的交流。

---

① 本文为作者 2014 年 8 月 23 日参加由中国西部边疆安全与发展协同创新中心主办的“西部边疆安全战略研讨会”时提交的会议论文。

② 扎西（1965—），男，藏族，西藏林芝人，西藏大学思想政治理论教学部教授，主要研究方向为民族学。

刘玉（1987—），女，汉族，宁夏银川人，西藏大学思想政治理论教学部 2013 级马克思主义民族理论与政策专业硕士研究生。

（一）西藏人口较少民族传统的边境贸易

西藏人口较少民族传统的边境贸易以边民互市贸易和边境小额贸易为主。旧西藏畜牧经济占主导地位，经济结构单一，因此开展对外贸易来弥补高原稀缺的生活产品占据突出的地位。早期的吐蕃王朝就已经开始注重开启与周边邻国之间有组织的贸易活动。《德乌教法源流》在介绍松赞干布的伟大功绩时，提到了“拉杰凯杰”。“‘拉杰’被解释为八个山口，‘凯杰’指八个贸易市场，即上部三市：突厥、回纥（指克什米尔）、尼泊尔；下部三市：葛逻禄、绒绒、丹玛；中部二市，是指二东东大集市。所谓大市场，指吐蕃与其他地区之间交换产品的大市场。中部二东东指南、北二商市，是附近群众自愿相互交换生产品的市场。‘拉杰’指八个山口。即没庐氏王赤松杰达囊分管的东方与汉地交接的绢与食品的山口；桂氏赤聂沃玛分管的南方米和糜子之山口；仲·琼萨沃玛分管西方蔗糖和染料之山口；琼波·邦分管北方盐与犏牛之山口。四大山口连同四小山口，共八个山口。吐蕃全境经商，故名八商市”[①]。《隋书》记女国：“朱砂、麝香、牦牛、骏马、蜀马，尤多盐，恒将盐向天竺兴贩，其利数倍。”[②] 唐蕃互市贸易，除了马匹、金、银、铜器、丝绸织物外，茶叶是互市传入吐蕃的重要物品。吐蕃王朝时期曾先后控制了“青海道”、丝路在今新疆境内三道中的“南道”，继之控制丝路通往中亚的要关——帕米尔高原地区，人们又把吐蕃到中亚的贸易路称之为“麝香之路”，向印度方向的贸易路称之为“食盐之路”。可见吐蕃王朝十分注重同其他邻国或民族之间的商业交流，这对促进吐蕃经济文化的发展起到了重要的推动作用。

吐蕃解体后，随着吐蕃势力退出中亚、西域以及河西走廊，这时的边境贸易也退到了青藏高原边缘一带，大致分布在西北的甘青民族走廊、西南的川西一带和滇藏交接一带。这一带建立了几个大的市场，这些市场十分繁荣。特别是西北、西南藏区成为汉地重要战略资源战马的主要供应源，而汉地又成为广大藏区生活必备品的主要来源地。宋朝时期茶马互市贸易遂成为政府直接管控的贸易，这对双边的贸易影响深远。从元朝统一西藏到清代随着内地与边疆少数民族地区经济交流的发展，民间往往突破政府对茶叶、金属器具的禁令进行贸易。尤其清代乾隆以后，英国了解到藏区各民族对茶叶的依赖，在阿萨姆邦等区域大量种植茶叶，积极向藏区等地倾销。“茶马互市”的严格管理制度不适应形势发展，渐渐淡出历史舞台，取而代之的是新的“边茶贸易”制度。清政府采取放宽内地茶叶进入藏边地区、限制东印度公司茶叶进入藏区的政策。这样，汉藏之间的贸易范围更加广泛而自由地开展起来。

元朝统一西藏后，西藏的边境贸易主要指对喜马拉雅山脉以南同西藏地方有密切关系的尼泊尔、拉达克、克什米尔等地居民之间的贸易。而西藏人口较少民族主

---

① 恰白·次旦平措，等著，陈庆英，等译：《西藏通史——松石宝串（上）》，西藏古籍出版社，2004年版，第100页。

② 《隋书》卷八三《西域·女国》。

要分布在喜马拉雅山脉从中段到东段南麓边远区域，这些地区传统上大部分为中国藩属国，如原先的锡金、不丹等，有些隶属于西藏地方政府管辖，如珞隅和门隅。在这些区域主要分布的是夏尔巴人、门巴族、珞巴族以及僜人。贸易在两地边民聚居区不同的山口和交接地以物易物的形式互市，频繁的小额自由交换，促成西藏地方政府有组织的在双方聚居区开辟定点交易点遂成定制，如规定藏、门巴、珞巴等民族可以到阿萨姆集市、门隅南部的乌达古里和萨地亚集市、珞瑜的阿龙、潘金、巴昔卡、加斯特伦、东嘎耶果山口等集市进行交换。在藏区边境地带逐渐形成了传统边贸市场和贸易点，多达 30 多个，如在日喀则形成了拉在恰曲、宗嘎（达当）、吉隆、冲堆、樟木、绒辖、曲当、岗嘎、日屋、陈塘、吉如、成隆、阿桑、上亚东等边贸点；在山南形成了打隆、色、拉康、边巴边贸市场以及准巴、塔克新、三安曲林、加玉、斗玉、玉麦、扎日、库局、亚玛荣等边贸点；在林芝形成了许木、日东、派、纳玉、嘎加等贸易点。西藏对这些地区出售的物资以食盐、畜产品、活畜、毛织品、藏刀、藏式器皿、装饰品、毛织品等货物为主，输入的物资以南亚的稻谷、茜草、胡椒、兽皮、鹿角、竹器、木器、果糖、宗教器具等为主。

自英国从 18 世纪末至 19 世纪 40 年代占领阿萨姆，控制锡金、不丹等诸南喜马拉雅山国后，我国的门隅、珞隅、下察隅完全暴露在英国侵略者的正面攻击之下。英国利用阿萨姆廉价劳动力大肆掠夺财富，修筑公路、铁路发展交通，组织大规模集市，招揽我国门巴族、珞巴族、僜人、藏族、蒙古族商旅与之进行贸易。据统计，1870 年到门隅南部乌达古里集市贸易的西藏商人不下 3600 人，到印度萨地亚集市交换者不下 3000 人。门珞地区乃至部分藏区的沙金、白银、羊毛、麝香等土特产从各地外流至印度等地，英印廉价棉毛织品及轻工业品源源不断输入门隅、珞隅甚至西藏市场，英国人取代西藏地方政府管理这些集市，门珞区域的民众长期依赖藏区物资产品的局面发生了改变。

（二）近代半殖民地时期的西藏人口较少民族分布区边境贸易

19 世纪以来，外国殖民者的舰炮敲开了中国的大门，也逐渐影响到了西藏。1876 年中英签订了《烟台条约另议专条》，迫使清政府开放西藏。1888 年英国发动第一次侵藏战争，到 1890 年，迫使驻藏大臣升泰同英国签订了《中英会议藏印条约》，1893 年英国又与清政府签订了《中英会议藏印续约》。续约规定中国开放亚东为商埠，英国在此地享受治外法权，并规定五年内藏锡边界进口的货物概不纳税。

18 世纪末开始，由于巨大的对华贸易逆差，英国采取了各项措施，以鸦片作为重要的售华物资，导致 1840 年中英爆发鸦片战争，从此西方列强打开了中国大门。在对西藏的贸易方面，英国以输入阿萨姆邦生产的茶叶、轻工产品等为主，从中获取了大量真金白银。1903 年英国又一次发动了侵藏战争，迫使清政府与英国签订了丧权辱国的《中英续订藏英条约》《中英修订藏印通商章程》等，使西藏地方政府对边境贸易更加无力控制。由于印茶、印币和英产轻工业品大量涌入，导致西藏同汉地的正常贸易活动减少甚至中断，西藏经济对印度贸易的依赖不断加深。

20世纪30年代，西藏地方政府与中央政府关系得到改善，中央政府采取了一系列措施加强西藏同内地的经济联系。1935年，财政部提出的《财政部为西藏与内地各省通商减免税事》得到批准，藏汉贸易逐步恢复和发展。抗日战争时期，由于我国主要国际交通线被阻拦，一些外贸产品从印度经过西藏再运往内地，使得西藏边境贸易迅速发展起来。

（三）西藏和平解放后的边境贸易

1947年印度获得独立后继承了英国在西藏以前的种种特权，对西藏的贸易剥夺更加厉害。1951年，西藏实现了和平解放。和平解放后，我国政府同印度政府就西藏等问题举行了洽谈。1954年4月29日，中印两国签订了《两国关于中国西藏地方和印度之间的通商和交通协定》。协议内容中取消了印度在西藏沿袭的各种特权，首次将和平共处五项原则写进了协议，推动了中印关系的正常发展，也为西藏地区和印度的正常边境贸易打下了基础。协议生效后，西藏与印度的贸易量明显增大，亚东口岸也成为当时重要的通商口岸。这一时期，西藏的边境贸易发展处于良好阶段。

1959年，西藏发生武装叛乱，印度对我国内政横加干涉，并单方面对西藏实施禁运。1962年中印爆发边界冲突，西藏地区与印度的边境贸易完全中断，但西藏地区同尼泊尔的边境贸易从20世纪60年代中后期开始有一定的恢复。1968年中尼两国政府达成协议："两国边境居民可在离边界三十千米的范围内进行以物易物为基础的小额传统贸易。"在阿里和日喀则两地同尼泊尔交接的各传统交易点基本正常运行起来。

1980年6月中印关系实现解冻，1991年中印签署了关于恢复边境贸易的备忘录，1992年断绝30年的西藏地区与印度的边境贸易重新恢复。但由于印度的戒备心理，中印边境贸易没有大的改观，特别是藏区与被印控制的门巴族、珞巴族民族传统边贸一直处于停顿状态。随着我国改革开放政策的实施，中央政府先后批准开放了樟木口岸、普兰口岸、日屋口岸、吉隆口岸。西藏地区各边境地县逐步完善基础设施，在同尼泊尔边贸实现大发展的同时，同印度的部分边贸恢复起来，各边境地县也结合不同的区域特点，以"通贸兴边""边贸富县"等发展战略为目标，不断促进县域经济发展，西藏地区传统边贸市场也逐渐成为现代边贸市场。

二、当前西藏人口较少民族分布区域边境贸易的基本特点

西藏人口较少民族居住区与南亚的印度、尼泊尔、不丹、缅甸等国家和地区接壤，通外通道200多个，常年性通道几十条，分布在中尼边境的有近100条，中印边境85条，中不边境18条，中印边境锡金段8条，中缅边境5条。同印度实际控制线接壤的贸易点大部分未开放，现就正常开放的边贸市场归纳如下特点。

（一）体制机制不断健全，边境贸易发展迅猛

改革开放以来，中央政府和西藏地方政府出台了一系列促进边境贸易的发展政

策，如《边境小额贸易暂行管理办法》《西藏自治区边民互市贸易暂行管理办法》《西藏自治区关于发展对邻国贸易的暂行规定》等。2009 年西藏同尼泊尔商务部签署了《中国西藏与尼泊尔经贸协调委员会的谅解备忘录》，建立经贸协调委员会，并定期召开协调会，成为双边经贸交流合作的重要平台与机制。在体制机制不断完善的背景下，西藏地区边贸进入了一个可持续发展的健康环境。到 2013 年全年边境小额贸易进出口 19.24 亿美元，全年自产产品出口 4886 万美元，自产产品同比增长 39.60%。2001 至 2011 十一年间西藏地区边境贸易数据如下表所示：

表 1　西藏地区边贸进出口数据　单位：万元

年份	进出口总额	出口总额	百分比	进口总额	百分比
2001	78416	68178	86.94	10238	13.06
2002	107775	67070	62.23	40705	37.77
2003	133271	100613	75.50	32658	24.50
2004	184876	107584	58.19	77292	41.81
2005	166366	133909	80.49	32457	19.51
2006	256152	173332	67.67	82820	32.33
2007	287422	238408	82.95	49014	17.05
2008	531798	491348	92.39	40450	7.61
2009	274507	256296	93.37	18211	6.63
2010	565890	521942	92.23	43948	7.77
2011	856047	745460	87.08	110587	12.92

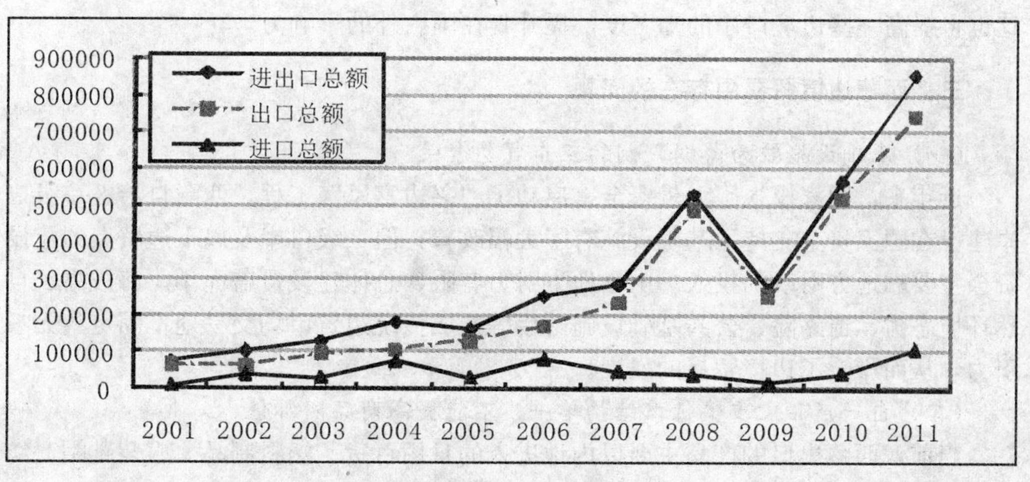

图 1　西藏地区边贸进出口趋势图　　单位：万元

（二）人口较少民族分布区边贸历史悠久，商品互补性强

在历史上，西藏对门巴族、珞巴族等人口较少民族进行的贸易的主要商品有食盐、羊毛、活畜、饰品、刀具等，进口的主要有香料、茜草、棉花、大米、布匹、烟叶、茶叶等。20世纪六七十年代，西藏进口物品的主要是粮食、糖类、麻制品等。在边民的互市贸易中，盐、粮的交换逐年下降，出境的主要有绵羊毛、皮革、活畜、轻纺制品等。改革开放后，西藏地区的边境贸易种类日益丰富，目前主要品种有：日用百货，农畜产品（活羊、皮张、绒毛、油菜籽、青稞等），轻工产品，纺织品，服装，家电，小电器，建材，中药材及民族工艺品和民族专用产品等，总的来说货物结构根据市场不断调整，互通有无，互补性强。

（三）边境贸易对当地经济发展的贡献率日益明显

日喀则夏尔巴人居住地由于开展了边境贸易，带动了当地的经济发展。为适应边境贸易地区的发展，边境地区的加工业、手工业、工艺品制作业、旅游业等都逐渐发展起来。边境地区的开放，为西藏地区吸引外资的进入提供了有利条件，也使得国家投入更多的人力物力来对边境贸易地进行建设。人流、物流、资金流在边境贸易区集合，为西藏边境贸易地区的民众创造了更多的致富机遇。

（四）边贸市场或边贸点成为西藏对外宣传与合作的重要窗口

自中央第一次西藏座谈会以来，国家不断加大支援西藏建设力度，目前，共投入近3亿元加强边境口岸等建设。2013年9月，“2013中国西藏—尼泊尔经贸洽谈会”在日喀则举行，此次洽谈会中尼双方有184家企业参展，商品销售总额达1008.98万人民币，较2009年举办的中尼经贸洽谈会实现净增长300%。达成进出口贸易合同或意向协议3893万美元，较2009年实现净增长86.54%。西藏地区边境基础设施的日益改善，边贸的日益繁荣，为区域旅游产业带来庞大的客源市场，这也将提高一些边境口岸的知名度，提升其在国内外的影响力。

三、西藏边境贸易中存在的问题

（一）基础设施较为薄弱，制约互市贸易繁荣

近年来，国家投入了大量资金，启动了“兴边富民”工程，西藏自治区一级口岸建设在国家资金支持下基础设施有了大幅改善，但二级口岸及以下边贸点的建设资金主要靠地方财政的投入。由于地方财力有限，总体建设覆盖面小，海拔高、自然环境恶劣、道路险、公共基础设施落后等造成传统边贸市场交易地不固定、无吸引力，从而影响了边境贸易的发展。

（二）自产产品比重偏低，结构单一，不能提高商品附加值

当前，西藏出口的产品主要以内地进入的日用百货、塑料制品、服装鞋帽、纺织品、小型机电产品为主，而自产的初级产品、原材料、土特产等比重低，在2013年32亿美元的出口总额中，自产品种只占4886万美元，西藏一些特色产品如毛毯、地毯等由于跟不上外部大环境，产品花色单一，结构单一，在市场竞争中

处于弱势，畜产品以活畜、羊毛等初级产品为主，商品的附加值不高，影响群众的收入。

（三）缺乏外币兑换点，造成交易困难

随着边境贸易的不断发展及人民币地位的提升，贸易双方都希望能以人民币作为结算工具，但由于边境地区缺乏外币兑换窗口，导致很多外商无法进行正常交易，增加了交易成本。如有些外商在缺少人民币的情况下，采取赊账的方式进行交易，增加了交易风险。

（四）受政局影响，双方边境管控严格，造成通道不够通畅

由于中印存在领土争议，加之西藏一直以来的反分裂、反渗透形势严峻等特殊政治环境，边境地区的流动人员实施较为严格的管控，这给边境贸易带来了一定的影响。如拉萨“3.14”事件发生后，西藏人口较少民族分布区边境通道基本上处于关闭状态，双方边民无法进入传统边贸进行交易，人流物流明显下滑。

四、对西藏人口较少民族分布区域边境贸易的几点建议

西藏要实现经济社会跨越式发展与长治久安，从而全面建成小康社会，就必须重视对外贸易在整个国民经济中的地位，并按照十八届三中全会关于“加快沿边开放步伐”以及自治区加快推进南亚贸易陆路大通道建设的要求，大力发展过境贸易，增强边境贸易在当地兴边富民中的贡献率。为此，我们提出以下几点建议。

（一）大力加强边贸市场的基础设施建设，改善通关环境

促进“兴边富民工程”的深入实施，加大政策和资金支持力度，加快各边境地区的水、电、路等基础设施的建设，特别是有针对性地加快能源、交通、食宿等方面的建设，为往来客商提供一个舒适的交易环境。并在人口相对集中、条件较成熟、有发展前途、有重大战略意义的边贸市场或边贸点加强口岸城镇化建设，促进人流、物流、资金流、信息流的不断扩大，夯实已存在的边境贸易基础，使边境贸易进一步繁荣发展。

（二）优化结构，发展特色产业，提高产品质量及附加值

针对西藏自产产品结构单一、附加值低等问题，争取国家和自治区项目支持，树立国内外大市场观念，调整结构，一些自产产品和特色产品进行深加工，注重培育、扶持高原特色农畜产品、水资源、藏医药等产业建设，扩大利润。一些传统产品如毛毯、手工制品等，积极同有技术、管理等优势的区内外企业合作，推出更多花色和品种产品，满足各地人们的需要。同时注重外贸品质内涵的发展，从简单的货物贸易逐步向对外经济技术合作等方面发展，在一些条件成熟的地区建立特殊经济开发区，在政策、土地使用、税收等方面给予倾斜，从而吸引更多有技术等优势的外商企业。

（三）加大对边境旅游的扶持力度

西藏地区的边境地区与多个南亚国家或地区接壤，历史上这些国家和地区同藏

区有着密切的人文、宗教渊源。随着我国国际地位的提升和对外开放的进一步深入，打造一批高质量的边境旅游景点，更好地将这些地区的人情风貌、社会发展状况展现在世人面前，不仅能起到宣传党和国家民族宗教政策在藏区实施所取得的成就，而且也可以对这些地区的经济发展起促进作用。

（四）注重制度体系建设力度

市场制度体系是市场各主体利益保障的基础，政府要积极发挥职能，加强边境口岸市场体制建设。一是公平的法制体系建设。一方面要严格贯彻执行中央政府提出的一系列关于外贸发展重要精神和政策，另一方面，要结合区情，不断修改、补充、完善地方性法律、法规，为西藏边境贸易的跨越式发展提供有力的法律保障。二是要根据国务院转变政府职能的有关精神，规范和简化政务组织环境，规范和减少行政审批权限和管理权限，建立各部门公开透明的政务服务机制，为提高边境口岸市场化效率、创建规范宽松的政务环境创造条件。三是在边境治理管控上，创新治理手段，在充分发挥现有军警民联防联控、便民警务站、双联户等机制的作用下，因地制宜，将边境旅游景区和边贸点适度向内宾开放，创建宽松的人文环境。

参考文献

[1] 郑汕．中国边疆学概论［M］．昆明：云南人民出版社，2012.

[2] 恰白·次旦平措，等著．西藏通史——松石宝串［M］．陈庆英，等译．拉萨：西藏古籍出版社，2004.

[3] 杨德颖．中国边境贸易概论［M］．北京：中国商业出版社，2005.

[4] 陈继东．西藏建设南亚通道贸易问题［J］．西藏研究，2004（2）.

[5] 德吉卓嘎．当前西藏边境贸易经济的状况与对策［J］．中国藏学，2011（4）.

[6] 国家民委编写组．藏族简史［M］．北京：西藏人民出版社，1985.

中国内地会在中国藏区的传教活动研究[①]

张丽萍[②]

基督新教在华布道及宣教事业，以 1807 年“福音先锋”马礼逊（Robert Morrison）来华为嚆矢，嗣后，欧美等国的传教士相继来华，传教布道，苟有门户可入，无不竭力设法入内。1842 年清政府锁国之“海禁”弛废，基督教宣教团体及教士得以在沿海之“五口”立足；1860 年后中国“闭关”之门户洞开，教会势力得以从沿海省份扩张到沿江（长江）及中原地区，直至深入西部腹地及边疆省份。

英国教士戴德生（James Hudson Taylor）于 1865 年在伦敦创立中国内地会（以下略称“内地会”），旨在深入中国辽阔的“内地十八省”向中华万民宣导“上帝的福音”。内地会传教士凭借坚韧“信心原则”，不仅率先进驻相对封闭的西部九省，更深入苗、彝、藏、回、蒙等民族地区。其中，内地会在中国藏区（包括西藏、西康及青海等藏区）的布道和宣教引人注目，该会是藏区新教团体的先导和前驱，其传教活动是藏区基督教传播的缩影。目前学界对内地会藏区传教研究尚为薄弱，本文通过发掘英文差会档案、中文地方档案及文献等，勾勒出晚清至民国时期内地会藏区传教事业开辟及发展的历史面貌。根据藏区内地会传播的不同历史时期，从如下几方面进行论述：（一）基督教在中国藏区的传播溯源；（二）内地会藏区传教的发轫，自 1877 年康慕伦、戴如意到西藏探险、旅行布道；（三）内地会藏区传教事业的开辟和发展，自 19 世纪 90 年代“剑桥七杰”杜明理等到康藏、青海藏区驻地传教；（四）20 世纪以后，叶长青等对康藏地理和文化的探索和研究。

一、基督教在中国藏区的传播溯源

最早深入中国西藏的近代西方传教士是耶稣会士安夺德（Antonio de Andrade）。此前，有耶稣会士于 1582 年写道：

我们已经发现了一个异教的国家。它位于遥远的拉合尔，面朝印度河。这个民族沉迷于虔诚的宗教功德。他们是白种人。在他们中间没有伊斯兰教徒。为此，我

① 基金项目：国家社会科学基金项目“中国内地会边疆传教史”（08BZJ006）阶段性成果。

② 张丽萍，女，重庆人，四川大学道教与宗教文化研究所研究员、博士生导师，主要研究方向为教会大学史及基督教史。

们希望，倘若能派遣两名极为热忱的神父到那里去，那么，我们将得到大量的异教徒。①

为探查所谓“失落的基督教王国”以及“流离之教徒”，进而广传福音，1624年安夺德从印度的果阿出发，追溯恒河上源，翻越喜马拉雅山山脊，进入西藏，抵达古格王国的首府扎布让，拉开了基督教在西藏传播的序幕。

我们不仅得到了传教自由，而且还应他们的请求宣讲福音；耶稣的圣名不但家喻户晓，而且得到了人们的敬仰，圣像受到了人们的顶礼膜拜。②

耶稣会士在扎布让建立了西藏第一座天主教堂。古格王、王后及王室一部分人狂热支持基督教，由此，引发了一场“宗教战争”，导致古格王朝的末日，教士遇难，教徒为奴。

与此同时，同样是耶稣会的葡萄牙人卡塞拉（Cacella）和卡布拉尔（Cabral）于1628年从不丹进入后藏，抵达日喀则，得到藏巴汗丹迥旺布的支持。卡布拉尔说：“我想这个传教会可以成为耶稣会最光辉的传教会之一，因为这里是通向整个鞑靼、中国和其他许多异教王国的大门。”③ 因僧侣反对，日喀则传教会于1632年被迫关闭。1704年，西藏被指定为喀普钦修道士的布教区，先后有三批四十多位传教士赴藏，活动了三十余年，最终黯然离开了西藏。

1661年，奥地利籍耶稣会士白乃心（Jean Grueber）、比利时籍耶稣会士吴尔铎（Albered Orrille），从北京启程到达西宁。在西宁逗留了半个月，并“多次测量了西宁的纬度和经度，还对那里的城墙进行了考察”④。他们此行的目的，是要寻找一条比海路更安全便捷的通往中国的陆路。

由于与罗马教廷的“礼仪之争”，清政府对西洋教士施加梏令，康熙四十六年（1707年）谕令，凡各省天主堂居住传教士之西洋人等，须领取内务府“印票”，并做出“永不回复西洋”的保证，方可在华居留传教。“无票而不愿领票者，驱往澳门安插，不许存留内地”。雍正即位后，采取了更加严厉的禁教措施，不许西洋人潜居内地传教，各地教堂或拆毁，或改作他用。对于边疆地区，至嘉庆年间，清朝皇帝已明确指出，“嗣后如有西洋一带洋人以朝佛为名，前来藏地，既概行阻回，毋令入境，以杜奸萌”⑤。

清雍正、乾隆、嘉庆、道光各朝虽都采取禁教政策，但仍有传教士潜回内地，秘密传教。法国巴黎外方传教会管理下的四川代牧区，在清政府百余年的严厉禁教

① ［美］约翰·麦格雷格著，向红笳译：《西藏探险》，西藏人民出版社，1985年版，第6页。

② ［美］约翰·麦格雷格著，向红笳译：《西藏探险》，西藏人民出版社，1985年版，第6页。

③ ［意］G. M. 托斯卡诺著，伍昆明、区易柄译：《魂牵雪域——西藏最早的天主教传教会》，中国藏学出版社，1998年版，第289页。

④ 伍昆明：《早期传教士进藏活动史》，中国藏学出版社，1992年版，第312页。

⑤ 《清仁宗实录》卷251，第15页。

下，亦得以延存："在1750至1800年的50年中，尽管教会的存在是非法的，但是四川教徒的人数增长了10倍。"[①] 清后期，中国内地会传教士来到西北、西南边区开荒时，还能见到早期教会的残存。

基督教第四度叩开中国的大门，则是在19世纪以后。这个时期清王朝的锁国政策自"海路"而被打破，伴随着殖民主义而来的传教运动，从沿海深入内陆，自汉族地区而广传于民族地区。鸦片战争以后，西教士依恃条约取得了"合法"地位，尤其是1858年和1860年的条约，中国内地开始向"上帝的使者"敞开了门户，基督教世界的传教热浪在中国找到了它最大的发泄口之一。[②] 天主教势力最盛，基督新教后来继起，东正教也积极扩展，来自欧美各国的代表基督教各修会、差会、布道团的上千名传教士在中国沿海及内地，划定教区，设立教堂，创设学校，开办医疗及慈善事业，发展信徒，势力直达内陆十八省，有的布道团体明确以中国边疆、边民为布道范围和布道对象，如圣母圣心会设立的"蒙古教区"、巴黎外方传教会设立的"西藏教区"。

二、中国内地会向中国西部藏区进发

1865年戴德生创立中国内地会，其信心原则、福传内陆、使徒方法、直接布道等，推动大批传教士源源不断地来到中国、进入内陆，改变了宣教会以沿海地区为唯一选择的布道格局，以"华服"、口传方式与中国民众互动交流，堪称基督教海外宣道团体的楷模。

中国内地会的宗旨是"要将福音传给所有的华人"，将福音传给中国内地"未得之民"，其思想来源正是《圣经》中基督徒传福音的"大使命"。当时的中国有西藏、蒙古以及其他十一省尚未敞开"传道之门"，戴德生计划每省派遣两名传教士，另两名到西藏和蒙古。[③] 1875年，内地会创会十周年，为开拓西部九省的"未得之地"，有20位传教士进入到内地进行巡回布道和探险旅行，甚至建立起了第一批内地会的布道所，其后，内地会的女传教士也进入到这片新开辟的"禾场"。这一批传教士所具象的虔诚主义、英雄主义和冒险精神，成就了"拓荒先锋""布道先驱"的荣耀，通过他们的足迹、视野丈量和呈现出的内陆壮丽山川、缤纷风俗等，成为一笔丰厚的历史、宗教、人文的宝藏。

（一）康慕伦从东向西穿越藏东旅行

1876年9月13日《中英烟台条约》签署，依据此条约，外国人获得进入西

---

① 据沙百里（Charbonnier）《中国基督教徒史》载：1756年四川有4000名教徒、2名中国司铎，1802年达到4万名教徒、16名中国司铎。见［法］沙百里著，耿升，等译：《中国基督教徒史》，中国社会科学出版社，1998年版。

② 赖德烈著，雷立柏，等译：《基督教在华传教史》，香港道风书社，2009年版，第306页。

③ 在《华夏的灵性需要和要求》的宣传小册子中，戴德生寻求二十四个欧洲的福音者和二十四个本土的福传者。Dr. & Mrs. Howard Taylor, *Hudson Taylor and The China Inland Mission: The Growth Of A Work Of GOD*, London: The Religious Tract Society, 1921, p. 32.

藏、云南"探路、游历"的权利。在传教士看来，"紧锁的中国内陆终于被打开了"[①]，外国人已经可以不受限制地在中国的每一个部分自由旅行。内地会传教士急迫地转向"未有福音传到"的西部九省，进入中国西北及西南边疆省区拓荒教会和初传福音。在《烟台条约》后的18个月里，"内地会传教士在中国旅行布道三万英里，掀开中国西部宣教开拓史的一页"[②]。在西进过程中，内地会传教士进入西藏"禁地"，向西部藏人传教，成为一个关注要点。

最初探路藏区的是康慕伦（James Cameron），他的旅行布道创下了中国基督教传播史上的第一——第一位穿越康藏的新教传教士。康慕伦从1876年来华以后，立志成为中国的"李文斯登"。1876年12月，康慕伦和李格叔（George Nicoll）由宜昌向西进发，上溯扬子江千里，抵达重庆。在美国长老会李曼（Leaman）的陪同下，跨越富饶的天府之国，在省会成都的9天里，宣讲福音，销售大量的经文和小册子。在中秋节时，继续西行，到达川藏茶马贸易的口岸雅州，此后行旅崎岖而荒凉，高海拔及疟疾击倒了李格叔，由李曼护送其返回重庆。10月初，康慕伦开单独西南之旅，从打箭炉入东藏境。长途跋涉，从打箭炉到理塘——世界海拔最高的城市之一，建筑有宏伟的喇嘛寺，住有三千僧侣。继后从理塘到巴塘，渡过金沙江，沿西藏边境，远眺对岸藏人，写道："何时耶稣的使者将可以自由进入这里。将来有一天它的大门会被打开。"[③] 12月，经云南大理到缅甸八莫，在八莫，他被英国禁止返回。从仰光转广州，经广东、广西、贵州，到云南府。[④] 以后数年当中，其足迹不仅遍及十八省中的十七省，也遍游蒙古、新疆、东藏和海南[⑤]。

（二）戴如意"潜行"西藏

1876年后，西方传教士欲图进入西藏，却屡屡受挫。对外国人入藏"探路""通商"，中央王朝并不情愿，藏人反对尤甚。1877年英国人吉为哩（W. J. Gill）和贝德禄（E. C. Baber）试图从四川进入西藏，1879年奥斯马加国（奥匈帝国）摄政义从青海入藏"游历"，均因藏人坚拒而改道；1886年马科蕾（MaCaulay，Colman）率"商业考察团"，复为藏人所阻而作罢。

1886年夏，内地会理论家毕威廉向会众发出挑战：神仿佛保留着西藏这个角落，叫福音最后才传入。1892年，在甘肃洮州开荒的内地会女教士戴如意（Miss

---

① F. Howard Taylor, *These Forty Years: A Short History of the China Inland Mission*, Philadelphia: Pepper Publishing Company, 1903, p. 211.

② J. Hundson Taylor, *Three Decades of the China Inland Mission*, Toronto, Canada: The China Inland Mission, 1895, p. 12

③ M. Geraldine Guinness, *The story of the China Inland Mission* (Vol. 2), London: Morgan and Scott, 1893, p. 223, 258-264. ; *China's Million*, 1878, no. 11, p. 14.

④ F. Howard Taylor, *These Forty Years: A Short History of the China Inland Mission*, Philadelphia: Pepper Publishing Company, 1903, pp. 235-246.

⑤ Marshall Broomhall, *The Jubilee Story of the China Inland Mission*, London: Morgan & Scott, LD., 1915, pp. 104, 107, 113-114.

Annie Rockhill Taylor）抱着“为上帝赢得西藏”的信念，欲往西藏传教。1884 年戴如意在内地会引领下来到中国，初在浙江，后至安徽安庆，又到甘肃，游历、行医、布道于汉藏地区，曾造访青海塔尔寺。后因病回到欧洲，1891 年重返中国，抵达洮州。一年后，开始“西藏行”。因西藏反对外国人入藏，且痛恨英人，戴如意乔装藏族女尼模样“潜行”西藏。1892 年 9 月，40 岁的戴如意与所雇佣的四位仆从——其中有藏族基督徒朋措（Pontcao）、一位回族、一位汉族向导及其妻子，自甘肃南部洮州启程，经青海入西藏，于当年进入拉萨界内，“所经之处皆为青康藏三地交界高原地带，所遇除蒙藏人民外，属于玉树二十五族及康境三十九族之土著”①。其旅程冒险犯难，出生入死，其仆从中有亡、有逃、有叛，最后被阻于拉萨东北距拉萨十二天路程的那曲（今黑河），被当地守军查获。1893 年 1 月 7 日，官方将其驱逐出境，历经七个月（1892 年 9 月 2 日至 1893 年 4 月 15 日），最后折返四川康区打箭炉。

戴如意日记中记录了沿途的山川地貌、风土民情，记录了藏汉蒙民对外乡行路者的开朗和友好，以及其“英国白面孔”身份败露后受到的攻击。戴如意的冒险旅行“在英国激起了一种很强烈的波动，以至于在她返回一年之后，一批青年传教士在她的率领下立誓‘为西藏而生死’，但仅持续了数月，那些青年人便四散而去”。戴如意其后留在亚东与锡金边境传教，著有入藏记录 *Travel and Adventure in Tibet*。

三、内地会在藏区的传教事业

（一）“剑桥七杰”杜明理与川边藏区传教事业

中国内地会的传教史上，于 1885 年迎来了“剑桥七杰”，这七人中除一人外，都是剑桥大学的毕业生，故名。七杰中的两兄弟——杜明理（宝耀庭，Cecil Polhill-Turner）和杜明德（宝阿瑟，Arthur Polhill-Turner）来到四川打箭炉，深入川藏地区，埋头苦干三十余年。杜明理长期在青藏高原活动，夫妻俩在一次暴乱中几乎丧失性命。1900 年回英国后，他的心仍在中国，后来又回来七次，而且停留的时间一次比一次长。杜明德一直在四川传教，直到 1928 年退休回国。两兄弟都在英国乡间度过了晚年。

内地会藏区布道事业发端于康慕伦探路滇、藏，开始于青海西宁布道站的开辟。据史料记载，西宁布道站于 1885 年由劳受福（W. Laughton）设立，他于 1888 年离开西宁，前往凉州，此后，杜明理来到西宁，接替劳受福夫妇。杜明理 1885 年来华，先到陕西北部，然后转到兰州、西宁。1922 年《中华归主》记载：“1888 年，杜君偕其夫人建设甘省西宁之总堂，并在藏人中继续开辟工作，厥后复

① 戴如意著，孙子和译：《藏中行：一个女基督徒的日记》，台湾商务印书馆，1989 年版，第 1 页。

在川省开辟松潘为本区事业之中坚地。”① 1938 年《教务杂志》记载：“1885 年内地会传教士杜明理来华，先在陕西汉中府，至西宁府负责藏区传教。在西宁与 Eleanor Agnes Marston 结婚，后去四川松潘传教。”②

在西宁期间，杜明理学习藏文，旅居于藏族聚落，致力于向藏民传教，却一无所获。在青海住了 5 个月后，他开始在四川西北开辟传教站，于 1892 年举家搬往松潘，在县城真武街建有福音堂，这是内地会在四川藏地的第一个传教点。在随后的地方骚乱中杜明理被驱逐，而他的中国助手却遭到官府的拷打。杜明理写道：

> 我被他的行为大大地震撼。对如此严酷拷打他的官吏，没有一句抱怨，反而称赞他尽力平息暴乱……当被捆绑着手脚，押到河岸，他说内心充满和平，预备好被抛入河中的时刻。那时，他唯一遗憾的是尚未得到基督的洗礼，担心基督不会承认他这位门徒。我向他保证，主教写道：“他已通过烈火的洗礼。”③

1897 年，杜明理夫妇到达打箭炉，建立内地会总堂，这是内地会藏区布道中心，作为向西藏布道的前进基地。

打箭炉（清初于此设打箭炉厅，隶雅州府，1904 年升为直隶厅，1908 年改设康定府，隶川边安康道，民国年间改为康定县）为川藏商旅之要冲，“番汉咸集，交相贸易，称闹市焉”，素以“藏卫通衢”“川藏要冲”著称。内地会报告称：

> 打箭炉为本区之重要地点，业经内地会于 1897 年开始工作，当此数年内，担任该处藏人中事业之宣教师至少亦有 10 人。本区东部各地及松潘、岷江等处业已开始完竣。唯因工作缺乏兴趣，故全体职员数目渐行减少，现仅留职员一家专任打箭炉及环近各区藏人中之事业。④

其后，有四位教士来打箭炉协助传教，分别是：毛牧师（又译作穆雅，James Moyes）、岳牧师（Johanson）、孟牧师（Edward Amundsen）、Soutter。最初在当地四十个西藏人开的锅庄及旅店中传福音，并以此地为中心，向北、西、西南各地进行巡回布道、游历考察。1898 年杜明理、毛牧师与 Soutter，前去巴塘巡回传教，Soutter 患病后返回，病逝于距打箭炉三天路程的三坝，葬于格聂雪峰之下。

1898 年 12 月挪威籍教士孟牧师在汉藏官兵的护卫下从打箭炉南下，沿法国旅行探险家博安（或译为鲍宁，M. C. E. Bonin）走过的路线，穿过明正土司辖地，抵达木里，后继续南下，过丽江至大理，又转道北上，经四川冕宁、泸定，于

---

① 中华续行委办会调查特委会编：《中华归主：中国基督教事业统计 1901—1920》（中），中国社会科学院世界宗教研究所，1985 年版，第 565 页。

② *The Chinese Recorder*, Vol. 69, No. 4, 1938, p. 96.

③ Marshall Broomhall, *The Jubilee Story of the China Inland Mission*, London: Morgan & Scott, LD., 1915, p. 283.

④ 中华续行委办会调查特委会编：《中华归主：中国基督教事业统计 1901—1920》（中），中国社会科学院世界宗教研究所，1985 年版，第 565 页。

1899年4月回到打箭炉。此次考察对康南和木里地区的地理特征做观察记录，考察报告发表于英国皇家地理学会的《地理学刊》。他说："打箭炉汉官企图阻止我的此次出行，他们力陈途中之艰险、各地人的性格；然而在发现我决心已定后，最终发给我汉、藏两种文字的护照，并配备了汉、藏陪同各一人，在途中保护和协助我。"[①] 会说汉语和拉萨方言的孟牧师，在巡回传教中也进行简单的医疗，"所到各处都感受到质朴、好客的人们的极大友待"。数年后，孟牧师前往昌都，并留下了《穿越藏东旅行日记》，"几乎每到一地，民众就来讨要药物治疗他们的各种病症，喇嘛和其他人都热切渴望得到福音书"，他心中非常期望这些基督教书籍能对雪域高原的精神领导者喇嘛产生作用，也希望福音书能够促使那些转经筒轮停止运转，使从不停息的六字真言也中止。[②]

1899年挪威籍传教士徐丽生（又作徐少伦，Theodore Sorenson）加入该传教点，他在当地一直服务到1922年。义和团运动发生后，传教士撤离打箭炉，总堂被当地人查抄后焚毁。风潮平息后，教士回归本堂，恢复传教工作。1902年后，叶长青（J. H. Edgar）至打箭炉、巴塘游历、传教，1906年穆雅（J. Moyes）游历巴塘，并于1908年设立传教点。穆雅夫人是首位定居于此的外国妇女，随后又有Shelton夫妇及两个孩子来此居留。叶长青夫妇于1910年定居于打箭炉。

1909年徐丽生与罗佛至昌都，欲取道入藏，驻地汉官禀告赵尔丰，称"五月初七日突有美博士罗佛、英教士徐丽生至该台，蛮民颇为惊骇，大有肇事之意"，经劝阻徐丽生始由德格回巴塘。赵尔丰致电外务部：

查外人游历，照约须有护照，且须指定省份。前经大部咨行不发西藏护照，此次大部所给，罗佛护照亦无西藏字样。边藏非内地可比。巴、里两塘早有外人传教，已属习见，然巴、里尚有两次杀毙教士之事。德格现在驻兵，一时可以无虞，至察木多虽设有台站，而其性野蛮，向不受汉官约束，几与化外无异。该牧师等蓦然前往，倘为蛮人所害，该粮员既无保护之责，亦无保护之权。应请大部转商各国公使，欲在关外游历，必须有边地各大员护照，才能作准。[③]

---

① Edward Amundsen, "Diary of Journey through 'East Tibet'", *The Chinese Recorder*, vol. 37, no. 12, Dec. 1907, p. 32.

② Edward Amundsen, "Diary of Journey through 'East Tibet'", *The Chinese Recorder*, vol. 37, no. 12, Dec. 1907, p. 32.

③ "赵尔丰致电外务部请在外人护照内填明游历地名宣统元年六月十三日（1909年7月29日）"，西藏自治区社会科学院、四川省社会科学院合编：《近代康藏重大事件史料选编》第二编（下），西藏古籍出版社，2004年版，第642页。

1892 年、1899 年、1900 年内地会在康藏地区传教站及传教士名单①

统计年代	传教站（建立年代②）	传教士	年代（来华）
1892	松潘（1892）	C. H. Polhill _ Tuner 杜	1885
		Mrs. C. H. Polhill _ Tuner 杜夫人	1884
1899	打箭炉（1897）	C. H. Polhill _ Tuner 杜	1885
		Mrs. C. H. Polhill _ Tuner 杜夫人	1884
		E. Amundsen 孟	1896
		Mrs. E. Amundsen 孟夫人	1890
		J. A. Johanson 岳	1896
		T. Sorenson 徐	1896
		T. O. Radford 扶	1898
1900	打箭炉（1897）	C. H. Polhill _ Tuner 杜	1885
		Mrs. C. H. Polhill _ Tuner 杜夫人	1884
		W. S. Strong 宋	1892
		J. Moyes 毛（穆雅）	1896
		T. Sorenson 徐	1896
		T. O. RadfordGoloh 扶	1898
		E. Amundsen 孟	1896
		Mrs. E. Amundsen 孟夫人	1890

1910 年四川洋务局统计，内地会在打箭厅康定城内教堂有传教士徐少伦夫妇（光绪二十二年来川），巴塘教堂有传教士穆雅夫妇（光绪二十九年来川），教务兴盛时，有职员约有 13 人。此后相继有英国人顾福安、加拿大人纳尔逊、英国人裴元弟、美国人郭纳福等来川康地区。主要在藏、汉民众中传教，每逢周一用藏、汉语宣教，并向当地民众散发藏、汉文的福音书和基督教图片。

相比于天主教的咄咄强势，内地会在川康地区更为宽和，李亦人在《西康综览》中作了对比研究：

耶稣教在西康者，为内地会。戒律、祈祷略同旧教，惟不设偶像，不尚跪拜，教士能为信众祈祷，而无代民赦罪之权。盖平等为怀，异于旧教之近于干涉主义也。其教由英国传入。耶稣教与基督会传入西康后，惟推行于康定、巴安等地。其

① 本表依据 *List of Missionary and their Stations*（1899 年、1900 年）整理，英国伦敦大学亚非学院图书馆藏："中国内地会档案"。

② 布道站建立时间，依据同名书 *List of Missionary and their Stations*（1925 年），第 12～13 页。

布教之法，纯任自然，不以利诱。[①]

（二）内地会在青海藏区的传教活动

甘肃位于中国内陆腹地，为清代至民国“内地十八省”和二十省之一，辖今甘肃全部、青海湟水流域和宁夏大部。1886年新疆改建行省前，还辖有新疆之镇西及迪化两府，1929年分出青海和宁夏两省区。内地会在西北的首个布道所于1878年由英国传教士义士敦（伊斯顿，G. F. Easton）设于甘肃东南部秦州（天水），1885年甘肃兰州、西宁、宁夏三城相继建立内地会布道所。西宁总堂（西宁教会）为甘肃西北的布道中心，主要以向青海藏民传教为目标。《中华归主》记云：

西北部之内地会区，本区西部为青海山脉。青海湖一带原属蒙古族之定居地，但现有居民主要是西藏牧民。当地土著民族与藏、蒙、回、汉等族杂处其间，现已逐渐与汉族同化。[②]

西宁传教站由劳受福、杜明理创建，杜离开西宁后，该布道所教务荒芜，直到1891年胡立礼接办西宁教务，重振布道事工。胡立礼（Henry French Ridley）1890年来华，初至安徽，主持芜湖西乡教堂，后至甘肃西宁，接办西宁，1894年与顾秀兰结为伉俪。设福音堂于北斗宫街，1904年胡立礼又于教场街购地建造福音堂，增修礼堂和宿舍，即今之西宁教场街基督教堂。寻访至此的美国旅行家盖洛（William Edgar Gcil）称：

这是甘肃省最美丽的一个礼拜堂，而且，据我们所知，也是中国唯一的一座全部由探险家和旅行者捐资，包括罗马天主教会的赠礼在内，修建的礼拜堂。在这个礼拜堂内，几乎可以看到蒙古人、西藏人、当地土著、汉人和外国人的任何礼拜。教会的人数在增长，整个运动的形式看来非常成功。基督教会在西藏边境的兴盛是此项遍及中国的努力获得成功的一个很好典范。考虑到周围环境的文化和精神氛围，我们坚信这个传教团是现代的一大奇迹。[③]

胡立礼能说汉语，他通过经营贸易、开办诊所等方式接触当地民众，对藏族、穆斯林传教特别关注，并投入较多。1895年甘肃河州回民起义时，胡立礼夫妇与贺若贤（James C. Hall）被困西宁府。期间，他们以医术救治伤员，照料几百名穆斯林的饮食，并教唱赞美诗、宣扬教义、散发福音书。1891年胡立礼在西宁创建教会并主持教务直到1918年。

西宁教会1918年至1924年由英国人连福川主持，1924年后由美籍人士海春

① 李亦人编著：《西康综览》，南京正中书局，1947年版，第180页。

② 中华续行委办会调查特委会编：《中华归主：中国基督教事业统计1901—1920》（中），中国社会科学院世界宗教研究所，1985年版，第525页。

③ ［美］威廉·埃德加·盖洛著，沈弘、恽文捷译：《中国长城》，山东画报出版社，2006年版，第274～275页。

深（George K. Harris）牧师和白约翰（Bell John）牧师主持。

民国三十四年印的《青海志略》对内地会在青海的布道工作有以下概括：

耶稣教之传入甘肃、青海一带，盖始于前清光绪四年。其时有敦巴、格达二牧师至兰州，遂定皋兰、宁夏、西宁三处为布道区，设西宁教堂，司劝教于青海。该教阳借传教之名，阴行侵略之实，派教士至青海区域内调查测绘摄影，并于西宁各县及青海各地遍设福音堂，将其新旧约全书译成蒙、藏、回文字，四处散布。且于西宁、湟源各地福音堂内，附设蒙番招待所及医院学校，藉以笼络蒙番王公、千百户及人民，以福音为工具，以利诱为手段，钤束其头目，其野心已可概见。故其势力蔓延甚广，各民族中颇多信仰者。亟宜设法揭穿其内幕，俾大家晓谕，毋再沉溺。其根本办法，仍须由普及国民教育入手。①

1915年内地会英国教士连福川（连树川，F. Doggett Learner，1911年来华）夫妇携子到达西宁，主要负责西宁藏族民众中的传教工作，至1945年离开中国，一直在青海传教，通过对当地信仰和习俗的了解，在传教方面开创了良好的局面。对藏民的布道方式，主要有旅行布道，发放“福音”书籍等：

对藏民布道的方式很多，旅行布道就是其中的一种。旅行布道极为艰苦，幸而可以观赏沿途风景，体察各地风土民俗，特别是能给深居黑暗中的百姓带来真道，诚为一大乐事。为了保证旅行布道宣教师的安全，必须结识几个有势力的藏民，旅行布道时，请他们作“东道主”，等他们到宣教地来时，则宣教师也要对他们“尽地主之谊”。这种布道方式的后果是宣教师必须时时注意以免得罪“东道主”或当地僧侣，这样就限制了宣教师的布道活动。②

他们在藏民中也开展了文字布道，1918年连福川向大英圣书公会（Britishan Foreign Bible Soeiety）报告云：

我们卖了约六百部藏文福音书，这太值得上帝赞许了。因为在以前的那些年月，藏人是不会收福音书这样的礼物的，现在，他们愿意出十个钱，而且态度积极。这些人发生了极大的变化。我们也在这一年卖了一些蒙文和卡尔梅克文的《圣经》，总共约四十部。这一带的蒙族并不很多，但不时会碰到，大约在二月的酥油花会节，他们会来朝拜著名的藏人圣地塔尔寺，这样，我们就相遇了，这是我们难得的一次好机会。在出售穆斯林文的福音书上，我们也干得很出色，他们中的许多人也在寺庙求神的光明。在西宁周围，有成千上万的穆罕默德信徒，他们不仅买本民族语言的《圣经》文本，也买汉文本的，实际上，他们的学者均能读汉文，通过

---

① 许崇灏：《青海志略》（民国三十四年铅印本），张先清、赵蕊娟编：《中国地方志基督教史料辑要》，东方出版中心，2010年版，第296页。

② 许崇灏：《青海志略》（民国三十四年铅印本），张先清、赵蕊娟编：《中国地方志基督教史料辑要》，东方出版中心，2010年版，第652页。

这种方式，神的旨意就传播开来了。如果不是阿訇的势力大，我相信这里会有更多的穆斯林改宗基督教。我自己深信，他们中有许多人在心中已依附了基督。①

连福川在西宁府开有一家客栈，取名“福音客栈”，供藏、蒙古族人等居住，并向这些房客派发福音书籍，再由他们带至旅行所到的集市。

内地会西宁传教士，尚有美国教士海春深（George K. Harris，1887－1962）。他于1916年来华，初在安庆，1917年至甘肃，其妻 Florence Winifred Steven 于1917年来华，夫妻俩长期在西北回、藏群众中开展工作（1917－1951年），被称为“燃向穆斯林的火炬”（Torch for Islam）。海氏采用多样传教方式，巡回布道、家庭拜访、散布书籍、编写手册，以及医疗（河州医院）等，逐渐吸引穆斯林的兴趣。其家庭式传教、在穆斯林集中区域深入传教等，颇有收效。他撰文《中国西北：今日的挑战》（Northwest China——a Challege for Today）刊载于《穆斯林世界》（*Moslem world*），详细记述了自己在穆斯林中的传教经历。② 关于海氏的传记，有 Malcolm R. Bradshaw 的著作《燃向伊斯兰教的火炬：海春深传记》（*Torch for Islam：a biography of George K. Harris，missionary to Muslims*）。③

四、内地会传教士叶长青探索康藏

英籍澳大利亚传教士叶长青更多地被冠以人类学家、探险家、地理学家的头衔。叶长青（汉名亦作叶长清，晚清文档中书作叶葱郁，民国后通用叶长青，James Huston Edgar，1872－1936），生于澳大利亚，幼年移居新西兰，1898年来华，旋即到四川，在新津创建教会。自1902年后，叶长青频繁游历探险康藏地区，多次参阅官府文档。据四川洋务局1910年记，叶葱郁，光绪二十四年来川，与其妻叶氏居于新津县城西街福音堂。

宣统二年（1910）六月：“英国教士叶葱郁单开：定于二十七日，由巴起程，前赴盐井游历，随带杂役一名，通事一名，恳请保护等语。本府当即会派弁兵护送前进，并饬沿途妥为照料，勿任改道他行，免滋事端。”七月初二日到盐井，又起程前赴云南阿墩子游历，知县派拨弁兵护送前进。边务大臣赵尔丰批：“兹称由盐井前往阿墩子，该令何不劝阻，且会营派兵护送？究该教士有无游历滇地护照，未据声明。查前奉部章业已通饬在案：该令遵饬办理。嗣后如有外人游历，务须查明

① *The Chinese Recorder*，vol. 49，no. 2，1918，p. 137.

② *Moslem world*，vol. 36，no. July，pp. 228－235.

③ *Torch for Islam：a biography of George K. Harris，missionary to Muslims*，London：Lutterworth Press，1965，p. 15.

领有何处护照，游历何处，勿令改道他往。”①

宣统三年（1911）五月，“英国传教士叶葱郁赴盐井游历，英国游击贝尔立由川赴滇”，于15日抵达盐井，并不报知地方官保护，任意潜行，“竟向毕土、闷空生番之地游历”，经驻守官兵跟追、阻止，始返回巴塘。②

从1922年后，叶长青驻于打箭炉教会，在传教之外，探险康区山川地理、考察西南边民。1922年，作为英国皇家地理学会（F. R. G. S）会员的叶长青，与华西协合大学的戴谦和（D. S. Dye）等成立了华西边疆研究学会，创办英文刊物《华西边疆研究学会杂志》，以推动华西边疆研究向纵深发展。他是权威的地理学家，擅长人类学研究，在此领域著述丰富，有*Tibet：The Laud of Myste*，*High Altitudes*等专门著作，并在《华西边疆研究学会杂志》《华西教会新闻》（*West China Missionary News*）、《教务杂志》（*Chinese Recorder*）、《皇家亚洲学会华北分会杂志》（*Journal of the North China Branch of the Royal Asiatic Society*）、《地理杂志》（*Geographic Journal*）等刊物上发表了近200篇论文、报告、游记等，广涉康藏地区藏彝羌民族语言、宗教、习俗、历史、考古、地理等诸多领域，为近代华西研究之翘楚，被赞誉为“华西学派”的开拓者。

他的传教工作主要是散发圣书及翻译圣经，如1923年的3个月中，出售和派送了14000本中文福音书，5000本藏文福音书，20000份藏文福音单张。叶长青在康区传教二十余年，通晓汉语和康藏语，并将《圣经》译成藏文。

时人对其在语言学上的造诣和贡献，亦有公论：

盖彼辈既通各该地语言，土人不致有所误会，故所到之处，均受欢迎。而基督教在西康之所以能日渐发展者，亦即彼辈教士能致力于语言之研究，有以助其成功也。内地会教士叶牧师最近发表两篇对于语言学上有价值之著作：1. *Language Changes in West China*；2. *Giaran Vocabulary*。叶牧师在西康甚久，不仅于藏文造诣极深，即对于西康各地之方言，亦有深刻之研究，现在欧美各语言学家，对于甲朗语，而无一人注意者。叶君之作，不能不认为语言学上之一新贡献也。③

又有誉：

康藏语言文字甚难学习，外人传教又非学习纯熟不能适合地宜。故外国教士不惜以毕生精力从事研究，前后成书不下数十种。英、美人之著作多在伦敦及印度加

---

① “盐井委员王会同详报英教士叶葱郁入境出境日期宣统二年七月初六日（1910. 8. 10）”，西藏自治区社会科学院、四川省社会科学院合编：《近代康藏重大事件史料选编》第二编（下），西藏古籍出版社，2004年版，第647页。

② “盐井委员张世杰详禀英军官贝尔立潜行入境宣统三年五月十六日（1911. 6. 12）”，西藏自治区社会科学院、四川省社会科学院合编：《近代康藏重大事件史料选编》第二编（下），西藏古籍出版社，2004年版，第667页。

③ 曾广铭：《西康之宗教》，《西北问题》，1936年第1至2期。

尔各答出版。法人之著作多在香港出版，其中以内地会教士叶牧师所著为最有价值。叶君在康近三十年，精究藏文，译有圣经一书更善。汉、康、藏、欧、美各语言学家，对于甲朗语现尚无人注意，叶君之作，诚为语言学上之一新贡献也。[①]

在西康建省后，内地会加强了川康布道工作，在 1933 年分别建立了懋功教会和平武教会。懋功（今小金县）位于该省西北部，1932 年英国教士蒋复润（蒋福润，J. H. Jeffrey)、裴元第（裴培元，E. E. Beatty）布道懋功，建立福音堂（营盘街)，行医布道。1935 年后澳大利亚籍林敦和（A. Pocklington)、韦显明（N. J. Amos)、叶培生（W. Jespersen）加入传教站，散发书刊，宣讲教义，并于教堂内设学，收获有 30 多名信徒。教堂周边居民多为穆斯林，教士不适语言和风土，布道艰难，1944 年离开懋功。

总之，基督新教在中国藏区的传播，以内地会布局先、进入早、教士多，且影响大。内地会是由外国政府保护下的西教士开办的，要旨乃是“服务天国”，主持者系牧师，传播者系西教、西文、西俗……因此在中国社会中产生了深刻的处境危机，来自国情民俗的批判不约而同地指向它们的“异文”“异种”“异教”，与内地会“布道”“宣道”工作如影随形的是来自中国社会的“排教”“拒教”反应，尤其是向西部藏族民众传教，甚至西藏“禁地”，交通不便固然是一大障碍和阻力，同时遭遇到政治的、民族的、宗教的和文化的全面对抗，当地藏、汉民众对外国人保持戒备心理，也极难接受基督信仰。

① 李亦人：《西康综览》，南京正中书局，1947 年版，第 180 页。

多元文化背景下的康区宗教信仰变迁[①]

郭建勋[②]

鱼通藏族[③]主要分布在川西大渡河畔的康定县鱼通区[④]，包括康定县的姑咱镇、前溪乡、舍联乡和麦崩乡等。鱼通人作为大渡河上游的一个古老族群，位于区域多族群社会文化带上，既保留了自己的语言，也吸收了周边诸多文化。每年在鱼通地区前溪乡境内雄居寺举办的八卦会，充分体现了多元文化接触区域的文化杂糅性。探究鱼通地区的八卦会，对于理解他们的文化系统，进而理解康区的社会文化变迁，对于深刻理解藏文化自身的多元性质，都有重要意义。为此，笔者于2008年5月27日到6月2日，即农历四月二十三到二十九日，全程参与调查了八卦会。2011年6月，笔者又进行了回访。为了论述方面，现结合相关资料、访谈材料和观察，对八卦会进行分类介绍。

一、八卦会中的雄居寺

从姑咱镇到位于前溪乡的半山腰的雄居寺，有一条乡村公路可以到达，交通条件的改善，极大地方便了雄居寺举办庙会，也吸引了更多的信众。尤其方便了年纪较大的信众前来参加，因为他们不用爬山，既节省了体力，也节省了时间。笔者在2007年冬天时曾到过雄居寺，当时周围的田地已是翻耕过，没有一点绿意。而今，玉米苗也刚刚冒出地面不久，绿油油的马铃薯苗上，有的还开了花，大白豆的藤蔓也爬上了竹架，花椒树上也挂上青青的小果。人们的春耕已经结束，离春季作物的收获也还有一段时间，这是春夏之交，杂花生树的万物生长时节，也是当地人在春耕与夏收之间难得的一段空闲时光。

---

① 本文系作者在中国西部边疆安全与发展协同创新中心担任访问学者期间完成，得到西部边疆中心“优秀青年学者短访学计划”的支持。

② 郭建勋，男，四川泸定人，民族学博士，西南民族大学旅游与历史文化学院副教授，主要研究方向为藏族社会与文化。

③ 因内部说一种地脚话，语言学界命名为贵琼语，称该地人为贵琼人，族属上属于藏族。本地人自称“贵羌”，康区藏族称其为“恶汤”，邻近的康定县三合乡的纳脚沟（原属下鱼通）的称其为“蒙”或“蒙依”。邻近的汉族人也称该地区的人为“鱼通河”的人，或称“鱼通娃”，现在当地人也有人自称为“鱼通河”的人。

④ 鱼通是贵琼人的主要聚居地，汉文献中最早见于元代。在藏文史籍中，鱼通又与东部氐族集团之高一董部有密切关系。

在绿色的树木、庄稼和周围汉式平房的映衬和包围下，雄居寺的红墙青瓦更加醒目。雄居寺的外观颇似放大了的汉式民居——四合院，唯一不同的是大殿和前门房顶上的法轮和庭院中的经幡，它们告诉人们这是一座禅林。

当笔者进入雄居寺时，一位负责做饭的会首正在安排晚饭，他是前溪乡楼上村的一位老年人，长期在姑咱镇居住，今年前溪乡楼上村是八卦会的轮值堡子之一，他是专门回来为八卦会服务的。另一位赶羊村的村民则在负责烧清茶，前溪乡赶羊村是2008年度八卦会的另一个轮值堡子。其余的会首则在院坝里聊天或玩扑克，等待吃晚饭。笔者的到来既引来一些会首的热情欢迎，也招来了一些怀疑的目光。笔者介绍了自己的身份和来意，幸运的是，经过沟通以及彼此熟悉的人的信息核对，间接证明了笔者的身份，大家也就不再怀疑，也没有给调查带来更大的麻烦。

庙里已装扮一新，引人注目的是，在大殿前新竖起了一根钢管做成的旗杆，据说是在会期中要升国旗。大殿前贴有“雄居寺第二十三届坐戒八卦两会瞻拜仪式”，柱子上则张贴有“愿国共和谈中谋和谐求发展共创民族伟业”，“望民族念党恩利和睦抨分裂力挽祖国统一”的对联。在庙子里到处张贴有“爱国爱教反分裂”的标语。尽管人不算多，但比之平常庙里只有一位聋人庙祝，现在的场面已算是相当热闹了。

雄居寺大殿里，八卦已经绘制完成，并用布幔围住，喇嘛们还在诵经，水泥铸成的院坝里放着小方桌。右边厢房一楼仓库里，堆放着各种食物和会期所用之物，外墙上将2008年化工[①]的名单，按各村、各户及凑集钱物的顺序一一写在红纸上并已张贴出来。左厢房的二楼尽头，是雄居寺僧人的住处，有卫星电视及DVD等设备，与鱼通当地的民居布置相似。在另一端，则是雄居寺分庙（时济将军庙）僧人的住处，基本按照关外僧人居处布置，因为他是从高尔寺来的。与之相邻的是看庙人的住处，现在这里是烧清茶的地方。其余房间空着，是信众或会首们的临时住处，卧具都是庙里购置的。大殿的二楼已铺上了卧具，是先来会首们的住处。八卦会从开始到结束，每天的仪式大体相似，主要是僧人诵经。

二、何为八卦会

在当地人的认识中，八卦会的“八卦”来历与“贡展冲子叫布”[②]射杀“曼喊身给日巴”[③]的传说有关。八卦会的来历就选取了“曼喊身给日巴”死后形成的九宫八卦，这与鱼通公嘛用于历算的唐卡画有关系，九宫、八卦、五行、十二生肖、六十甲子就绘在一大金龟背上。

八卦在本地话中称为“保孔地觉落地”，在八卦会期间，于雄居寺大殿正中的

① 在庙会前，由下年承办八卦会的堡子的会首，到鱼通区各地化缘。

② 即汉地的孔夫子。

③ 乌龟。

佛像前的一块平地上，用彩沙绘成。图案底部是用水泥铸成的圆形平地，正中间有一孔，为图案的中心点。平地上用红漆画有坛城图案的轮廓，其中还有用彩色粉笔绘制的轮廓。

在八卦会举行之前，庙里的僧人、会首及部分信众，要把石头磨制白沙，一般一次会磨制很多，然后将白沙染成黑、蓝、红、黄、绿五色，加上白色共有六色为基本颜色。除了白、黑色外，其余四种颜色又可分为深、中、浅三个层次。总共有十四种颜色。一般一次染制的彩沙都有很多，然后分门别类地装在小白布口袋里，袋身上用藏文标明颜色。多余的彩沙可留到下年再用。

仪式开始前，在雄居寺的僧人的指导下，会首们在农历四月二十三到二十四日，将事先染好的十余种颜色沙子，小心地用手放在指定的区域①，所花时间视人手和熟练程度而定，一般需要一到两天。② 在绘制成的八卦周围，要奉上酥油灯、用净水、小麦。随着仪式的进展，周围还会供上朵玛。这些供品周围，还要用约20 厘米高的木板围起来，木板要用麻绳固定起来。八卦的三个区域（除佛像处外）还要用一人多高的红白相间的布幔围起来。农历四月二十四日上午 11 点左右，僧人举行仪式后，布幔才拉开。在前佛教的印度传统中，曼荼罗意味着“空间—宇宙”，并指的是一块长方形或圆形的土地，在仪式中，比如祭祀仪式时，将其从周围尘世的环境中仔细地划定出来，并且要特地净化一下。③

仪式中，庙里还要每天点酥油灯，净水、小麦供奉八卦。人们还要围绕八卦转圈以求平安。直到农历四月二十九日，僧人念完经文后，才将八卦撤掉。

鱼通所称的八卦，从形制、制作流程和最后的分发过程，属于藏传佛教寺院的沙绘坛城。“坛城”是梵文 Mandala 的意译，音译为“曼陀罗”“曼荼罗”或“曼达拉”，藏语叫“经廓”，汉译为坛城、坛场。在古代印度，坛城指奉神的祭坛。

据扎雅·诺丹西绕介绍，密乘四部的每一部都有各自的精神宇宙模式，即坛城系统。这一系统有一密乘主神与一些眷属神灵组成。坛城中的主神就是人们所称的本尊神。每个修习密乘者，都要以一位各自的本尊神作为观修圣象。围绕本尊神灵和眷属神相互之间只是形体和显现标志不同，实际上眷属神是一类神，并且与本尊神保持一致。坛城真正的含义是变化多样的神界结构形式简略地表现为本尊主神及眷属神的聚合之处，是一个帮助修习者在观想本尊在神界情景时的一个象征性观修对象。④ 作为供品的坛城，是一种象征宇宙世界结构。从佛教徒的角度讲，宇宙万

---

① 除了萨迦派而外，其余诸派在制作时，均用特制的锥形容器，将装在里面的沙子，通过或轻或重的敲打控制，漏下绘制成整幅画面。萨迦派沙绘坛城的一个特点，是不用其他教派普遍使用的锥形漏沙工具，而是直接用手指。

② 绘制沙制坛城，属于工巧明领域。

③ 扎雅·罗丹西绕活佛著，丁涛、拉巴次旦译：《藏族文化中的佛教象征符号》，中国藏学出版社，2008 年版，第 79 页。

④ 扎雅·诺丹西绕著，谢继胜译：《西藏宗教艺术》，西藏人民出版社，1989 年版，第 35 页。

物皆是业力，并且自身也处于整个宇宙中，故都要为宇宙做贡献。供奉坛城供品，就等于为宇宙做出了贡献，担负了他本应分摊的一份责任。而对一般的信众而言，供奉坛城供品也是为上供者积聚善业的途径之一，而供奉象征虚空宇宙的坛城供品，要比供奉其他供品积累更多的善业。①

总体而言，寺庙中的坛城，主要用于修习密乘者观修时的对象，且修习者可以直接理解它，而不是以一般受时空限制的方式来理解。它是另一个世界，但不能借用"分离"或"没有分离""包括"或"没有包括"等不达意的词来描述它与普通意义上的世界之间的关系。② 坛城也可用作供品。此外，坛城也会用于为死者超度亡灵的仪式中。在鱼通的竖棺火葬中，也要用到称为"八卦"的坛城，其中河沙及八卦的铺设，是由喇嘛或公嘛负责操作：

棺材立起放，这个是烧的灶头③嘛，这里还有八卦，八卦搁起，把那个净水倒在八卦高头（上面）。……八卦是印板印的，纸纸上印的，下面要铺一层河沙，大渡河边上的河沙才行，干净的。铺一层河沙后，八卦给他弄（铺）下去，上头净水一倒了，纸就粘到河沙上了，然后就用白杨的签签（树枝），在上面小小地搭一个"显齿"④。

然而，在鱼通雄居寺里，藏传佛教密宗里的坛城被称为八卦会。鱼通受汉与卫藏文化的影响，从而由"坛城"创造出"八卦会"名称。两者在宇宙观上又的确有相似之处。英国学者约翰·布洛菲尔德（John Blofeld）曾对此进行过讨论，他说：中国道教徒们非常古老的阴阳象征符号形成了一种导致密教象征的有益序幕。……它导向了西藏坛场的基本法理。在佛教之前，它便圆满地与密教的宇宙观相吻合。⑤ 如此看来，将坛城称为八卦，有汉藏文化交流的历史因素。汉地九宫八卦等观念很早就对藏地文化的诸方面产生过影响，因而孔子成了藏传佛教中文殊菩萨的化身，孔子成了鱼通公嘛的祖神。鱼通公嘛经文中的九宫八卦观念，是卫藏地区传入的观念，到了近代，汉式的九宫八卦才直接传入鱼通。除了文化交流的因素外，坛城到八卦的名称转化有着深层的心理认知基础，两者都源于相同的宇宙观，而不能简单地看作是文化误读。正因为如此，荣格才指出这些象征是人类的共同遗产，是人类共同的意识或非意识的组成部分。⑥

① 扎雅·诺丹西绕著，谢继胜译：《西藏宗教艺术》，西藏人民出版社，1989年版，第75页。

② 扎雅·罗丹西绕活佛著，丁涛、拉巴次旦译：《藏族文化中的佛教象征符号》，中国藏学出版社，2008年版，第79页。

③ 形同英文字母"n"，高约50厘米。

④ 是本地在火葬或在锅庄石旁的祭祀仪式时，用木或竹纵横交错地搭建而成的架子，将火葬的尸体或祭品放在上面。

⑤ ［英］约翰·布洛德菲尔德著，耿升译：《西藏佛教密宗》，西藏人民出版社，2003年版，第82页。

⑥ ［英］约翰·布洛德菲尔德著，耿升译：《西藏佛教密宗》，西藏人民出版社，2003年版，第84页。

三、八卦会概况

鱼通地区原有萨迦派寺庙三座，分别为姑咱寺、奈达寺和雄居寺院。姑咱寺很早废弃，奈达庙已于1995年恢复，但影响有限，每年举行主要由麦崩乡各堡子参加的“哑巴会”。雄居寺复建后，一跃而成为覆盖鱼通全境的寺庙，原来的三个宗教仪式也得以恢复，分别是以个人方式参与的“哑巴会”①（后改名为“坐戒会”）、“八卦会”和被称为“念冬经”的毛人会②（也有人称为“冬节”）。

八卦会从农历四月二十三到四月二十九日，最热闹的是四月二十五日，人数多在五六百人。四月二十三日，由庙里僧人主持，当年轮值堡子的会首协助，在大殿内制作“八卦”，即藏传佛教中的坛城，是彩沙制成的。然后，每天由僧人念经作法事。四月二十五日，鱼通全境的信众聚集于此，一为逝去的家人超度，二为了转“八卦”。这天是八卦会中最为热闹的一天。而后，僧人们继续念经做法事，到四月二十九日，僧人完成仪式后，会同会首们用干净的扫帚把彩沙扫在一起，彩沙调和均匀后，用纸或塑料小袋分装，由各村会首带回后分发给各堡的村民，称为撒八卦。

八卦会、念冬经与萨迦派寺庙的夏冬两季法会有密切关系，可以看成是这两个法会流传到康区东部的表现形式。八卦会与萨迦寺每年夏季举行大法会有关。据鱼通另一寺庙——将军庙的主持，来自康定新都桥附近萨迦派的高尔寺僧人讲，萨迦的喇嘛们在夏季法会时，要跳金刚橛舞。金刚橛，藏语称“多吉普巴”，原本是降魔除障的锐利法器，在藏传佛教中又成了重要的神，是宁玛派（红教）五位本尊神之一。萨迦派源于宁玛，崇尚金刚橛是可以理解的。跳神是一种密宗仪轨，舞蹈表演和诵经念咒是相辅相成的。跳神前，喇嘛们用七色土在大经堂绘出金刚橛的坛城，围坐坛城诵经七日，从第八天开始跳神。据来自高尔寺的雄居寺分庙（时济将军庙）的僧人介绍，雄居寺由于僧人较少，只有围坐坛城诵经，没有跳神活动，但在高尔寺等庙子里就还有跳神。

同样，念冬经也与萨迦冬季法会相关。萨迦冬季法会里，十一月二十九日，称为“破九”，是习惯性的赶鬼驱邪的日子。因为萨迦和西藏广大农区一样，不在正月初一过年，而在十二月初一过年，这与农事安排有密切的关联。仪式最后，诸神汇聚在寺庙两边的广场，焚化五个用糌粑做成的锥形“刀玛”（施食），象征着驱魔送祟圆满完成，大家喜气洋洋地返回寺庙，至此，一年一度的冬季大法会宣告

① 关于鱼通的哑巴会，本人已有专文讨论，有兴趣者可参阅。

② 毛人会是从冬月二十五到冬月二十九日，人数一百人左右。有的资料称为喇嘛会。喇嘛集上庙子念经，20世纪30年代信众各凑玉米或小麦一拗二拗给庙里，作为各喇嘛的衣食费用。念完经后，要捏一尺多高的两个面人，称为大毛人，投到野外，叫花子吃了以求免灾。据当地人说，捏一个大毛人要用约一斗的粮食，要小伙子才能端起。冬月二十九日送毛人，端毛人的小伙子的嘴要用纸片封住。送毛人意味着撵鬼、免灾、免难。现在不敢送毛人了，因为喇嘛没有送毛人的修道（能力），反而会对自己的身体有危害。

结束。

四、八卦会的组织者与参与者

（一）组织者

雄居寺八卦会与“哑巴会”连在一起，称为“两会”，2008 年已是恢复后的第 23 届。庙里的僧人是总的负责人，但他们一般不会直接处理世俗事务，他们只负责操办仪式。按照惯例，八卦会由前溪乡各堡子轮流操办。2008 年承办的堡子是楼上和赶羊，这是与雄居寺隔一条山沟相对的两个小堡子，赶羊沟有 36 户，楼上有 34 户。由于两堡子人数较少，单独承办都有些困难，因此两堡子是合二为一，共同承办的。赶羊因早年开发煤矿，现在堡子所居的山体在不断下滑，使得在此地无法生存。目前，赶羊整体已搬迁至大渡河边的靶丫河坝，形成漂亮的赶羊新村。尽管在地理位置上已远离楼上，但在八卦会的仪式空间里，他们仍与楼上连为一体，承担着应尽的义务。“两会”会首是以堡子为单位，派出的几位代表来负责具体事务。各堡子的会首，一般是村中的行政领导、地方精英或者办事能力强的人，他们各有分工。各堡子的会首认为，办“两会”的目的，既是为自己，但最后还是为庙子上办的，因为最后结余的钱物都归庙子所有。

有资格作为雄居寺会首的堡子有：前溪乡各堡子，现属于麦崩乡的高乌和敏千，还有属于时济乡的大坝。雄居寺八卦会，各堡根据人数多少，或组合或单独，轮流循环承办。实际上，高乌和敏千是在 1962 年 11 月由前溪乡划入麦崩乡的，行政区划的改变并没有改变两堡子在传统社会中的位置。而大坝虽在行政上属于时济乡，但由于毗邻前溪，与龙安关系密切，在羊年会时，他们就是一个小的信仰圈，龙安是大哥，而大坝要向龙安献哈达。因此在八卦会的承办中，两者合作承办。[①] 初咱是每一轮的开始，高乌和敏迁为结束。初咱是鱼通诸堡子中人数最多的一个，与高乌、敏千隔山沟相对。轮值顺序以此开始和结束，其余承办堡子依顺时针方向获得承办权，轮职顺序在地域上呈现为首尾相合，也有了巡视前溪各村堡的意味（如下表所示）。

雄居寺“两会”堡子轮值顺序

年份	2007	2008	2009[②]	2010	2011	2012
堡子	俄包	楼上、赶羊	龙安、大坝	高乌、敏千	初咱	前溪

在雄居寺附近的雄居村，反而被排除在外，他们基本不参加“两会”仪式。但在当地人眼中，雄居寺与前溪各堡的关系最为密切，属于“内”，而其他的堡子相

① 2008 年 6 月 2 日，大坝董某，男，管理雄居寺庙会账目的人，65 岁。

② 由于当年该村有新村建设的重要工程，无暇承办，顺延一年。该年的八卦会，由雄居寺僧人组织，但规模相对较小。

对而言属于“外”，就连作为会首的大坝，人们也潜在的有种“外”的感觉。这从一件小事中可以看出：2008 年 6 月 2 日下午，八卦会结束时，会首们正在结算账目，有两位大坝的妇女来到雄居寺，找到雄居寺寺管会主任高老四，商量承办 2009 年会期的事情。据她俩说，龙安的人说，他们村子今年有硬化道路的新村建设任务，可能没有时间和精力筹办明年的会期，是否与再下一轮的高乌和敏千调换。赶羊和楼上的会首以及在场的人，对龙安的提议感觉有些意外，大家对大坝的两位妇女的主动性大加赞扬。他们感叹道，人家大坝都在积极主动地想办法，而龙安反而提出这样的建议，这样会打乱整个顺序，也许会让八卦会就此办不下去，实在不应该。

（二）参与者

原来，雄居寺附近的土地归雄居寺所有，所得收入用于庙上办会。据说，原来耕种这些土地的四家人，全部死光了。因为庙子的煞气大，压地脉。20 世纪 50 年代后，这里的土地由新搬到这里的汉人耕种，形成了雄居寺周围的“汉文化圈”，因而雄居当地的汉人不太支持此庙。雄居村共 44 户，含 3 至 4 家新分户。雄居寺所在的地方，共有 13 户人家。据当地人讲，鱼通人要给刚去世的雄居寺的高喇嘛修塔子，要出高价在庙子附近购一块土地，但雄居人不同意。其他人则说，雄居村的人不相信雄居寺，他们只喜欢跳神的，喜欢这些牛鬼蛇神。雄居人则秉承汉地的观念，“庙前穷，庙后富，侧左侧右出寡妇”。

现在，每年十月间，待地里庄稼收割完毕，下一年承办“两会”的堡子派出会首，到鱼通各村各堡筹集办会的经费，称为化工。因为这一段时间，花椒、核桃、大白豆大量上市，鱼通人家都有些闲钱。选择这一时间上门，一般人家都能凑出份子，多数人家会出现金，视其财力，各户从五元到数百元不等，也有人家会拿出小麦、腊肉等物资。2005 年前溪乡初咱村承办时，共凑得 15849 元，其中开支 13522 元，用于“两会”期间的生活费和其他开支，剩余 2327 元移交给雄居寺。2008 年共凑集了 23828 元。

值年会首到达各村堡后，一般要找到当地有声望的人或者是地方领导，挨家挨户去化工或化缘。这些参与化工的各村堡的向导，举办方会在八卦会上通报并献哈达表示感谢，还可以得到一小包具有神力的八卦彩沙。而汉式庙宇的一些操办者对此举表示不屑，并讥讽此举为“讨口子”上门讨饭。事实上，汉式庙宇在新建或维修庙宇时，也要通过化工来解决，一般会期的开支是从信众还愿求福而得，资金都是从民众中来，只是程序上有略有差别，但在特定情境下，这种差别放大而成汉式或藏式庙宇间潜在关系的体现。

从地域上看，2008 年的八卦会中，化工的上门范围包括了下鱼通的麦崩、前溪、舍联、时济各乡和姑咱镇，但也有堡子没有出现在化工名单之列，比如麦崩的含泥，前溪乡的雄居，时济乡的叫鸡沟、杠吉。这有几个原因，一是由于有些地方交通不便，人户分散不方便走动，含泥即是如此。也有因为信仰的原因，这主要体现在天主教影响下的叫吉沟和杠吉，这种宗教的排他性强，使得这些外来人口为主的村子不在化工之列。由于统计分类上的差异，在姑咱地区也漏掉了一些村落的名称。

八卦会的参与者中，还有一些现居于外地的鱼通人，也是八卦会的热心人士，他们大多有工作，或者是退了休，算是鱼通走出去的有脸面的人，他们几乎每年都要参加八卦会积德求平安。还有身份特殊的人，这就是鱼通为数不多的公嘛。现在的公嘛家住敏千，每年八卦会他都要参加。在这期间，他的工作就是为信众用藏文书写各户中需要超度的亡人姓名。他根本不会参加八卦会期间与宗教仪式有关的活动，但僧人对他也是尊敬有加，来回的车费也是由庙里支付。四月二十五日前，公嘛与僧人在二楼吃饭。他自己说，来庙里做这些事，不是为了个人面子，而是做好事来的。

总体而言，八卦会具有特殊的强制力，使得化工的范围涵盖了整个下鱼通地区。除了天主教信众为主的村落外，即使有汉式庙宇的地区，人们无论自愿或不自愿，都在化工范围。每年八卦会期间，都会将当年所收的钱物张榜公布。正如2007年八卦会期化工榜所言：

历史悠久的座戒会、八卦会，连办两会一举，但无有会期成本分文，会首人员只得在本区各乡各村各户同结善缘。在广大群众善士男女老幼同心同德、同结善缘，自觉自愿贡献现金钱粮食物食品等等，各尽所能。

五、仪式过程

除四月二十五日那天的仪式过程稍有不同外，其余时间的仪式大体相似，主要以僧人在大殿内“神圣空间”里诵经为主。

（一）日常仪式

通过农历四月二十四日的仪式，我们可以看到整个八卦会的过程。早晨9时到11时，雄居寺两位僧人各带一名徒弟，分坐两边，在布幔围起的八卦前诵经。此时，大殿门是关闭的，大殿内只有僧人与徒弟四人。11时后僧人到大殿门外诵经，11点04分时，僧人结束诵经。这时，两位男性信众，一人吹海螺，一人吹号，在场的信众、会首、公嘛在僧人的带领下进入大殿，每人手棒一支点燃的香，顺时针围绕大殿转三圈，而后喇嘛到大殿的念经处向佛像磕三个头，信众在大殿门口磕头。这是整个八卦会的第一次转八卦，因而信众要比之前多一些。大殿里转八卦时，庙门外要燃放一串鞭炮。14点05分，喇嘛们开始吃午饭，其食物与一般人的一样，同样有肉食。[①] 公嘛与喇嘛在楼上吃饭。15点40分，喇嘛开始念经，17点14分全天的诵经活动结束。其余时间僧人们可以和信众和会首一起看电视，玩

① 腊肉两盘，豆皮一盘，白菜粉条一盘，海带汤两碗，凉粉一盘。晚饭菜品类似，只是白菜粉条换成了魔芋。

扑克。

而在大殿外的“世俗空间”里，公嘛、会首则忙于其他事务，从会期开始直到四月二十五日大型的转八卦活动开始之前，公嘛都不停地为当地信众登记各家所要超度亡灵的名单。还有一些信众用白布镶边的绸缎或红布制成的长幡，也需要公嘛在空白处写上敬语。然后信众交给寺庙里的僧人，待念经开光后，信众在大殿四周任一地方挂上长幡。对于超度亡人一事，厂马的安区说道：僧人在超度亡人时，如果这家没有给亡人登记，而没被僧人念到，（亡人）就哭着回去（阴间）。一位退休教师则认为：八卦会是坛城，念的经文要包含东南西北四方的菩萨，也有放宽政策（对阴间的亡人）的意思。而一位年青司机则说：以上的说法也不全对，这与世上的人请客吃饭一样的，僧人在超度时，就像请客吃饭一样，如果没念到他（亡人），就没有人来给他磕头。这个死了的人，就哭着回去了。哭的意思是亡人以为自家已经绝后，没有后人了，或者是对活着的后代极度失望。

有的信众为了积功德或是还愿，还会在庙里敬供清油、点灯，在功德箱里上香钱，这些都是在大殿内进行的。有的信众在大殿外的转经筒处转经，有的则在念佛或六字真言。有的则在聊天、玩扑克，还有的则在僧人的住所看电视。

（二）仪式的高潮和结束

5月29日即农历四月二十五日这一天是八卦会的高潮。在前一天，有一些较远堡子的信众会赶到庙里，在庙里住一晚。当天晚上，共有约50人在庙里住宿。

清晨5时左右，就有信众醒来，洗脸后高声诵经。5时30分时，所有人都起床。6时的早餐也不同于往日，组织者专门提供了酥油茶、糌粑，也有面条。6时30分，喇嘛们开始念经，6时38分，勒树的学徒将插有一支燃香的朵玛，送到大殿南边的小窗口前，并吹响海螺。7时15分，僧人的第一轮念经结束，然后休息、聊天，内容多为世俗话题，或者玩手机。其间，有信众到庙里来还愿，添油、拜佛，在大殿外烧香。此时仍有很多人在公嘛处登记亡人姓名。随后，信众越来越多，所穿的服饰具有地方特色，头帕的花纹也是各有特色，也有少数妇女戴的是从商店里买来的或者是丹巴生产的头帕。鱼通与丹巴的头帕，最大差别在于所绣花纹的位置不同，鱼通头帕在靠近额头一边，而丹巴的则在帕尾。

厨房里，这天专门请人来做饭，这些人多是外来的汉人，其中一位男子口音与当地群众有明显差别，原来他是20世纪80年代从四川南充入赘鱼通雄居村的。

7时24分，僧人又开始诵经。7时40到8时50分，院内有年轻妇女们开始跳锅庄，音乐则是近年来的藏族通俗歌曲。这些妇女身穿的藏装类似于卫藏妇女的夏装，是在姑咱订制的，这些妇女是专门为八卦会中“世俗仪式”服务的人。她们的服装与鱼通本地服装形成强烈对比。跳舞者中，也有一两位穿汉式服装的本地女性。

这时，上香、拜佛的信众越来越多，门外烧香的也越来越多，大殿门被迫掩上。有的信众在殿内点灯，有的则让僧人给唐卡开光，等等。

早上10时，县乡政府领导到来，“世俗仪式”正式开始，这是一般的庆典仪式或庆祝活动程序的翻版。[①] 议程安排和相关的发言稿子是由赶羊外出工作的退休干部在头天晚上拟定的。事后，雄居寺僧人认为，应该再加上一个为汶川地震灾区捐款的仪式，就会更加圆满了。

此后，进入了八卦会的高潮。10时45分，僧人们开始在大门外念经，10点53分开始最盛大的转八卦仪式。信众在僧人的带领下，先在庙外的转经筒处转经，然后进入大殿里转，这样做的主要目的是将转八卦的队伍拉长，避免人们直接进入殿堂而发生踩踏。这时，会首已经组织了一群小伙子，在大殿内维持秩序。进入大殿后，僧人们诵经，一位吹海螺，一位吹号。信众们边转边高声念经。围绕八卦转上三圈后，信众们在门口磕头，倒退出门。这段时间里，公嘛一直忙于登记亡人姓名，完全陷入当地妇女的包围之中。

11时，八卦会的聚餐开始。[②] 菜品的搭配与当地居民的婚宴相似。僧人与公嘛、会首以及当地有地位的信众坐在一起吃饭。吃完饭后，公嘛乘车回家。午餐后，僧人念经并开始超度亡灵。大殿外会首在汇总钱款，并向寺庙移交。

6月2日是八卦会的最后一天，核心仪式就是撤八卦。早晨9时，僧人开始念经，10时左右，会首及部分信众手执一根燃香，与僧人一起转八卦，然后僧人继续念经。12时23分开始撤八卦的仪式，会首及信众首先将外围的木框去掉，然后僧人念经，雄居寺主持僧人用金刚杵在坛城的八个方位画出点，并从这八个方位由边缘向中心划出直线，将坛城分成八分，最后由会首将其扫成一堆，装入大瓷盘里。会首将瓷盘端到大殿外，然后大家将彩沙混合均匀，装入事先准备好的小袋里。承办八卦会的赶羊、楼上的各户一袋，化工时鱼通各堡的带路人以及为庙会服务的人每人一袋。据说，获得这些诵过经、开过光的彩沙，即能得到神灵的保佑，家人可以消灾免难，保佑平安。鱼通多山，滑坡、洪水和泥石流是其主要的自然灾害，在当地人看来，彩沙有特别的避灾作用，功效明显。撤了八卦后，下午僧人们继续在庙里念经。

六、小结

从仪式本身的转化而言，八卦会是萨迦夏季法会的一种地方表现形式，体现了萨迦夏季法会在东传过程中，与鱼通本土及民间社会的互动适应。

（一）萨迦寺院法会到民间宗教节日

如前所述，从名称上而言，八卦会体现了汉到卫藏、卫藏到康东部、康东文化

① 依次有：为汶川地震死难者默哀；升国旗仪式；向来宾（县乡领导）献哈达；前溪乡领导讲话；县领导讲话；赶羊、楼上两村代表讲话；向为两会做出贡献的人献哈达。

② 先上的有：炒花生、鱼皮花生、瓜子、炒豌豆、怪味胡豆、水果糖、长条饼干。饮料有百事可乐、澳的利、两瓶雪花啤酒、一瓶川丰酒。后上的菜有：卤猪头肉、卤牛肉、泡鸡爪、木耳肉片、凉拌鸡肉、炒腊肉、盐煎肉、魔芋、莴笋烧肉、青椒炒肉、烧豆腐。

到汉的文化接触、影响和交融过程，体现了汉、卫藏与康区之间复杂而多向的文化交流关系。

卫藏坛城经历了从印度到本土的过程，其本土化的过程中又吸收了汉地先秦时的“盖天说”和大九州宇宙观。[①] 荣格曾认为，亚洲密宗各派所使用的坛城是人类集体无意识的表征。体现了人类深层的认识心理，因而它会用于相关的象征场合，并在不同的文化中得到表现。八卦会的名称，就不是文化挪用这样简单，充分体现了汉、藏间源远流长的文化交流史，而这又建立在人类共有的心理基础上，也证明了人类共有的心理基础，这个共性跨越了族群边界，是不同文化间交流、借鉴和吸收的深层原因。

从时间而言，萨迦夏季法会一般在藏历七月举行，而八卦会是在农历四月下旬举行，这体现了不同的寺庙对所在地的自然生态、年度生产周期的适应。从法会的完整性而言，萨迦法会的重头戏在于跳金刚橛舞，即俗称的跳神。围绕坛城诵经是喇嘛们的内部事务，而吸引僧俗共同参与的是第八天的跳神活动。跳神需要的僧人至少要二十多位。正如时济雄居寺分庙的僧人讲，雄居寺僧人太少而无法完成后面的跳神。据雄居寺的僧人回忆，1950 年左右，雄居寺尚有 18 名僧人。这也无法完成跳神活动，因金刚橛舞中大神有四位门神、二十位部众。因而雄居寺因地制宜，以绘、转、撤坛城为仪式的核心，将坛城对僧人的观修功能和祈福免灾结合起来，同时强化了超度亡人的民俗功能，以此吸引当地信众的积极参与，分担了萨迦法会跳神中的朝拜神佛，祈求今生福乐和来世转生的功能。而跳神中的娱乐因素和世俗成分，在八卦会中以信众舞蹈[②]和集体聚餐的形式体现出来。在八卦会中，除了僧人不断诵经外，八卦会的高潮部分是由转八卦、集体舞蹈和聚餐三部分组成，聚餐在仪式中的重要性在逐渐增加，大部分化工所得经费就开支在聚餐之中。聚餐的食物和形式并没有更多的信仰禁忌成分，与当地人家的日常宴席相似。同时，萨迦寺院中的法会既强调僧人的观修目的，也注重通过为社区祈福禳灾、满足信众的信仰需求而实现寺庙与民间的结合。而在八卦会中，个人信仰和民俗需求得到强化，除了为社区祈福禳灾而外，八卦会与社区的结合还通过承办堡子和到各堡化工形式得以强化。僧人可以通过八卦而达到观修目的，信众通过转八卦、超度亡人、获得彩沙来实现个人的心理和民俗需求。从社区的角度而言，各堡与八卦会之间具有密不可分的供施关系。

---

① 孙林：《唐卡绘画中的曼陀罗图式与西藏宗教造像学象征的渊源》，《西藏大学学报》，2007 年第 1 期，第 100 页。

② 原来鱼通本地有锅庄，但要边唱边跳，节奏较慢，步伐较为单一。现在鱼通只有个别老年人会跳这种锅庄了。而在鱼通的婚礼或集体场合，年轻女子们则喜欢跟着现在出版的“唐古拉风系列”歌碟学习舞蹈，现在各村堡也在组织大家学习。一些老年人也觉得这种舞蹈比鱼通锅庄好看，音乐也更美。这不仅是鱼通一地的独有现象，在甘孜州各县城，以及内地的汉地广场娱乐活动中，尤其是从藏区退休的干部聚居的地域，这种藏式舞蹈也较为流行。

雄居寺的庙产是周围二十多亩土地，原来会期开支由此，寺庙僧人负责念经，会首的作用不如现在重要，信众们也没有集体聚餐一说，参加庙会自行解决伙食。如有老年人回忆：

庙子上办那个会期最简单了，自己（信众）把麦子馍馍带起去，他那（庙子上），饭钱，油钱给了，香烛点了，转了（八卦），大转经（筒）拉了，念经，磕头。我们自己带的馍馍，他那（庙子）有酥油茶、酒，啥子桌子也没得，打起盘脚就那样坐起吃。

现在，八卦会的举办全依赖于当地信众和庙会组织者，会首作用更大，地位更高，庙会的成功与否，与当年的值年堡子的人数、总体经济收入、会首在鱼通各堡的威望直接相关，而宗教影响已不是主要因素。因此，每年轮职的堡子，表面上显得无所谓，都说有钱就按有钱的办，没有钱就按没有钱的办，意思是人们对庙会办得好不好，不会说三道四。事实上，每个堡子都会尽全力办好，因为这既关乎堡子整体形象，也体现了各堡子会首的脸面。会首的核心任务就是准备四月二十五日的聚餐。这是会期中极其重要的活动，也是八卦会成功与否的关键环节。每年会期之间，承办的堡子在雄居寺的建设或维修上都会各出新招，完成了雄居寺的日常维修任务，人们通常也会以此来评价八卦会成功与否。而会期留给庙里的经费多少，体现在每年公布的红榜上，也是成功与否的潜在标志。因为，每年八卦会后，大家会在不同的场合对历年的八卦会进行对比和评价。

（二）族群身份与文化象征

八卦会上的诸多符号，在特定情境下也成了族群身份和汉藏文化的象征。公嘛登记的亡人姓名均用藏文记名，如果逝去的人有本地名或小名的，就用其中一个名字，如果这两个名字都没有，只有汉名的，公嘛就要将汉名音译成藏文。[①] 无论是哪一种姓名，都要转化成藏文书写。在这里，已故之人姓名的分类、书写方式有了身份区分的象征意义。日常生活中，当地人把汉名理解为学名，学名的获得意味着得到教化和获得知识和文明，学名是要上汉式学堂时用的。没有学名，就意味着没有上过学堂。而在八卦会中，学名并没有优先的地位，相反，本地名或小名作为首选，汉名也要转化成藏文书写，才能在超度仪式上得到认可。

同样，鱼通本地的服饰与商店里的丹巴或卫藏样式的服饰，也体现了一种身份差别。穿着卫藏服饰的妇女，意味着在仪式中是专门从事礼仪有关的事情，比如给有功于八卦会的人士敬献哈达，为来宾表演新式锅庄等。这种服装体现了一种文化交流，也体现了一种等级和秩序，是对卫藏文化优越性的潜在认同。当然，这并不是现在才有的，在射箭会里就已有这种服装背后象征的地位和等级。

---

① 本地名，指的用鱼通话取的名字。小名，指已故之人幼时使用过的名字。汉名，有时又等同于当地人所称的上学时用的名字，即学名。

在八卦会的仪式中，一般的信众都会带上一把香，有的还带来纸钱，所带的香则只能在大殿外一个专门地方点上，而汉式黄色的纸钱，绝不能在大殿内燃烧，一是为了安全，二是因为这种香和纸钱，并不是藏传佛教传统的供品。有人在大殿外的香炉处或楼梯两边的煨桑塔里焚烧，有的则把香插在转经筒附近的墙上用矿泉水或饮料瓶自制的小香炉里，庙里的僧人也会在朵玛上插一根点燃了的香，送在大殿外南方围墙的小窗口处。而纸钱则只能在大殿外的香炉处焚烧，在平时，雄居寺是禁止烧纸钱的。剩余的香或纸钱则堆放在大殿前的四大天王前。

在鱼通人现在的日常饮食中，并不经常喝酥油茶，一般是在贵客或外人到来时才会专门准备酥油茶，或者是鱼通本地的泡酒加上糌粑。若要隆重地招呼客人，还是要用汉式风味的菜肴。在八卦会的聚餐中，也体现了这一原则。农历四月二十五日的早餐，专门提供了酥油茶（酥油存放时间很久，喝时有浓浓的腊味）。而在四月二十五日这天的正餐上，则全用汉式的烹饪方式和菜品。

总之，在八卦会仪式过程中，这些文化符号从微观上体现了八卦会所具有的整合与区分功能，反映了本土、卫藏和汉文化的交融和族群、区域秩序调整过程。

试论拉萨市城镇化进程中的社区管理模式[①]

赵　君[②]

城镇化是社会经济发展的必然产物，也是各个国家和民族实现现代化的必由之路。目前，随着我国经济体制和政治体制改革的不断深化，整个社会格局正由“大政府、小社会”向“小政府、大社会”转变，城市基层社区管理体制的创新也成为时代发展的必然趋势。西藏地处祖国西南边疆，是一个以藏族为主体的、极具特殊性的民族自治区。近年来，随着西部大开发战略的实施和青藏铁路的开通，为了寻求更多的商机和就业、打工的机会，越来越多的汉族及其他少数民族人口进入西藏短期或长期居住，这不仅为西藏经济社会发展注入强大动力，极大地推动了西藏经济社会的发展，加速了西藏的城镇化进程，而且也加速了西藏地区民族的多元化进程。但是，伴随着西藏城镇化进程涌入的不同民族成员，由于宗教信仰、生活方式、风俗习惯等的差异，产生了诸多冲突和矛盾，这不仅增加了社区管理工作的难度，也对西藏城镇化进程中的社区管理工作提出了新的要求。

一、拉萨市城镇化进程中涌现出的新型社区

随着拉萨市城镇化进程的不断加快，原有的以城市老城区为中心、以藏民族为主体、邻里之间人际互动较强的传统社区不断被打破，社区类型出现多元化趋势。

（一）商品房型社区急剧增加

商品房型社区是指“以业主为主要居住成员，由社区管理委员会、业主委员会、物业公司等自治组织共同管理社区公共事务的极具自治性的，不同于传统住宅分配体制下居住区的城市新式社区”[③]。20世纪90年代以后，随着社会主义市场经济的快速发展，拉萨市以房地产开发公司为开发主体，通过出让方式取得土地使用权，并在拥有使用权的土地上修建住宅，并按照市场价格出售给有收入的群体居住，使拉萨市出现了一类新兴的社区——商品房型社区。所以，商品房型社区是伴随着社会主义市场经济体制的确立和完善而发展起来的一类新兴社区。在这类社区中，购房者大多是社会的强势群体，他们购买商品房的目的也不尽相同，有的是自

---

① 本文系作者在中国西部边疆安全与发展协同创新中心担任访问学者期间完成，得到西部边疆中心“优秀青年学者短访学计划”的支持。

② 赵君，女，历史学博士，西藏大学中国藏学研究所副教授。

③ 郭学贤：《城市社区建设与管理》，北京大学出版社，2010年版，第54～55页。

己居住，有的是为了出租，有的则是把商品房作为商品在市场上出售并获取利润。特别是随着拉萨房地产业的升温，投资主体和购房者受利益驱动，使这类社区急剧增加。这类新兴社区主要集中在拉萨目前最大的商业区——中和国际城和拉萨市外围。

（二）民族多元型社区不断涌现

西藏地处祖国西南边陲，自然条件较为恶劣，高寒缺氧，交通不便，这使得西藏不仅在历史上长期以藏民族为主，而且在和平解放后一个较长时段内，仍然以藏民族为主。因此，拉萨市的社区民族成分相对比较单一，在全国五个自治区中，西藏自治区一直是少数民族人口比例最高的地区。21 世纪初，国家提出了西部大开发战略，并专门出台了一系列针对西部省区的吸引投资的优惠政策，这不仅吸引了众多的内地投资者来拉萨投资，也成为推动西藏城镇化进程的助推器，极大地促进了西藏经济社会的发展。特别是 2007 年青藏铁路的建成通车，极大改善了西藏的交通条件，降低了投资成本，吸引了众多合资、外资企业到拉萨落户，来西藏工作、经商、务工的人员也不断增加，他们几乎渗透到了西藏社会生活的各个领域。拉萨市更是以其独特的优势吸引着众多的投资者和工作、务工人员，使拉萨市不断涌现出一些多民族社区。例如，太阳岛位于拉萨市中西部，是 20 世纪 90 年代初随着拉萨市城镇化进程兴起的一个典型商业区，集中了汉族、藏族、回族、白族、彝族等大量经营者和务工人员。成立于 2009 年 1 月的甲玛林卡社区，就是为了加强对太阳岛居民的管理而设立的一个社区，这里的居民既有藏族，也有汉族、回族、白族等民族，形成一个典型的多民族社区。除此之外，内地不同省市、不同民族来拉萨工作的人员不断增多，他们大都居住在单位提供的周转房内，这也使得原来单位社区内相当对单一的民族构成变得复杂起来，形成了很多民族多元型社区。

（三）人户分离型社区不断增多

人户分离型社区是指由居住地与户口所在地不一致的居民组成的社区。随着西藏城镇化进程的不断加快，一些户口不在拉萨而在拉萨做生意者，或务工人员中经济条件好的人员，由于长期在拉萨居住而开始在拉萨购买住房。例如，拉萨市有很多来自康区的商人，他们大多集中居住在八廓街、蔡公堂乡蔡村和娘热乡，这些人或从当地村民手中购买住房，或购买商品房，成为拉萨市常住居民，形成人户分离型社区。此外，西藏自治区平均海拔在 4000 米以上，自然条件较为恶劣，特别是阿里、那曲、昌都三个地区，海拔相对更高，交通不便，生活条件差。拉萨市作为西藏自治区的政治、经济和文化中心，相对于区内其他地区而言，交通便利，基础设施相对完善，生活条件相对较好，因此吸引了很多在各个地区、县城工作的人员，这些人从单位退休后，很多人选择在拉萨购房并长期居住。例如，仙足岛社区是最具典型性的人户分离型社区，在这里居住的 70%左右的居民户口不在拉萨本地，基本都是来自其他地区和县城的退休人员。

（四）城乡接合部社区不断增加

由于地理条件的限制，拉萨市区四面环山，可供城市发展的空间相对狭窄。特别是近年来，随着城镇化进程的不断加快，拉萨市区为扩大城市规模，只有向市区边缘地带的村庄扩展，因此，被政府征用的村民的农用土地转化为建城区域，农民的身份已经或正在转变为城市户口，他们统一迁居到由政府修建的小区内，但管理体制仍沿用村委会管理体制。2009 年 3 月 12 日，《拉萨市城市总体规划（2009－2020）》获国务院批准实施。该《规划》明确了拉萨中心城区“东延西扩南跨、一城两岸三区”的空间结构。“东延西扩南跨”是“东延西扩、跨河发展”城市空间发展战略的贯彻实施，指分别在主城东侧、西侧、南侧建设东城新区、东嘎新区和柳梧新区。“一城”指拉萨河以北、藏热路与流沙河之间的主城，包含中心片区、北城片区、西城片区和拉鲁湿地保护区；“两岸”指中心城区以拉萨河为轴带，沿河发展；“三区”指藏热路以东的东城新区、拉萨河以南的柳梧新区和流沙河以西的东嘎新区。该《规划》的空间布局延伸到了原处于城乡接合部的村庄，甚至不得不跨拉萨河向南延伸。因此，随着拉萨市城市总体规划的具体实施，拉萨市的这类新兴社区不断增加。娘热乡下辖的阿坝林卡、加尔西、吉苏、仁钦蔡、慈松塘等 5 个（村）居委会，纳金乡下辖的纳金、加荣、塔玛、嘎巴、纳如、藏热等 6 个（村）居委会均属于此类社区。

（五）社会边缘型社区增多

随着拉萨市城镇化规模的不断扩大，一些社区由于没有及时纳入城镇正规管理渠道，没有建立正式的社区管理组织，从而游离于社区管理之外。这类社会边缘化社区不仅具有空间位置上的边缘属性，也具有社会学上的边缘属性。目前，这类社区主要集中在拉萨市周围的城乡接合部以及与相邻县交界处，是房地产开发商以盈利为目的而修建的。这类社区由于居住人员较少，通常在刚建好后由于无人管理而游离于社区管理之外。

二、新型社区的不断涌现，使传统社区管理工作面临严峻挑战

拉萨市区城镇化起步较晚，且发展相对缓慢，城市管理体制不健全，城市管理者经验不足，思想认识滞后，社区基层党组织、基础设施建设和基础工作薄弱。所以，拉萨市城镇化进程的不断加快，使传统的社区管理模式面临严峻挑战。

（一）社区管理模式亟待创新

拉萨市传统社区管理对象仅为社区直属居民，也就是户籍在本社区的本地居民，管理难度相对较小。随着拉萨城镇化进程的不断加快，区内外流动人口大量涌入城市，城乡人员社会流动日益频繁，大量涌入的流动人口在繁荣拉萨市场、促进拉萨经济社会发展的同时，也带来了城市社区治安、环境整治、就业安置等一系列社会问题。这使得城市社区居民不仅成分复杂，而且流动性大、异质性强，社区不仅要管理户口在本社区辖区范围内的居民，还要管理户籍不在本社区辖区范围内的

居民，这为社区管理带来很多复杂的因素，也增加了社区管理的难度。拉萨“3·14”打砸抢烧严重犯罪暴力事件的发生，充分暴露出城市社区管理工作存在的诸多薄弱环节。此外，涌入拉萨的非藏族流动人口一方面保持着浓厚的本民族的文化传统，在与藏民族传统文化接触碰撞过程中，不可避免地会出现摩擦和纠纷；另一方面，由于他们与藏民族在风俗习惯、宗教信仰和心理等诸多方面的差异，也带来了一些纠纷和矛盾，这也增加了社区管理的难度。

（二）社区工作者的管理服务理念亟待转变

在拉萨市传统的社会管理中，管理与服务不分、工作面较窄的现象较为严重。目前，社区管理和服务的内容可以归纳为以下四个方面：一是向街道办事处、民政部门逐级申报城市低保户；二是慰问城市特困居民；三是调解人民内部矛盾纠纷；四是为居民分配廉租房。但是，随着拉萨市城镇化进程的不断加快，大量新型社区不断涌现，社区需要管理的公共事务在短期内急剧增加，纳入社区管理的内容不断增多，大到政府指导下的行政工作，小到每个家庭和个人的各种合理需求，包括科、教、文、卫、体等诸多方面内容，这使得社区居民委员会的管理领域急剧扩展。骤然增多的社区管理和服务内容使社区管理工作者应接不暇，甚至感到束手无策，这使得社区管理者表现出极大的不适应。再加之社区管理者对“社区管理主体多元化”的管理理念认识不到位，这对社区管理者“社区是社区管理和服务的唯一主体”的陈旧管理理念提出了挑战。

（三）社区管理与职能部门脱节的关系亟待理顺

包括社区、政府职能部门工作人员在内，思想意识里基本上都认为社区管理是社区居委会的内部事务，与其他单位、人员关系不大。这样一来，社区虽然有贴近群众的优势，但由于不具有政府职能部门的工作职责、权能以及相应的资金、人力、物力等条件，社区管理处于“单打独斗”状态，管理效率大打折扣，效果也不明显。政府职能部门虽然有一定的人力、物力和财力，也具有一定的管理职责和权能，但与群众联系方面存在诸多不利因素，且没有和社区居委会结合起来，其职能发挥方面也受到一定限制。例如，在开展食品卫生监管、计划生育、以整治占道经营为重点的城市管理等工作中，最了解情况的是直接来源于群众，并与群众朝夕相处的社区居委会。社区居委会有参与管理这些工作的义务，却没有行政执法的权能。相关政府职能部门具有行政执法权能，却因工作对象和范围太广而难以实现。在原有社区管理模式中，虽然政府部门与社区居委会之间有联系，也在开展相应的工作，但两者之间的脱节问题非常明显，实际工作中常出现这种现象：出现问题后，双方互相推诿责任，相互指责。这种现象表明，目前政府职能部门与社区还没有形成有机的整体，理想的社区管理工作体制尚未形成。

（四）社区管理工作者的素质亟待提高

社区管理是“一项实践活动和一门科学，需要大批专业的工作者，这些人的专业水平和综合素质关系到社区管理质量好坏，影响到社区对所属居民的凝聚力”。

目前，拉萨市社区“两委”（社区党组织委员会、社区居民委员会）班子成员多为一些有一定威望、年龄偏大、专业技能较弱的老同志，也有一些是复退军人和本辖区居民，文化素质普遍较低；管理方式、方法单一，主要依靠本人在群众中的威信和工作经验，距离规范化建设、制度建设的要求甚远；对于在市场经济条件下如何发展经济、维护稳定缺乏系统的认识和深刻的理解。拉萨市城镇化进程的不断加快，新型社区的不断涌现，使社区管理与服务工作对象更加复杂、内容更加广泛、难度更大，社区管理工作急需一批专业理论和技能强、政治素质好、文化程度高、工作能力强、热爱社区工作的优秀人才。而上述社区管理者的数量和质量已远远不能适应拉萨市社区管理和服务工作的需要。

三、拉萨市城关区城镇化进程中社区管理模式的主要特征

改革开放以来，我国东部沿海地区由于市场力量的增强，尤其是乡镇企业、外资企业的进入，使得企业在推动城镇的发展方面起到了重要作用。但是，由于西藏自治区位于青藏高原的主体位置，地理环境特殊，平均海拔在4000米以上，号称“世界屋脊”，地理单元相对封闭，自然条件恶劣，气温偏低，高寒缺氧，而且山高沟深，交通不便，投资环境差。特殊的地理环境大大削弱了改革开放以来市场经济的活力，使得该地的乡镇企业和外资企业极其不发达，所以由市场推动的城市化动力明显不足，国有企业的竞争能力又不强，使城市自下而上的推力严重不足，上述因素严重制约了西藏社会经济的发展和城镇化进程，也使西藏城镇化进程呈现出主要依靠政府自上而下推动的显著特征。

（一）拉萨市政府在社区建设中居于主导地位

社区建设和社区管理是密不可分的，社区建设的模式深刻影响着社区的管理模式。社区管理离不开社区自治组织和政府组织，两者是社区网络中最重要的管理主体，他们之间的相互作用关系是社区管理主体间最重要的关系，两者的制度化的关系直接影响着社区管理模式的走向——政府主导或社区主导。

我国城市社区建设就是一个由政府自上而下推行的强制性变迁。在这一过程中，政府是社区建设的启动者、规划者、组织者和执行者。1991年，民政部提出社区建设规划；1999年又拟定了《全国社区建设试验区工作方案》，并选择北京市西城区、沈阳市沈河区、南京市鼓楼区、杭州市下城区、武汉市江汉区等26个社区作为全国社区建设试验区。2000年，中共中央和国务院同意《民政部关于在全国推进城市社区建设的意见》，并由中共中央办公厅、国务院办公厅转发各地，要求认真贯彻执行，之后社区建设在全国各地遍地开花。西藏自治区就是在这样一个大背景下走上社区建设之路的。西藏地处祖国西南边陲，自然环境恶劣，社会经济发展水平较低，所以，西藏自治区的社区建设较之于内地其他省市，对政府的依赖性更大。所以，西藏拉萨市城关区的社区建设完全是市政府根据中央政府的指示，在内地省市的大力援助下，结合自己实际有计划有目的推进的结果。它起步于

1988年，发展于2000年。2000年，拉萨市城关区的部分街居开始调整居委会规模，并面向社会公选社区居委会干部，建立健全社区居委会新的管理体制和运行机制。2000年，中央两办下发《民政部关于在全国推进城市社区建设的意见》后，西藏自治区党委、政府联合下发《关于加强拉萨市社区建设的指导意见》，明确了城市社区建设的指导思想、工作目标和政策措施。2009年，西藏自治区党委、政府又联合下发了《关于进一步加强拉萨市社区建设的指导意见》和《关于加强和改进城市社区工作的意见》，进一步明确了拉萨市社区建设的重要意义、指导思想、基本原则、基本目标，还提出了社区建设的具体思路。政府之所以要自上而下地推动社区建设，实质上就是在社会管理体制由单位向社区转型过程中，重构城市基层社会权利的需要，也是为政府减负的重要手段。此外，政府推动社区建设有其自身的便利条件，政府是最有利的制度创新主体。基层管理体制不仅涉及基层社会组织的重组和社会关联结构的重建，而且还涉及政府与社会关系的调整以及政府行政体系框架的调整。这些内容构成了基层管理体制变迁中层层相扣、环环相因的复杂的综合体系。显然，这样一个设计层面如此复杂的体质变迁，不可能由政府之外的任何组织和个人来实施。

（二）拉萨市政府在社区管理中居于主导地位

社区管理是一项复杂的社会系统工程，涉及政府组织、社区自治组织、非营利性组织和社区居民等多个利益主体，体制的制约、职能的摩擦、人为的牵绊、利益的纷争、个人的违规充斥其间，多元管理主体需要协调，各种力量需要整合，各种背离价值标准的行为需要规范。我国的社区管理工作经过十几年的发展，目前已形成政府主导型、单位主导型、物业经营型、社区自治型四种管理模式。这里的政府主要是指城区政府。城区政府作为城市基层政权机关，是本辖区最有权威性的正式组织，肩负着管理整个城区的法定任务，从而决定了城区政府有资格主导本区的社区建设工作。它能够有效运用行政、经济和法律手段协调社区各种力量，合理开发使用社区资源，控制社区发展方向，具有主导社会建设的实际能力。从理论上来讲，城区政府在社区建设中的作用虽然居主导地位，但是也不能单纯地局限于政府行为，不能仅仅利用以往的行政手段，否则很难完成社区管理的目标以及促进社会整合与社会稳定的间距任务。所以，应该在城区政府的主导下，动员、组织社区内各个单位、各个团体和广大居民群众共同建设和管理自己所在的社区，积极开发各种社区资源和社区力量，走“建设社区”和“管理社区”之路。但从上述拉萨市城关区社区管理工作现状来看，目前城关区不仅社区建设由政府主导，而且社区管理也完全是由政府来主导的。

四、构建“共驻共建共管”三位一体的社区管理模式

目前，拉萨市的社区管理模式无论是社区参与，还是社区服务、社区党建管理、社区服务管理、社区文化管理、社区流动人口管理均由政府主导，带有鲜明的

政府主导型特征，与居民自治型社区的社区管理模式相差甚远，甚至目前还有逐步加强的趋势，短时间内无法改变。据此，我们提出了拉萨市城关区政府主导型社区管理的具体模式，即“共驻共建共管”三位一体社区管理模式，即由政府规划、引导和支持，由社区居委会牵头，驻社区辖区各机关、企事业单位、各类社会组织以及辖区居民共同参与社区管理，共同参与社区建设。这种社区管理模式的显著特点是：驻辖区单位以及社区居民既是社区事务的管理者，也是社区管理的受益者。

（一）“共驻共建共管”三位一体社区管理模式的优势

1. 能够有效整合社区管理各方面力量

“凡是社区地域范围内的单位和个人，不管有没有上下级主管单位、有没有工作单位，都必须接受社区的管理，也有权参与社区管理。换句话说，就是社区管理既有政府行为又有社会行为，既有社区内单位和组织的行为又有社区居民的行为。”[①]“社区内各种机构、单位和所有的居民都是社区管理和服务的对象。他们既有义务接受社区的管理，是社区管理的对象，又有权利参与社区的管理，也是社区管理的主体。”[②]社区管理涉及居民生产生活，涉及党委、政府各相关职能部门作用的发挥，关系到居民的衣食住行，这就注定了要全面实施社区管理，就必须具备足够的人力、物力、财力。要解决这些人力、物力、财力问题，单靠政府在社区“两委”班子建设中加大投入是远远不够的；即使能实现，也会造成国家人力、物力、财力的极大浪费。例如，社区辖区内某单位有一个礼堂，而社区与该单位没有行政隶属关系，社区要组织居民进行消防、法律等知识的宣传、教育、培训等，就可以协调该单位利用该礼堂，而不应该机械地理解社区管理，单独要求政府在辖区内再建设一个市民开会和学习的场所。所以，社区辖区内有着丰富的人力、物力、财力资源，社区居委会的职能就是牵头把这些资源统筹协调起来，步调一致地开展社区管理与建设，这既是社区管理的大趋势，也是各级党政组织所倡导的工作模式。

2. 能够最大限度地实现社区管理的目标

拉萨市各级组织在社区管理中已经初步总结出“寓管理于服务之中、在服务中实现管理”的有效经验。社区管理的对象绝不仅限于行政隶属意义上的单位和居民，其管理对象更多的还在于不存在行政隶属关系，只是存在于本辖区的单位以及工作或居住在本辖区的居民。对于前者，社区管理已经有成形的方式方法；而对于后者，则一直被人们所忽视，成为社区管理的待开发领域。事实上，后者在数量上往往超过前者，其在生产生活方面需要社区进行管理、服务的内容往往不直接为社区居委会所知，这种情况下的社区管理无疑是残缺的管理。“共驻共建共管”管理模式的优势在于：充分了解社区单位和人员对于社区管理的需求和意见，增强管理

---

① 郎文军：《城市新建商品房社区治理途径探讨》，《高等教育与学术研究》，2010年第2期。

② 郭学贤：《城市社区建设与管理》，北京大学出版社，2010年版，第63页。

的针对性，提升管理的质量和效能。

（二）构建“共驻共建共管”三位一体社区管理模式的主要对策

社区是城市的基本构成单元，社区管理是城市管理最基础的工作。加强拉萨市社区管理，是维护社会稳定、巩固党的执政基础的迫切需要，也是全面建设小康西藏、平安西藏、和谐西藏的迫切需要。构建拉萨市“共驻共管共建”的社区管理模式，就要从拉萨市的社区管理工作实际出发，以建设和谐社区为抓手，不断改进社区管理与服务方式，不断完善社区基础设施建设，努力把拉萨市的社区建设成为社会管理的依托、社会服务的载体、社会稳定的基础。

1. 充分发挥政府在社区管理和建设中的规划、指导和支持作用，为社区管理工作的顺利发展提供政策保障

政府的规划、指导和支持，是城市社会管理和建设顺利发展的重要保证。在“共驻共管共建”三位一体的社区管理模式中，必须坚持以政府为主导的原则，社区各种建设规划、决策和法规要由政府负责制定，以保障社区的依法自治发展方向。同时，政府作为社区管理和服务各项资金投入的主体，是对国家财政资金投入社区管理和建设的政权组织。此外，“政府还可以运用行政、法律的手段，管理和规范社区建设”①。因此，在这种社区管理模式中，“政府只是在统筹社区规划、承担社区主要投资者、引导社区建设方向等方面发挥主导作用”，而不是包办社区管理和社区建设，不能越位，将社区工作引向行政化的道路。并且，政府在主导社区建设的过程中，应充分发挥社会组织的作用，动员社区居民参与社会志愿活动，多方协调努力，社区建设才能见到实效。②

2. 建立健全规范有序的民主管理机制

要建立健全社区居民委员会、社区成员代表大会等群众性自治组织，实行民主选举、民主决策、民主管理、民主监督，全面推进城市社区居民自治。要理顺市、区、街和社区居委会的关系，下放权力，明确职责，规范程序，建立责权利统一、条块结合、以块为主的新型社区管理体制。要探索理顺社区党组织、社区居委会、社区物业公司和社区居民的相互关系，鼓励不同社区管理模式的多样化，只要管理有序、民主高效、群众满意的管理模式，都应该鼓励探索和试验，不要“一棍子打死”。应及时总结实践经验，把一些成熟的做法、经验吸收到法律、法规中去，逐步健全社区建设的法律法规体系，为社区建设提供可靠的法制保障。

3. 提高社区居民的参与意识，为社区管理工作的顺利发展提供思想保障

社区意识是开展社区管理工作的思想基础，是社区居民关心社区发展、参与社区管理的重要前提。培育社区意识，目前在拉萨市重点是培育社区居民和驻社区的

---

① 成都市成华区委课题组：《城市经济社会变迁与社区管理创新——兼论成都市社区管理模式的选择》，《理论与改革》，2006 年第 1 期。

② 成都市成华区委课题组：《城市经济社会变迁与社区管理创新——兼论成都市社区管理模式的选择》，《理论与改革》，2006 年第 1 期。

机关、团体、部队和企事业单位参与社区管理与建设的意识。培育社区意识，对社区居民而言，就是引导他们认识到群众是社区的主人，是社区管理与建设的主体，既是社区管理和建设的参与者，有时也是社区管理和建设的受益者。要通过各种形式，教育、启发、引导居民群众认识并维护好自己的合法权益，认识参与管理社区事务和参与建设社区的责任，将“社区是我家，管理、建设靠大家”的口号变为居民群众的实际行动。对驻社区的机关、团体、部队和企事业单位而言，要教育和引导他们认识“共驻共建共管”是驻社区单位的义务，要积极支持和参与社区管理与建设，营造“共驻社区、共管社区、共建社区”的良好氛围。同时，按照互惠互利、资源共享的原则，积极引导社区内或者周边单位内部的科教、卫生、文体和生活服务设施等向社区居民开放。充分利用社区内的学校、培训机构、幼儿园、文物古迹等开展社区教育活动，逐步引导社会各界参与和支持社区管理和建设。

4. 建立健全社区管理辅助机构，为社区管理工作的顺利发展提供组织保障

随着拉萨市城镇化进程的不断加快，社区管理面不断拓宽，社区管理的内容不断增加，社区管理的要求不断提高。在这种情况下，仅靠社区居委会管理明显“势单力薄”，解决这一问题的有效对策就是建立健全社区管理的辅助机构，主要有：居民小区的业主大会和业主委员会、物业公司、行业协会、商会、志愿者服务组织等。街道办事处和社区居委会要及时、正确引导这些辅助机构健康发展，充分发挥各自在社区管理和和谐社区建设中的积极作用，使其成为社区居委会管理社区的有效“抓手”。

5. 培育各级各类社区组织，为社区管理工作提供有效载体

首先，要培育各类社区组织。制定各项优惠政策，大力发展劳动服务、法律服务等中介组织。动员辖区内各社会、经济组织和市民兴办社区服务组织，吸引更多的人力、物力、财力发展社区服务事业。其次，要发展社区服务，街道和社区要组织发展多种功能的服务项目，如：以社区特困群体为服务对象的“帮困济贫项目”，以社区老年群体为服务对象的“老龄服务项目”，满足社区全体成员基本生活需求的“便民利民项目”，提供服务信息、整合社区资源的“中介服务项目”，开展辖区单位联办“双向服务项目”试点等。再次，要组织志愿者队伍，广泛动员和组织驻社区单位和居民参与公益性、福利性、群众性活动，开展各种自助、互助、自觉、自治的社区志愿服务，弘扬中华民族的传统美德。

6. 制定和完善法律法规，为社区管理工作的健康发展提供法律和制度保障

为更加有效地对进行管理，社区要变直接干预管理为间接依法管理。因此，在社区管理中要针对新型社区发展过程中急需用制度规范和调整的热点、难点、重点问题和领域，加强法制建设，制定和完善相关法律法规，使社区管理工作在有序的法制轨道上运行。例如，要以法律形式确立新建立的社区居民委员会等决策组织的

法人地位，“赋予其相应的权利和义务，依法划定与政府行为的边界”[①]；通过各种法律法规，确立社区内各类组织的职权范围及其相互关系，建立对各组织机构工作的内外监督制度。

7. 培养、造就一支结构合理、素质优良的社区管理专业化队伍，为社区管理工作提供人才保障

在推进拉萨城镇化进程中的社区管理改革和创新社区管理模式的过程中，抓好管理队伍的建设是至关重要的。目前，拉萨市社区管理队伍在文化素质、年龄结构、管理服务能力等方面，与现代化城市发展的要求还有很大差距。为适应新形势对社区管理队伍的要求，要加强对社区工作人员基本素质、职业道德、业务能力、管理知识的培训，通过到内地挂职锻炼、参观考察等形式，努力提高社区管理队伍的整体素质，不断推进社区工作人员的专业化和职业化。同时，要建立健全以培养、评价、使用、激励为主要内容的政策措施和制度保障，制定各类社区服务工作者的评价标准，全面推行选聘制、任期目标制和绩效考核制，培养一批与拉萨城市经济发展相适应的社区管理工作者队伍。

① 吴鹏森、章友德：《城市社区建设与管理》，上海人民出版社，2007年版，第104页。

关于改进干部人才援藏工作的研究报告[①]

郑　洲[②]

引　言

援藏工作是党和国家治藏方略与边疆战略的重要组成部分。西藏和平解放以来，中央高度重视西藏发展，做出了全国援藏的重大决策，举全国之力支援西藏。干部人才援藏作为全国援藏政策中的重要组成部分，对西藏的发展有着极为重要的意义。特别是1994年中央第三次西藏工作座谈会做出“分片负责、对口支援、定期轮换”的重大决策以来，在中组部、人力资源和社会保障部的精心部署下，18个对口支援省市（含2004年已不再承担援藏任务的四川省）、17家中央企业和70余个中央和国家机关从党和国家工作的大局出发，坚持把援藏工作作为一项政治任务，加强援藏统筹规划，注重改进援藏方式，精心选派援藏干部，不断深化援藏内涵，努力推动干部人才援藏与资金、项目援藏相结合，为推动西藏经济发展和社会稳定做出了重要贡献。援藏干部人才作为实施对口支援战略的实践者与推动者，中央始终高度重视援藏干部人才管理工作。改革开放以来，中央先后召开五次西藏工作座谈会，均对援藏干部管理工作提出了明确要求。2011年7月，习近平同志在对口支援西藏青海工作座谈会上提出“五个始终”，明确指出援藏干部肩负着重要使命，特别要始终加强对口支援干部工作。2011年12月，《对口支援西藏干部和人才管理办法》的实施，从管理权限、选派轮换、职务任免、待遇奖励、纪律监督等方面进行了明确规范，为进一步加强援藏干部管理、推进干部人才援藏工作的顺利开展提供了制度保障。

自1994年中央第三次西藏工作座谈会做出全国援藏的重大决策以来，干部人才援藏事业已经走过了20年的光辉历程，总结20年来干部人才援藏工作的成绩与经验，深入剖析干部人才援藏工作中存在的薄弱环节与突出问题，研究新形势下进一步做好干部人才援藏工作的对策措施，对于凝聚全社会的力量和智慧，进一步促进西藏经济社会跨越式发展和长治久安，加快全面建成小康社会具有十分重要的作

---

① 本文系作者在中国西部边疆安全与发展协同创新中心担任访问学者期间完成，得到西部边疆中心“优秀青年学者短访学计划”的支持。

② 郑洲，男，四川南部人，西南民族大学西南民族研究院副教授，博士后，主要研究方向为公共政策研究。

用。基于此，2014 年 6 月 21 日至 7 月 16 日，笔者与西藏自治区发改委经合处部分同志合作组织课题调研组，紧紧围绕“关于改进干部人才援藏工作问题研究”这一主题，分别到西藏自治区拉萨市、日喀则地区、山南地区及林芝地区等地开展实地调研，初步形成了本调研报告。

一、干部人才援藏的发展历程

干部人才援藏工作历来是我党在西藏工作的一个重要组成部分，从 20 世纪 50 年代开始，在西藏发展的各个不同的历史时期，中央都从全国抽调干部进藏，实施重大项目建设，组织地方和行业对口支援西藏。从 20 世纪 80 年代开始，中央先后五次召开西藏工作座谈会，针对当时西藏经济建设和稳定发展中的突出问题做出了一系列重大决策，对加快西藏经济发展、保持社会稳定起到了巨大的促进作用。同时，还根据西藏经济社会发展实际需要，适时调整干部人才援藏政策，干部人才援藏工作向纵深发展，领域不断拓宽，内容不断丰富。

以第三次西藏工作座谈会为标志，可以把干部人才援藏的历史进程分为两个大的阶段。第三次西藏工作座谈会前的干部人才援藏主要是非制度性安排，即以技术人才援藏为主的阶段；第三次西藏工作座谈会后的干部人才援藏主要是制度性安排，即以干部援藏为龙头的对口援藏阶段。

（一）第三次西藏工作座谈会以前干部人才援藏情况

西藏和平解放后，西藏经济社会发展水平与内地相比存在巨大差距，各项事业发展严重滞后，各行业人才紧缺匮乏，政府部门和现代产业部门的人才甚至处于空白状态。可以说，军人是最早进入西藏开展援藏工作的干部。[①] 在党中央的总体部署下，解放军第二野战军第五兵团 18 军和西北、青海、云南、新疆等进藏部队，在西藏和平解放后，有 2200 多名革命先辈为了民族团结和共同进步，自觉献身西藏建设事业。1955 年 3 月 9 日，周恩来总理在国务院第七次全体会议上指出“中央和各部门都要帮助西藏做好事，使西藏逐步发展起来”[②]。在这次会议上，中央决定拨款并派出支援西藏建设的技术人才队伍，帮助西藏进行经济和文化建设。1956 年 11 月 29 日，周恩来总理同达赖谈到西藏民主改革问题时说：“先将自治区成立起来，培养干部，做好其他方面的工作，将西藏的贫困情况予以改变，使大家的生活先好起来，这点中央一定帮助。”[③] 随后，中央加大了选派内地干部和技术人员进藏的工作力度，特别是在 1955 年至 1957 年，连续有人民解放军和内地党政干部进藏并开展援藏工作，援藏方式是“进藏、留藏”，并帮助培养了一大批农奴

① 靳薇：《干部援藏的成就与局限》，《科学社会主义》，2010 年第 6 期。

② 中共中央文献研究室、中共西藏自治区委员会：《西藏工作文献选编（1949—2005 年）》，中央文献出版社，2005 年版，第 131 页。

③ 中共中央文献研究室、中共西藏自治区委员会：《西藏工作文献选编（1949—2005 年）》，中央文献出版社，2005 年版，第 146 页。

出身的藏族干部陆续走上西藏各级领导岗位，确保西藏当时地方各级政权组织和机构的建立运转。[①] 这为加快西藏经济发展和巩固边防，缓解人才紧缺压力发挥了重要作用，这项工作在1956年达到一定规模。但是，在西藏民主改革实行“六年不改”方针期间，汉族干部除留下3700人外，其余都调回内地。[②] 1959年，随着民主改革的开始和深入推进，对人才援藏的需求不断加大。1959年3月至9月，中央先后下发《关于抽调干部赴西藏工作的通知》等9个文件，先后从北京、四川、河南、甘肃、青海等省市和国家有关部委抽调3000多名干部进藏参加民主改革。1963年，中央再次下发了《从内地抽调干部到西藏的通知》，决定从北京、上海、天津、山东、江苏、河北等24个省市抽调392名干部和财贸、邮电、交通、农牧、教师等专业技术干部进藏工作，充实到西藏各对口单位。[③]

随着西藏地方政权组织相继建立，干部人才严重缺乏的问题日益突出。中央从北京、上海、江苏、辽宁、吉林、黑龙江、山东、河南、湖南、湖北、四川、广东、陕西等省市先后选派了18000余名汉族和其他少数民族的优秀专业人才进藏工作，帮助西藏发展。这批专业人才进藏后，充分发挥自身优势，建成了夺底电站和纳金电站，结束了拉萨居民世世代代点酥油灯的历史；建成林芝毛纺厂，填补了西藏纺织工业的空白；建成了10个气象站，修建了12处水文站；同时，为西藏培养了一大批以当地藏族同志为主体的医疗卫生技术和管理人才。西藏基本实现了现代医疗机构、交通运输事业从无到有，确保了教育、卫生、交通、电力、气象、农牧等行业基础水平明显提升。这一时期援藏人才基本上是行政干部，即便是非党政人员的援藏专业技术人才依然是以行政干部的身份进藏，享受行政待遇和干部待遇。此后，这项政策成为常例。[④]

改革开放后，中央对西藏工作的指导思想从“帮助西藏建设”调整为“加快西藏发展”，逐渐形成一系列行之有效的工作机制。先后召开了第一次、第二次中央西藏工作座谈会，重点研究西藏的大政方针问题，制定出台了一系列促进西藏发展的特殊优惠政策。根据两次中央西藏工作座谈会的部署，针对西藏提出的“实行内地各省对口包干、干部轮换进藏”的要求，中央安排、各省市选派干部成为援藏人才的主要形式。20世纪80年代中期，中央针对西藏教育、卫生、农牧、工程技术人员等专业技术人员和领导骨干严重缺乏的情况，分两批从国务院和全国各省市选

---

① 虽然这些进藏人才的行动统一在中国共产党的号召和派遣名义下，是执政党为政权巩固和边防稳定做出的重大战略部署，但他们确实是为了帮助当时落后的西藏而来，他们全心全意为西藏自治区服务，并为此付出了艰辛努力，而且在1979年的干部轮换中，绝大部分又返回了内地，因此仍然是定义中的援藏人才和援藏干部。

② 西藏自治区人民政府办公厅、西藏自治区党委党史研究室：《全国支援西藏》，西藏人民出版社，2002年版，第402页。

③ 西藏自治区人民政府办公厅、西藏自治区党委党史研究室：《全国支援西藏》，西藏人民出版社，2002年版，第92～93页。

④ 靳薇：《干部援藏的成就和局限》，《科学社会主义》，2010年第6期。

派600多名党政干部和专业技术干部进藏工作，帮助西藏加快发展，西藏干部人才队伍不断充实。1988年，中央下发了《关于为西藏选派干部的通知》，决定从北京、天津、河北等14个省市和国务院选派400多名党政干部和专业技术干部进藏工作，规定专业技术干部在藏工作时间为3年，党政干部在藏工作时间为5年。1991年，中组部和国家人事部再次下发了《关于为西藏自治区选调干部的通知》，决定从全国各省市及国务院3个部委再为西藏选调128名政治上坚定、具有革命事业心和责任感、有一定政策水平和实际工作经验的干部进藏工作，其中，县级党政干部60名，专业技术干部68名，增强和充实了西藏的领导干部力量。

在这个阶段，约有3万多名来自全国各行各业的干部人才来到西藏，援藏干部人才在进军西藏、平息叛乱、民主改革、改革开放、反对分裂、维护祖国统一及加强民族团结等工作中，为西藏经济发展和社会进步作出了历史性贡献。他们投身到西藏党政、医疗卫生、教育文化、气象、地质等行业建设中，较好地发挥了干部人才援藏岗位作用，在西藏现代化建设的初创和奠基阶段，初步形成了全国共同支援西藏的格局，促进了西藏教育、医疗卫生及文化事业的发展，帮助西藏建成了较为完善的基础设施，形成了相对完善的工业体系，改善了人民生产生活条件，促进了西藏经济社会全面发展。

（二）第三次西藏工作座谈会以来干部人才援藏基本情况

进入20世纪90年代后，全国支援西藏的力度越来越大。1994年7月，中央召开第三次西藏工作座谈会，做出了“分片负责、对口支援、定期轮换”的重大部署，决定从1995年开始由北京、江苏、上海、山东、湖北、湖南、天津、四川、重庆、广东、福建、浙江、辽宁、河北、陕西15个省市分别负责对口支援拉萨、日喀则、山南、昌都、林芝、那曲、阿里地区。1994年12月，中共中央办公厅和国务院办公厅转发《中央组织部、人事部关于加强西藏干部队伍、领导班子和党的基层组织建设的若干意见》，确定首批分片负责的省市为：北京和江苏负责拉萨市；上海和山东负责日喀则地区；湖北和湖南负责山南地区；天津和四川负责昌都地区①；广东和福建负责林芝；浙江和辽宁负责那曲地区；河北和陕西负责阿里地区。此外，西藏自治区直属机关所需干部由中央和国家机关各部委负责，也可根据需要，从各省、区、市选调。1995年，首批来自14省市和33个中央机关部委的621名援藏干部进藏，援藏时间为10年，标志着干部援藏工作正式启动。2001年6月，中央召开第四次西藏工作座谈会，进一步明确了将对口援藏工作在原定10年的基础上再延长10年，并加大对口支援力度，扩大对口支援范围，将西藏74个县市（区）全部纳入对口支援范围，新增黑龙江、吉林、安徽3个省和17户中央企业分别承担30个县（区）的援藏任务。2010年1月，中央第五次西藏工作座谈会明确提出，将对口支援西藏政策延长到2020年，完善干部援藏与经济援藏、人

① 1997年重庆市改为直辖市后，昌都地区由天津市、四川省和重庆市共同负责对口支援。

才援藏、科技援藏相结合的工作格局。中央第五次西藏工作座谈会实施这一重大决定以来，共有 18 个省市（含已不再承担援藏任务的四川省）和中央国家机关 70 个部委、17 户中央企业与西藏建立了对口支援关系，先后选派了六批共 4742 名西藏急需的各类优秀干部人才进藏工作，为西藏发展注入了新的生机与活力。

对口援藏省市在选派援藏干部时，坚持按要求保质保量地选派好党政干部，同时适当增派教育、卫生、科技、城市建设等专业技术干部，补充西藏急需紧缺的专业人员。中央国家机关和中央企业在开展好本部门本单位干部援藏工作的同时，采取“行业负责、对口支援、一业一策”的办法，动员和组织全国同系统、同行业力量进行援藏。1998 年 3 月，胡锦涛同志在与参加九届全国人大一次会议的西藏代表团审议政府工作报告时指出：“要努力建设一支以藏族干部为主体，包括藏族、汉族和其他少数民族干部在内的高素质的干部队伍。办好西藏的事情，干部是关键。”① 承担援藏任务的中央国家机关各部委、中央企业和有关省市，积极响应中央的号召，按照中组部、人力资源和社会保障部的部署和要求，把对口支援工作作为事关党和国家工作全局的政治任务，加强领导，精心组织，扎实推进干部人才援藏工作。

在加大人才援藏的同时，援藏省市和中央企业还积极开展智力援藏，主要是通过培训西藏本地干部、教师和技术人员，提高他们的政治素质和业务水平，通过他们来创造性开展工作，从而带动整个西藏的经济社会发展，培育西藏自身“造血”机能。1995 年至 1997 年，三年时间内中央 51 个部委提供智力援藏资金 1824 万元，为西藏培训干部、教师、技术人员 1877 人次。② 农业部作为援藏主要部委之一，自 2006 年起实施了种养业良种工程、农村沼气工程等；同时鉴于西藏农牧民素质较低，还专门选派专业干部对农牧民进行了一系列的生产技术培训，如渔业养殖技术、农民专业合作社建设、新型农民教育等，培养了大量农牧业专业技术人员。2008 年，中石油在西藏双湖区培训援藏干部和农牧业技术人员 215 人。至 2009 年，湖北省的智力援藏已投入 300 多万元，提升了援藏干部和技术人员的水平能力，不断提升援藏队伍的整体素质。

这一阶段的援藏，提出了“以干部援藏为龙头、技术援藏为骨干、资金援藏为附体”的思路，援藏干部不仅是到对口支援的地区和部门工作，同时还会带去资金和项目。到西藏工作后，一个重要的任务也是到原来工作的地区、部门筹措资金和项目。这与第三次西藏工作座谈会以前干部援藏具有完全不同的特点。第一至第三批援藏干部发挥了巨大的岗位作用，给西藏的全面发展起到了促进作用。虽然对口支援是以干部为龙头的，但并不仅仅是干部支援，而是以干部为龙头的全方位支

---

① 中共中央文献研究室、中共西藏自治区委员会：《西藏工作文献选编（1949—2005 年）》，中央文献出版社，2005 年版，第 513 页。

② 李曦辉：《援藏与西藏经济社会 50 年变迁》，《中央民族大学学报（哲学社会科学版）》，2000 年第 5 期。

援。干部作为一个桥梁或一个纽带，把一些经济的、技术的、物资的，甚至包括一些思想观念都带进了西藏，这就是对西藏经济社会发展的直接推动作用。并且通过援藏干部的"传、帮、带"作用，使西藏人民切实感受到了祖国大家庭的温暖和关怀，促进了社会稳定和民族团结。然而，第四至第七批援藏干部由于对自身职责和岗位定位缺乏明确的认识和了解，在一定程度上导致援藏干部的岗位作用发挥有所下降，从而影响了干部人才援藏的实际效果。第一至第五批援藏干部分布情况如下表所示：

第一至第五批援藏干部地区分布表　（单位：人/%）

项目 地区	第一批		第二批		第三批		第四批		第五批	
	人数	比重	人数	比重	人数	比重	人数	比重	人数	比重
合计	531	100	505	100	662	100	659	100	695	100
拉萨市	52	9.79	74	14.65	86	12.99	91	13.81	106	15.25
山南地区	120	22.60	86	17.03	95	14.35	98	14.87	96	13.81
日喀则	98	18.46	100	19.80	166	25.08	155	23.52	156	22.45
林芝地区	46	8.66	46	9.11	73	11.03	82	12.44	90	12.95
昌都地区	83	15.63	71	14.06	90	13.6	71	10.77	73	10.50
那曲地区	90	16.95	87	17.23	100	15.11	102	15.48	102	14.68
阿里地区	42	7.91	41	8.12	52	7.85	60	9.10	72	10.36

资料来源：根据调研资料计算整理。

从总体上来看，1994年开始实行的"定期轮换"干部人才援藏政策逐步使对口援藏关系相对固定化，选派援藏干部的制度化和对口援藏范围的全覆盖。这有利于帮助西藏有关地市和部门制定经济和社会发展规划，共同组织实施，援藏省市与西藏也建立了相对稳定的关系，促进了西藏经济和社会发展。① 同时，也进一步充实和加强了西藏各级领导班子，提高了领导决策能力和管理水平，优化了民族干部比例，带动了思想观念的更新，调动了政府资源全方位援藏，在深度和广度上加强了西藏与祖国各地的联系。

二、干部人才援藏的主要成效

自1995年启动对口援藏工作以来，各对口支援单位和广大援藏干部认真贯彻落实中央的决策部署，始终坚持干部援藏、经济援藏、人才援藏、技术援藏相结合的工作方式，不断加大援藏力度、丰富援藏内涵、调整援藏重点，全方位、宽领域、多层次地开展援藏工作。20年来，各援藏省市、部委和央企，坚持逐级筛选，

① 乔元忠主编：《全国支援西藏》，西藏人民出版社，2002年版。

好中选优、优中选强，把本省市、本部门、本企业的优秀干部选派到西藏工作。“西藏需要多少干部，我们就派多少干部；西藏需要什么样的干部，我们就派什么样的干部。”据统计，从第一批对口援藏干部的600多人，到第七批的1195人，全国共有18个省市、70个中央和国家机关部委、17户中央企业承担了援助西藏任务，先后选派7批近6000名援藏干部赴藏工作。[①] 他们把内地改革开放和现代化建设的好经验、好做法、好作风带到西藏，用一流的业绩、务实的作风、崇高的精神，为西藏发展稳定作出了突出贡献，在西藏各族人民心中树立了不朽的丰碑。

（一）干部人才援藏改善了西藏干部队伍结构，促进了西藏干部队伍现代化

干部人才援藏为西藏干部队伍注入了新鲜血液，增添了巨大活力，有效地改善了西藏干部队伍的年龄结构、知识结构、专业结构和民族结构，充实和加强了西藏各级政府领导班子力量，提高了领导班子的决策能力和管理水平。截至2010年，西藏全区干部总数比2001年增长36.47%，专业技术人员增长36.79%，少数民族专业技术人员增长22.57%。干部人才援藏，进一步优化了干部队伍结构，不仅充分发挥了援藏干部与进藏干部的重要作用，同时也促进了西藏自治区坚持大力培养选拔少数民族干部，重视培养使用长期在藏干部。

实施全国援藏政策以来，对援藏干部的把关是由各省市、国家部委和中央企业对口开展的，从能力素质方面看，来援藏的党政干部都普遍具备能力强、素质高等特点。这些支援单位都是按照中央对选派干部的要求，始终把选好、选准援藏干部作为援藏工作的关键环节来抓，“好中选优、优中选强”，将思想、素质、能力、身体过硬的干部输送到西藏锻炼和工作。这些援藏干部进藏后都担任了地（市）和县（市）党政领导班子中的重要职务，充实了西藏地、县领导班子的力量，改善了领导班子的结构。因其自身的优势，他们在带好队伍、促进经济发展、维护社会局势稳定等方面发挥了十分重要的作用。

首先，带领和帮助受援地区厘清发展思路，明确发展方向。各省市、国家机关和中央企业每一批援藏干部到达受援地后，都会积极参与组织相关人员深入基层调研，广泛听取意见，科学分析受援地区经济社会发展现状、发展需求以及发展过程中面临的突出问题和困难，充分结合受援地区实际，拟定规划项目方案，组织协调相关部门和有关方面专家科学评估、论证，制定符合授受双方实际，突出改善民生，符合科学发展的援藏规划，选准经济发展的特色产业和支撑产业，为当地经济发展找准方向；同时积极发挥桥梁和纽带作用，争取家乡扶持，帮助受援地区落实资金和项目，解决困难，积极发挥作用。

其次，促进了受援地区干部群众解放思想、更新观念，激发了当地干部群众自力更生、艰苦创业的精神。援藏干部多数是党政领导和专业技术骨干，他们为西藏带来了内地的好观念、好经验，通过在各自工作岗位上认真履职，强化机关效能，

① 资料来源：http://www.chinatibetnews.com/2014/0612/1340717_2.shtml。

规范办事程序、提高工作效率，实现了科学决策；同时，还加大了智力、人才、技术援助力度，帮助受援地区培养了一批实用型、技术型、开拓型、管理型专业人才。许多援藏干部借鉴内地有益经验，为受援单位建立或健全班子议事制度、党委中心组学习制度、民主生活会制度、调研制度和党建工作制度等，有力地促进了所在受援单位的领导班子建设。

再次，深化了对口援藏内涵。援藏干部人才充分发挥自身资源优势，不断创新援藏思路，深化对口援藏内涵：一是选派干部与经济技术援藏相结合。有的中央国家机关、省市和中央企业把援藏工作纳入本部门、省市和企业的整体工作当中，把受援单位作为特殊地区或企业部门统筹安排，确定由本省市一个或几个地区、本企业几个部门对口支援西藏共同发展；有的省市提出了西藏受援地县与本省市同步建设小康的目标，并将其列为本省市的特殊县市予以扶持，确保各项经济社会发展目标的实现；中央国家机关有的从人才资金、项目安排等方面不断加大援藏工作力度，有的还动员全国同行业进行系统援藏。援藏干部人才无疑在其中发挥了积极的、不可替代的作用。二是援藏人才在深入调查研究的基础上形成的报告为各援助省市提供了可靠依据。承担对口支援西藏工作的中央国家机关、省市和中央企业能够据此认真分析受援地市县经济社会发展情况和制约当地经济发展的薄弱环节，把内地改革开放的成功经验与受援县市和部门的实际情况结合起来，坚持全方位、多领域地援助。按照完成中央第四次西藏工作座谈会提出的西藏“一加强、两促进”三大历史任务和全面建设小康社会奋斗目标的需要，着眼于增强后劲，在项目资金安排上从一般性建设项目向生产型、特色化和重点项目集中，在援助重点上从注重城镇基础设施建设向注重促进农牧区经济社会发展转变，在做好经济社会发展规划、基础设施建设、社会事业发展、实用技术推广、扶贫开发、招商引资、发展特色经济等方面，注重培育新的经济增长点。

（二）干部人才援藏不仅为西藏带来了人才，也促进了西藏本土人才培养

西藏的发展离不开人才。为切实增强西藏自我积累与自我发展能力，必须认识到为西藏培养人才是提升造血功能的动力。为此，通过援藏干部的协调沟通，帮助西藏地区培养人才，才能为发展西藏、繁荣西藏、稳定西藏提供持续的智力支持和人才保障。这样的沟通协调途径方式也不尽相同，包括对受援地区干部、职工开展直接的对口培训、直接赠予教育物资、开办内地西藏班、通过协调援藏项目改善教育基础设施，等等。[①] 援藏干部通过对口支援西藏的工作关系，促成西藏党政干部、企业管理干部、专业技术干部到对口支援西藏的中央国家机关、省市和中央企业进行挂职锻炼或培训，对西藏三支干部队伍整体素质的提高起到了重要作用。

以北京市为例，对口援藏20年来，北京市共投入援建资金6亿元用于教育事

① 因教育物资赠予属于物资援藏范畴，开设西藏班和改善教育基础设施从社会事业援藏、项目援藏范畴角度更能透析其效益，故本章只对人才培训方式展开论述。

业发展，援建了北京西藏中学、北京中学、北京小学、拉萨北京实验学校等10多所学校，有力地改善了拉萨教育条件和教学水平。从1995年开始，北京市利用首都优质教育资源支援拉萨发展教育事业。迄今共派出14位教育管理干部赴拉萨工作，现正在选派90多名教师赴拉萨支教。[①] 北京市还先后派出8期共78名援藏医生到拉萨各级医院工作，发挥“传、帮、带”作用，他们经常深入城乡开展免费义诊和体检活动，启动先心病患儿免费救治工作，筛查75000多例，成功治愈100多例，城乡居民和寺庙僧尼免费体检率分别达到99.9%和100%。[②] 拉萨市选派千余名教育和医疗工作者到北京培训，堆龙德庆县每年也选派教育和医疗工作者到北京石景山区培训3个月。

吉林省从2002年起，为集中培养少数民族干部，每年都举办4至5期西藏干部培训班，几年来共为西藏培养农牧专业和城乡建设管理、卫生专业、教育专业干部200余人，极大提高了藏族干部的文化知识和业务水平，为西藏的人才建设作出了应有的贡献。同时，从1995年起免费接收西藏进修生18人，经济援助160万元。

福建省先后选派和录取135名成人高考学员和应届考生，免费到福建师大、福州大学、福建农林大学、福建经济管理学院、福建交通职业技术学院等高等院校，学习受援地区急需的环境工程、计算机应用、建筑和旅游管理等专业；选派10名处级干部到厦门、漳州两市进行为期半年的挂职锻炼；组织318位干部和各类专业技术人才，分期分批到福建各地进行短期学习培训或参观考察。

1996年以来，安徽省卫生厅免费接收受援地区进修人员50名，努力为他们创造良好的学习和生活环境，并通过带教提高其业务技术水平。从2002年始，安徽省卫生厅每年安排80万元的援藏经费，用于支援受援地区的人才培养、设备更新和基础设施建设，为解决受援地区缺医少药问题做出了应有的贡献。

农业部自2006年起实施了种养业良种工程、农村沼气工程等，同时鉴于西藏农牧民素质不足以应对新的生产生活方式，进行了一系列生产技术培训，如渔业养殖技术、农民专业合作社建设、新型农民教育等，培养了大量农牧业技术人员。

2008年，中石油在西藏双湖特别区培训援藏干部和农牧业技术人员215人，并捐赠50万元资助200余名援藏大学生。

（三）干部人才援藏与资金项目援藏有机结合，促进了西藏经济社会全面发展

对口援藏工作开展20年来，经济援藏、干部援藏、人才援藏、科技援藏相结合的援藏工作格局逐步形成并向纵深推进，以干部援藏为龙头的援藏工作深入开展，有力地促进了西藏经济社会的发展和进步。特别是经过长期规范，人才援藏与援藏资金投放、援藏项目建设实现了有机结合。在1995年至1998年第一批干部援藏工作期间，以援藏干部为桥梁，对口支援省市和中央有关部委，在中央确定的62项工程之

① 资料来源：http://www.chinaacc.com/new/184_900_201101/24li358984500.shtml。
② 资料来源：同上。

外，还落实援助合作项目 668 个，资金达 8.8 亿元；第五批援藏干部共有 853 人次，分别来自全国 17 个省市、中央和国家机关部委以及 17 家中央企业，于 2007 年进藏开展对口支援工作，在 3 年期间为西藏引起项目 200 个、资金 36.67 亿元，开展特色农牧业项目 246 个，组织农牧民参加技能培训达 50826 人次，使援藏工作呈现出全方位、多层次、宽领域的格局。以湖北省为例，自 2001 年以来，湖北水利系统先后选派干部到山南地区水利局工作，举办了 4 期共 200 余人的山南地区水利系统技术骨干培训班，安排山南地区水利系统干部到湖北水利系统挂职锻炼，在湖北水利系统发展资金十分紧张的情况下，援藏资金逐年增加，总额达 460 多万元。援藏干部依托内地资源、市场、资金、人才、技术等优势，有力增强了受援地区的自我发展能力，极大地改善了当地城乡面貌和各族群众的生产生活能力。

对口支援单位不断总结援藏经验，拓宽援藏领域，创新援藏方式，各援藏主体不断加大技术援藏、科技援藏、就业援藏的力度，并积极推动内地与西藏开展更大范围、更广领域、更高层次的经济技术合作。特别是第五次西藏工作会议规范了援藏干部选拔机制，有效克服干部选拔随意性较大问题①，对进藏干部的管理、制约机制也不断完善，及时了解掌握援藏干部的信息，对援藏干部的约束、监督，对工作绩效进行了科学化、规范化的管理。

援藏干部依靠开放的思想、先进的理念和深入的调研，为受援地区制定清晰合理的发展思路与发展规划，并以此为导向引进相应的配套资金和建设项目，取得了良好效果。在后期项目和资金管理上，援藏干部仍然发挥着重要的监督作用。以阿里地区为例，在阿里地区札达县，援藏县委书记（河北省第六批援藏干部）明确提出要“旅游兴县、开放富民”，确立国外游客和高端游客的市场定位，引进珠峰集团的大批固定资产投资，全面深入改善札达县基础设施建设和景点建设，提升该县整体旅游业服务水平。在如何有效监督项目的实施工作方面，坚持把责任落实到人头，把有专业特长的人利用起来，让他们充分发挥作用。如水利方面的援藏干部，就负责水利项目的实施与验收；有过基层工作经验的援藏干部，就负责新农村建设方面的项目。全程跟踪项目资金的使用情况，不仅要求援藏干部按照制度办事、定期汇报，还要有定期不定期的检查督导相结合，才能发现问题、解决问题。阿里地区还专门成立了援藏干部领导指挥小组，负责援建项目的督促、管理、质量把关和检查资金到位等情况，以确保援藏资金切实向基层倾斜，向农牧区倾斜，让每一笔钱都花在刀刃上。

援藏干部还进一步转变观念，从体制改革推动扶贫、大规模开发式扶贫、扶贫攻坚、新时期扶贫开发的扶贫模式跳出来，因地制宜，充分发挥桥梁纽带作用，外引内联、招商引资，帮助当地与内地建立了一些合资合作企业，为加快当地发展开

① 董世举：《对口支援西藏发展的问题和对策》，《广东技术师范学院学报》，2009 年第 11 期。

辟了新路子，积极探索新的援助发展模式。①

(四) 干部人才援藏创立的援藏干部精神，为西藏留下了一笔宝贵精神财富

西藏地处“世界屋脊”，高寒缺氧，自然条件恶劣，要做好对口支援工作，确保援藏工作取得新发展、新成效，没有可供支撑的精神力量是很难想象的，唯有充分发扬“老西藏精神”和“援藏干部精神”，艰苦奋斗，克服困难，才能完成光荣的历史使命，才能更好地尽到援藏干部的责任。几十年来，援藏干部坚持以作民族团结的带头人为目标，争当藏汉一家亲的典范。广大援藏干部以建设西藏、发展西藏、稳定西藏为己任，继承和发扬“老西藏精神”，在西藏各级党委和政府的领导下，与西藏各族干部群众一道团结奋斗，促进了西藏经济社会的快速发展，促进了西藏社会局势的稳定，加强了西藏领导班子和干部队伍建设。与此同时，西藏也为援藏省市、中央和国家机关、中央企业培养锻炼了一批听党召唤，以国家和人民利益为重，善于在艰苦环境和复杂条件下开展工作的好干部。许多援藏干部开始都不适应高原生活，缺氧、呕吐，有的工作条件十分艰苦，下基层要风餐露宿、爬雪山、过冰川，行程三四天才能到达目的地。但是他们在各自的工作岗位上勤奋工作，兢兢业业，千方百计，无私奉献。面对艰苦的条件、复杂的环境，心系西藏发展大业，情牵当地百姓冷暖，继承和发扬“特别能吃苦、特别能战斗、特别能忍耐、特别能团结、特别能奉献”的“老西藏精神”，把西藏当作自己的第二故乡，把西藏人民当作自己的父母，真诚地同当地干部和进藏老同志合作共事，真心实意地为西藏人民谋利益、办实事，与西藏各族人民建立了深厚的感情，努力克服高原缺氧、身体不适、生活不便、语言障碍、自然地理环境不熟、工作条件和生活条件与内地差距较大等诸多困难，在实践中培育出“朴朴实实做儿女，认认真真干工作，缺氧不能缺精神，艰苦不能降标准”的“援藏干部精神”。他们始终以良好的心态、饱满的热情正确对待援藏工作，做到援藏工作不断深化，援藏力度不能减弱，援藏领域不留死角，始终把艰苦的环境当作砥砺意志、磨炼品质、增长才干的熔炉，越是在困难面前越是保持高昂的斗志，越是在利益面前越是坚持无私的奉献，越是在荣誉面前越是树立高尚的情操，始终做到耐得住寂寞、耐得住清贫、耐得住委屈、耐得住艰辛，他们对西藏社会主义经济建设事业贡献巨大，为西藏各族人民树立了可歌可泣、永远可叹的历史丰碑。

三、干部人才援藏存在的主要问题

回顾干部人才援藏工作20年来的伟大实践，取得的成绩是巨大的，但同时也存在以下一些问题，亟待解决和完善。

(一) 干部人才援藏岗位作用发挥不够明显

导致援藏干部人才的岗位作用发挥不够明显的，既有主观原因，也有客观原

① 范远江、马代琼：《创新是四川藏区扶贫开发的新选择》，《黑龙江民族丛刊》，2007年第3期。

因。从客观上讲，西藏作为受援地，普遍存在重资金、项目援藏，轻人才、技术援藏的问题。西藏一些地方政府对援藏干部人才的岗位作用定位不准，认识不足，思想不够统一，具体表现为对援藏干部人才的要求是重项目引进、轻岗位作用发挥；在建立援藏干部人才管理运行机制方面办法不够多，措施不得力，等等。从主观上讲，有不少援藏干部人才将其主要精力放到了回内地要资金、要项目上，而不愿潜下心来，伏下身子，扎根基层，广泛参与到藏区社会管理工作中去，进而忽略了其应有岗位作用的发挥；还有不少援藏干部人才在与受援地干部加强联系、交流上缺乏应有的主动，不够积极，主观能动性发挥不够充分，在具体工作中，重微观项目管理、轻宏观战略管理，等等。课题组在实地调研中发现，一些地区的援藏干部普遍质疑这样的做法——对援藏干部人才硬性摊派 50 万元/人的招商引资任务，到底是不是他们应有的岗位职责？为了完成这个硬性指标，他们不得不花很多精力回内地去要资金、要项目，这样把自己也置于一种两难困境中：一方面，他们通过自己艰辛努力，最后也完成了任务，得到了受援地政府和领导干部的高度认可，但自己却非常累，也为此付出太多；另一方面，他们自己也感觉到，如果一直处于这种工作状态的话，是没有办法潜下心来，扎根西藏基层，与西藏各族群众共商改革发展大计。此外，援藏干部人才的“传、帮、带”作用发挥不够明显，通过援藏干部给西藏当地干部群众传播新思想、新观念的途径不够多，特别是在不断加大人才、科技援藏力度，引导各级各类科技人才参与西藏建设，提高经济增长的科技含量方面还比较欠缺。由于援藏干部人才的岗位作用发挥不够明显，最后极有可能导致西藏一些干部和群众对援藏干部人才所发挥的作用不一定了解和认可，这也是不少援藏干部的苦衷所在。

（二）干部人才援藏管理机制不够科学

2012 年，中央印发《对口支援西藏干部和人才管理办法》，明确了干部人才援藏管理机制，对干部人才援藏的管理服务、选派轮换、职务任免、培训考核和待遇奖励等进行了规定，为援藏干部人才履行职责、发挥作用创造了良好条件。按照中央文件精神，有关部委和援藏省市要根据西藏工作需要选派援藏干部，并对援藏干部实行双重管理，即他们既要受派出地的考核和管理，又要受受援地的考核与管理，应以西藏地方党委管理为主的政策。然而，在援藏干部人才的日常管理上却存在一定困难，从受援地来讲，有时碍于情面，不好管理；从派出地来讲，鞭长莫及，不便于管理。从表面上看，是由于管理上的失之于宽为援藏工作队管理援藏干部人才预留了空间、创造了条件；实质上，在援藏干部管理工作中形成了由受援地组织部门、派出地组织部门和援藏工作队三方共同管理的模式，改变了由支援地与受援地政府共同管理、以受援地政府管理为主的管理模式，基本形成了以援藏工作队为核心的管理模式。援藏工作队既不是一级党组织，也不是一个行政机构，其组织机构和职责权限都有待商榷。然而，援藏工作队却集“三位为一体”，掌控着援藏干部人才的考核和管理，决定着援藏资金和项目的分配。显然，这种管理模式既不利于受援地组织部门对援藏干部人才的统一管理，也不利于援藏干部人才更好地融入受援地工作中去，未能与受援地干部群众打成一片。同时，由于过于强调援藏工作队的成绩，在一定程度上抹杀了中央政府与内地省市的援藏功劳，对受援地造成了很不好的社会影响，进而对援藏工作大局带来了一定负面影响。

（三）干部人才援藏选拔机制不够完善

在援藏干部人才的选拔任用上表现为自上而下的行政命令特征，援受双方尚未建立起良性互动机制。援藏干部人才的选拔任用流程一般分以下几个步骤：首先，由中组部根据均衡原则确定干部人才的选拔方案及人数；然后，在内地援藏省市进行干部人才援藏数量指标分配；最后，由援藏省市根据地区实际，因地制宜设定标准，按照自愿报名和择优录取相结合的原则确定援藏干部人才。但在实际选拔过程中，暴露出的最大问题是自上而下、“一刀切”的行政命令特征，对受援地实际需要的干部人才缺乏深入了解，援助方具有优势的干部人才供给与受援方具有显著差异性的干部人才需求在结构上出现了偏差，援藏干部人才供需难以实现有效对接，这在很大程度上影响了干部人才援藏的实际效果。我们在实地调研时发现，上海市、黑龙江省援藏干部（对口援助日喀则）反映由于援藏干部人才选拔机制不完善，出现了援藏干部人才供给与受援地对援藏干部人才的实际需求错位现象，如在援藏干部中，行政干部偏多，受援地急需的医生、教师等专业技术人员却严重不足。

（四）干部人才援藏比例结构不够合理

在援藏干部人才选派过程中，由于自上而下的行政行为以及选拔机制不够完善，导致援藏干部人才比例结构不够合理，偏重行政干部、轻专业技术人才，进一步导致援藏干部人才中党政干部偏多，受援地急需的专业技术人才数量严重不足。据统计，1994 年至 2004 年，对口支援西藏的中央部委、省市、中央企业，先后派出援藏干部 2892 名，其中行政干部 2416 人，占 83.54%；专业技术干部 487 名，仅占 16.46%。① 这在一定程度上影响了干部人才援藏的实际效果。目前，西藏正处于跨越式发展的关键时期，援助方在西藏实施了大量项目，然而由于受援地专业人才匮乏，特别是资源开发、农牧科技、教育卫生、市政管理、旅游招商、工程建设、经济技术开发等重点领域的高层次专业技术人才缺乏，导致在项目实施中和建成后存在很多困难和问题，已经成为制约西藏跨越式发展的瓶颈。如社会事业项目因缺乏操作先进医疗、科技、教学、农技等设备等的专业人员，尽管援藏省市为西藏购买了很多先进的医疗设备，但因无人会操作，导致设备闲置，资源浪费较为严重，降低了使用效果。课题组在实地调研中发现，西藏各地市都普遍反映援藏干部人才结构不甚合理，行政干部偏多，当地急需的技术人才相对缺乏，希望进一步减少行政干部援藏，增加一些长短期相结合的专业技术人才援藏。

① 宋月红：《中央扶持和全国支援西藏》，《当代中国史研究》，2008 年 7 月。

（五）干部人才援藏选拔方式不够灵活

第三次西藏工作座谈会以来，干部人才援藏选拔方式由以前较为单一、进藏时间较为固定的非连续性、非制度化的方式，逐渐向多元化、长短期相结合、进藏时间多样化的持续性、制度化方式转变，较好地缓解了西藏各个领域干部人才稀缺的状况。然而，由于认识上的偏差，无论是就支援地一方而言，还是就受援地一方而言，普遍存在在援藏干部人才选拔任用，以及受援地本土干部人才培养未能形成双向互动。就受援地而言，重请进来，轻走出去；就支援地而言，重派出去，轻请进来；未能很好地将“请进来”与“走出去”相结合。同时，在援藏干部人才任用时间上不够灵活，长期性与短期性结合不够，具有很大随意性。加上受援地对受援人员缺乏硬性规定和保障机制，导致短期专业技术援藏干部“传、帮、带”效果大打折扣。为了给受援地培养更多、更加优秀的本土干部人才，需要不断创新干部人才援藏方式，其中，一个重要的方式应该是让西藏本土干部人才赴内地援藏省市交流、挂职、接受中长期培训等，从而把内地先进的管理经验与生产技术带回西藏。

四、改进干部人才援藏工作的对策建议

对口支援西藏工作历来是党中央边疆战略和治藏方略的重要组成部分，也是新世纪新阶段党在西藏工作上贯彻落实“三个代表”重要思想的重要内容。西藏的发展、稳定、安全与国家的发展、稳定、安全紧密相连，做好西藏工作是全党全国和各族人民的共同责任。必须紧密联系西藏实际，进一步统一思想，提高认识，站在推动西藏发展进步和稳定和谐的战略全局的新高度，认真总结干部人才援藏工作的成效和经验，深刻理解干部人才援藏工作的目的和意义，进一步增强政治意识、大局意识、责任意识和忧患意识，切实把干部人才援藏工作摆在重要位置、作为重大任务进行总体考虑、统筹安排、全面规划、精心设计，把西藏的政策优势、资源优势与后发优势同内地的人才、资金、技术优势和管理经验等有机地结合起来，把中央特殊关怀、全国人民无私支援的巨大力量汇聚成推动西藏跨越式发展的强大动力，充分发挥援藏干部人才的桥梁和纽带作用，推动干部人才援藏工作取得新成效、新发展、新突破。

（一）建议明晰援藏干部人才的岗位职责，充分发挥其岗位作用

明确援藏干部人才的岗位职责，充分发挥援藏干部人才的领导才能与专业技术水平，确保援藏干部人才有职有权、有责有为。为充分发挥援藏干部人才的岗位作用，建议把援藏干部人才纳入到西藏干部队伍管理建设中，确保每个干部担任实际领导职务，明确分管地区、县、乡和部门的某一方面的工作，让援藏干部真正融入当地工作中去，挑起两副担子，成为受援地领导班子中不可或缺的一个成员。援藏干部既是西藏干部队伍中的重要组成部分，承担起促进西藏经济发展和维护社会稳定的双重职责，同时，也是对口援藏省市支援西藏的实施者。因此，必须进一步明确援藏干部的岗位职责，在使用上、管理上才会有正确的措施，使援藏干部实实在

在地担任起组织领导和督促的重任，确保援藏干部在当地工作中不是旁观者，不是局外人，能够发挥实实在在的岗位作用。建议出台国家层面援藏项目管理办法，规范援藏干部管理与援藏资金项目管理制度。根据俞正声主席关于“援藏单位不在藏设立前方指挥部，逐步规范援建模式，对于技术难度较高或投资投资规模较大的重点项目，可继续采取‘交钥匙’方式建设；对于点多面广且技术难度不大的项目，应全部采取‘交支票’方式建设”的指示精神，建议除工程技术要求高，受援地组织实施困难的项目外，其他应该由西藏自治区统筹管理实施，并接受援藏省市的监督、审计，确保资金使用安全和建设项目发挥效益。通过明确援助方和受援方在援藏资金项目管理中的职责，才能确保援藏干部专职专责，充分发挥其岗位作用，为推动西藏经济发展、社会稳定与民生改善等方面作出贡献，而不是将其精力主要放到细微的援藏项目与资金管理上面。

（二）建议尽快取缔援藏工作队，将援藏干部人才纳入受援地统一管理

课题组调研发现，受援地干部群众对援藏工作队这一非正式组织意见很大，他们强烈建议中央应该适时出台政策，取缔援藏工作队对援藏干部人才的管理，建立受援地管理制度，赋予受援地在援藏干部人才管理上更多的职责，统筹管理援藏干部人才。受援地党委及组织部门将援藏干部人才和本地干部同等对待，统一管理，并根据援藏干部在援藏期间的业绩情况对职务级别进行动态调整，对表现优秀的干部，在征求对口支援单位及组织部门意见的基础上，可进行提拔使用。对于援藏干部人才而言，应主动加强与受援单位及主管部门联系，多交流思想，多增进感情，与西藏各族干部群众共商改革与发展大计；援藏干部人才在每年休假前应主动向受援地组织部门进行工作汇报，便于受援方动态掌握援藏干部人才工作情况。课题组建议，中央主管部门应进一步强化政策措施，加强监督检查，切实做好援藏干部人才期满后回内地或留在西藏的职务安排。对于那些作用发挥明显，有培养潜质，且愿意延期在藏工作或调入西藏工作的，可及时提拔重用，并列入上一级后备干部进行重点培养。同时，完善相关的配套政策，在家属随调、子女入学就业等方面给予政策照顾。对援藏干部人才切实做到在政治上充分信任，管理上严格要求，工作上大力支持，生活上热情关心。

（三）建议应充分尊重受援地意愿，健全完善干部人才援藏选拔机制

为了把中央的英明决策贯彻好、执行好，使援藏干部人才能够发挥更大的作用，建议应充分尊重受援地意愿，建立“自上而下”和“自下而上”相结合的援藏干部人才选拔机制。干部人才援藏工作不仅要体现时代性，做到与时俱进；更要富于创造性、掌握灵活性、把握规律性，使援藏工作更加符合时代发展的要求，更加符合西藏各族人民的共同愿望。对援藏干部人才的选拔，要继续坚持“分片负责、对口支援、定期轮换”的办法，以干部援藏为重点，把干部援藏和经济援藏、人才援藏和技术援藏结合起来，综合考虑供给与需求双方的现实需要。一方面，既要考虑支援方在既有条件下选派出西藏最需要的人才，同时又不影响援藏省市相关部门

工作的顺利开展；另一方面，既要充分尊重受援地区的实际需求计划，又要坚持高标准、严要求，严格把好政治素质关、业务能力关、身体素质关，坚持好中选优、优中挑强、层层筛选、精挑精选，注重选派后备干部、优秀年轻干部进藏工作，确保选拔高质量的援藏干部人才。这不仅有利于为西藏干部人才队伍注入新鲜血液和新的活力，还有利于中央对口支援西藏政策结出累累硕果。此外，还要积极探索建立多元化的干部人才援藏选拔机制，考虑计划外与计划内相结合，通过计划内选派带动计划外援藏干部人才的选派。

（四）建议调整干部人才援藏比例，优化援藏干部人才队伍

建议在做好干部人才援藏工作的同时，积极调整干部人才援藏比例，逐步减少行政干部援藏数量，进一步加大教育、卫生、农牧、科技等高层次专业技术人才援藏比例。在今后，尤其要注重智力援藏与人才援藏相结合，努力做到“输血”与“造血”并重。如在安排对口援助项目上应适当向人才项目倾斜；与受援地共同制定并实施干部培训和挂职锻炼计划；面向受援地定向招生，为受援地培养急需人才，等等。援藏省市应将专业技术人才援藏作为对口援藏工作的重点，加大对受援地紧缺岗位的优秀专业技术人才选派力度，力争使专业技术人才数量占计划内援藏干部人才总数的60％左右。为此，中央要进一步出台关于加强专业技术人才援藏工作的配套政策，在专业技术援藏干部的职称评定、家属就业、子女入学、工资待遇等方面给予一定照顾，使他们能够在西藏安心工作，更好地为西藏各族群众服务。从长远来看，建议中央加快出台和落实高原地区人才待遇政策，努力提高专业技术人员工资标准，并从物质与精神两个层面给予相应奖励，从而为西藏留住人才、用好人才打下坚实基础。

（五）建议根据受援地实际需要，建立起灵活的干部人才援藏方式

随着干部人才援藏工作的深入推进，干部人才援藏工作的任务也随着西藏经济社会发展而发生了变化，派什么样的干部、派多少数量的干部、用什么方式选派和轮换，都需要与西藏的发展实际紧密结合，按需选派。即根据受援地实际需要来选派援藏干部人才，确定援藏时间；逐步推行点对点选派机制，受援方“要什么”，援助方就“给什么”，进而实现供给与需求的有效对接，切实提高干部人才援藏效果。当然，仅仅依靠支援方“给干部人才”还远不够，要积极探索人才培养模式，努力做到引进与培养并重。一是要千方百计“引进来”援藏干部人才，通过援藏干部人才来带动西藏党政干部管理能力提升，加快西藏本土专业技术人才培养力度；二是要鼓励和支持西藏本土干部人才勇敢地“走出去”，有计划地选送部分年轻干部到对口支援西藏的中央国家机关、省市和中央企业挂职锻炼，帮助开阔视野，转变观念，增长才干。尤其要鼓励西藏党政干部和专业技术人员赴内地援藏省市政府部门及企业交流、挂职、接受中长期培训等，通过以岗代训等多种方式来提升西藏现有干部和专业人员的技术水平。此外，还应采取灵活多样的干部人才援藏方式，把智力援藏、引进人才同提高西藏各族群众的科学文化水平结合起来。

基于模糊综合评价的西藏农村公共产品供给效率研究[①]

杨　峰　杨明洪[②]

一、引言及文献综述

西藏是政治、生态、军事敏感的中国特殊区域的典型代表：占全国国土面积的1/8；占全国陆地边境线的1/6以上；藏族人口占自治区总人口的95%以上；绝大多数藏族人口信仰佛教；生态环境极其脆弱；西藏稳定牵涉全国。西藏城乡差距巨大，占全区人口绝大多数的农牧民对于公共产品供给的依赖度要大大高于内地其他省区市。在特殊的政治、生态、军事等背景下，西藏呈现出农村公共产品供给的一般性和特殊性特征。因此，西藏农牧民最直接、最现实、最关心的农村公共产品的供给效率问题，将直接影响西藏经济的跨越式发展和西藏的长治久安。

对于西藏农村公共产品问题，国内外学者的研究不在少数。国外学者Kormondy（2002）、Postiglione（2005）分别对西藏的教育问题进行了研究：前者主要分析了西藏民族教育中的入学政策、费用等问题，后者主要研究家庭、学校和社区如何影响西藏农村的教育入学率；美国著名的人类学和藏学家Goldstein（2003）分析了中国改革开放以来西藏农村的深刻变化，其研究涉及西藏农村公共产品问题；Fischer（2005）通过系列研究，主要讨论西藏社会排斥和边缘化问题。国内的学者在西藏农村公共产品方面的研究较多，例如周炜（2001）对西藏农村教育进行了研究；扎洛（2004，2005）对西藏村级组织和农村宗教权威进行了分析；朱玲（2004，2005）对西藏基层公共服务供给、农牧区公共卫生服务状况进行了研究；杨明洪（2007，2009）形成了关于西藏“安居工程”、农村公共服务、劳动力转移等问题的研究成果；李锦（2006）、郑洲（2007）、张志英（2008）等人分别对西藏农村公共产品供给、供给效率、供给机制等问题进行了研究；罗绒战堆（2011）、陈默（2013）对于西藏农村经济发展、社会保障等问题做了研究。上述文献为本研究提供了不少有益思路，但相关文献未构建西藏农村公共产品指标体系，

① 本文系国家自然科学基金项目“政治－生态－军事敏感区村庄公共产品供给效率评价与改进方法研究”（批准号：70973084）的阶段性成果。

② 杨峰，男，浙江龙泉人，博士，四川大学公共管理学院副教授；杨明洪，男，四川南部人，四川大学社会发展与西部开发研究院副院长，经济学院兼政治学院教授，博士生导师。

也未进行综合效率评价。本文首先根据专家咨询法和层次分析法，构建西藏农村公共产品供给效率评价指标体系，并确定指标权重，再利用农牧民“满意度”的调查数据，采用模糊综合评价方法，对西藏农村公共产品供给的效率进行实证评价。

二、西藏农村公共产品供给效率评价指标构建及权重确定

基于国内外对于公共产品指标体系方面的研究成果，遵循西藏农村公共产品供给效率评价指标构建的科学性、导向性、公共性、代表性、特殊性和可行性原则，咨询相关专家，按照“总目标→分类评价指标→具体评价指标”的思路，本文构建了西藏农村公共产品供给效率的评价指标。西藏农村公共产品供给效率评价指标由基础设施、农业生产服务、公共卫生、社会保障、公共教育、科技文化体育服务、生态环境保护、公共安全等8个分类指标构成，共有42项具体指标。在这些具体指标中，既包含一般公共产品供给效率评价指标的普遍性，又结合西藏地区特有的自然人文环境，充分考虑了西藏农村的特殊性，涉及内容都是西藏广大农牧民最迫切、最关心、最需要的基本公共产品。

西藏农村公共产品供给效率评价指标体系中的各项具体内容，符合以下基本公共福利标准（联合国开发计划署，2008）：（1）基础性：它们对于人的可行能力、自尊和尊严具有核心作用，比如义务教育、社会保障、公共卫生等。（2）广泛性：它们影响着西藏农牧区的每一个家庭和农牧民，具有满足公共需求的作用。（3）迫切性：它们是广大农牧民最需要政府提供的基本公共产品，是解决当前生存、生活和发展的基本保障。（4）可行性：它们是与现行的中央援藏政策相适应的、并且已经在很多农村有效实施的公共产品供给。

目前，我国对公共产品效率的评价指标的权重设计还存在一些问题，比如有的评价指标体系忽视权重设计，或者是考虑到权重设计，但仅仅是以简单的人为设定，并没有通过科学的方法来确定权重，最终影响了效率评价的结果。本文采用层次分析法来确定西藏农村公共产品供给效率评价指标的权重。

在西藏农村公共产品供给效率评价指标结构中，已经形成了一个不相交的层次结构，并确定上下层因素间的隶属关系，运用层次分析法，就可以对同一层次的因素构造出比较判断矩阵A，通过两两比较（专家调查法）得出权重，两两因素的相对重要性一般取1，2，…，9及其倒数作为标度。当以上一层次某个因素作为比较准则时，用一个比较标度 a_{ij} 来表达下一层次中第i个因素与第j个因素的相对重要性的认识，由 a_{ij} 构成的矩阵称为比较判断矩阵 $A=(a_{ij})$。根据比较判断矩阵，计算出某层次因素对于上一层因素的相对重要性标度，并进行一致性检验，最后得出最低层因素相对于最高层的相对重要性的排序值，得出层次总排序（李柏年，2007）。

根据以上方法最终得出的西藏农村公共产品供给效率评价指标及权重[①]，详见表1：

表1　西藏农村公共产品供给效率评价指标及权重

分类评价指标	具体评价指标	权重
基础设施（U_1）(0.1661)	乡村公路覆盖（U_{11}）	0.2695
	乡村通电覆盖（U_{12}）	0.1345
	广播电视覆盖（U_{13}）	0.0682
	乡村通讯覆盖（U_{14}）	0.0609
	基本生活用能（U_{15}）	0.1239
	人畜安全饮水（U_{16}）	0.3430
农业生产服务（U_2）(0.1661)	农田设施（U_{21}）	0.2972
	农业灾害防治（U_{22}）	0.2664
	农业技术推广及培训（U_{23}）	0.0888
	农业生产资料（U_{24}）	0.2664
	农业市场及信息服务（U_{25}）	0.0813
公共卫生（U_3）(0.1661)	新型农村合作医疗（U_{31}）	0.3577
	疾病预防与控制（U_{32}）	0.2679
	卫生保健（U_{33}）	0.1734
	突发公共卫生事件应急处理（U_{34}）	0.0640
	健康知识指导教育（U_{35}）	0.1370
社会保障（U_4）(0.1661)	社会救济（U_{41}）	0.1593
	农村社会养老保险（U_{42}）	0.2862
	优抚安置（U_{43}）	0.0390
	社会福利（U_{44}）	0.0773
	安居工程（U_{45}）	0.4381
公共教育（U_5）(0.1661)	教育设施（U_{51}）	0.3333
	学前教育（U_{52}）	0.1111
	九年义务教育（U_{53}）	0.3333
	青少年校外教育（U_{54}）	0.1111
	农民培训与教育（U_{55}）	0.1111

① 限于篇幅原因，详细计算过程在此略过。

续表1

分类评价指标	具体评价指标	权重
科技文化体育服务（U_6）(0.0800)	科学知识普及（U_{61}）	0.3669
	公共文化设施（U_{62}）	0.3669
	公众文化活动（U_{63}）	0.1018
	公共体育设施（U_{64}）	0.0823
	公众体育活动（U_{65}）	0.0823
生态环境保护（U_7）(0.0619)	环保宣传（U_{71}）	0.0886
	污染防治（U_{72}）	0.0886
	垃圾收集、清运和处理（U_{73}）	0.4962
	村容村貌（U_{74}）	0.0886
	退耕还林还草（U_{75}）	0.2381
公共安全（U_8）(0.0276)	警务、消防救助（U_{81}）	0.1068
	社会治安（U_{82}）	0.1068
	自然灾害救助（U_{83}）	0.3578
	事故发生控制（U_{84}）	0.0564
	法律援助服务（U_{85}）	0.0317
	家庭、邻里调解服务（U_{86}）	0.3406

三、西藏农村公共产品供给效率模糊综合评价

（一）模糊综合评价模型构建

模糊综合评价方法是一种基于模糊数学，在多种因素的影响下，对一事物或者对象的综合评标方法。该综合评价法根据模糊数学的隶属度理论把定性评价转化为定量评价，能较好地解决模糊的、难以量化的问题，适合各种不确定性问题的解决。

本文在对西藏农村公共产品供给效率的研究中，引入了“满意度”理论，提出“农牧民满意度”概念，指农牧民在享受公共产品中满足自身需求的感受与之前的期望值之间的比较判断所形成的度量。从农牧民的微观角度出发，只有提供农牧民需要的、感觉有用的公共产品，其供给才是有效率的。因此，本文在研究中选择农牧民对现有公共产品供给的满意度作为公共产品供给效率的映射，来对西藏农村公共产品供给效率进行评价。

根据模糊综合评价方法（杜栋等，2008），西藏农村公共产品供给效率评价模型构建步骤如下：

1. 评价对象及评价集

建立评价对象集合U=西藏农村公共产品供给效率，评价因子集合：

$U=\{u_1,u_2,\cdots,u_8\}$=｛基础设施，农业生产服务，公共卫生，社会保障，公共教育，科技文化体育服务，生态环境保护，公共安全｝。

依次构成的二级评价对象集合为：

u_1=基础设施=｛乡村公路覆盖，乡村通电覆盖，乡村广播电视覆盖，乡村通讯覆盖，基本生活用能，人畜安全饮水｝；

u_2=农业生产服务=｛农田设施，农业灾害防治，农业技术推广及培训，农业生产资料，农业市场及信息服务｝；

u_3=公共卫生=｛新型农村合作医疗，疾病预防与控制，卫生保健，突发公共卫生事件应急处理，健康知识指导教育｝；

u_4=社会保障=｛社会救济，农村社会养老保险，优抚安置，社会福利，安居工程｝；

u_5=公共教育=｛教育设施，学前教育，九年义务教育，青少年校外教育，农民培训与教育｝；

u_6=科技文化体育服务=｛科学知识普及，公共文化设施，公众文化活动，公共体育设施，公共体育活动｝；

u_7=生态环境保护=｛环保宣传，污染防治，垃圾收集、清运和处理，村容村貌，退耕还林还草｝；

u_8=公共安全=｛警务、消防救助，乡村社会治安，自然灾害救助，事故发生控制，法律援助服务，家庭、邻里调解服务｝。

根据每一因子评价等级论域，建立统一的评价集$V=\{v_1,v_2,\cdots,v_5\}$=｛非常满意，满意，一般，不满意，很不满意｝。对于评价对象U，根据其评价因子的评价等级构建一个判断矩阵：

$$R=\begin{pmatrix}R_1\\R_2\\\vdots\\R_8\end{pmatrix}=(r_{ij})8\times5=\begin{pmatrix}r_{11}&r_{12}&\cdots&r_{15}\\r_{21}&r_{22}&\cdots&r_{25}\\\vdots&\vdots&\ddots&\vdots\\r_{81}&r_{82}&\cdots&r_{85}\end{pmatrix}$$

其中，r_{ij}表示评价对象U的第i个因子u_i在第j个评价等级v_j上的频率分布，($i=1,2,\cdots,8;j=1,2,\cdots,5$)。一般将其归一化，使其满足$\sum r_{ij}=1$。这样，R矩阵本身就是没有量纲的，不需作专门处理。

同样道理，对于二级评价对象u_i，也可以构建相应的评价等级判断矩阵：

$$R_i=\begin{pmatrix}R_{i1}\\R_{i2}\\\vdots\\R_{im}\end{pmatrix}=\begin{pmatrix}r_{i11}&r_{i12}&\cdots&r_{i15}\\r_{i21}&r_{i22}&\cdots&r_{i25}\\\vdots&\vdots&\ddots&\vdots\\r_{im1}&r_{im2}&\cdots&r_{im5}\end{pmatrix}$$

其中，m 为二级评价对象 U_i评价因子的个数，$(i = 1,2,\cdots,8)$ 。

2. 模糊运算及评价结果

构造了判断矩阵之后，还应考虑到评价因子在被评价对象中是具有不同的地位和作用的，各评价因子在综合评价中占有不同的比重，即每个因子的权重是不一样的。因此，引入 U 和 U_i上的一个模糊子集，表示被评价对象的各个因子的权重，用 A 和 A_i表示，$A = (a_1,a_2,\cdots,a_8)$ ，$Ai = (a_{i1},a_{i2},\cdots,a_{im})$ 。其中，$a_i > 0$ ，$a_{im} > 0$ ，$(i = 1,2,\cdots,8)$ ，且 $\sum a_i = 1$ ，$\sum a_{im} = 1$ 。

判断矩阵不同的行反映了被评价对象的不同单因子在评价等级模糊子集的隶属程度，用权重将不同的行进行综合，就可以得到该被评价对象从总体上看对各评价等级模糊子集的隶属程度，即模糊综合评价结果向量，称模糊评价，即 $B = (b1, b2,...,b5)$ 。B 可以通过 A 和 R 求出（“°”为算子符号），即有

$$B = A^{\circ}R = (a_1,a_2,\cdots,a_8)^{\circ}\begin{bmatrix} r_{11} & r_{12} & \cdots & r_{15} \\ r_{21} & r_{22} & \cdots & r_{25} \\ \vdots & \vdots & \ddots & \vdots \\ r_{81} & r_{82} & \cdots & r_{85} \end{bmatrix}$$

同样道理，$Bi = Ai \times Ri$ 。通过计算，最终得出评价结果 $B = (b_1,b_2,\cdots,b_5)$ 和 $Bi = (b_{i1},b_{i2},\cdots,b_{i5})$ ，对其进行归一化 $b_j' = b_j / \sum_{j=1}^{5}(b_j)$ 。b_j' 表示被评价对象具有评价等级 v_j 的程度，B 和 B_i 是对被评价对象综合状况分等级的程度描述，通常可以采用最大隶属度法则对其处理，得到最终评价结果。

（二）西藏农村公共产品供给效率实证分析

为了解西藏农村公共产品供给效率，课题组连续多年一直在西藏进行调查研究，此次调查针对西藏拉萨地区、山南地区、日喀则地区的村庄展开调查。为研究方便，本文根据调查结果的满意度对评价结果从两个方面给予考虑：第一个方面就是基于最大隶属度的分析。隶属度是指在给定评价论域 U，U 上的一个模糊子集合 A，对于任意元素 $X \in U$ ，都能确定一个函数 $\mu A(x) = [0,1]$ ，用以表示 x 属于 A 的程度，$\mu A(x)$ 称为 x 对 A 的隶属度。具体地讲，评价结果的集合 $V = \{v_1, v_2,...,v_5\}$ ，取其中最大值的元素 v_j作为评价结果。第二个方面，本文对最终评价集合中的 V_1（非常满意）和 V_2（满意）统一归入“满意”一类①，将 V_3（一般）、V_4（不满意）和 V_5（很不满意）的结果归入“不满意”一类，作为满意程度的参考系。为了充分利用评价模型所产生的信息，假设“非常满意、满意、一般、不满意、很不满意”的参数列向量分别为“5、4、3、2、1”，按照对“满意”的界定，那么介于满意和不满意之间的得分“3.5”是属于中等水平，高于“3.5”

① 因为本文研究的目的是通过了解农牧民对农村公共产品的满意度情况来反映公共产品的供给效率，若“非常满意”和“满意”的评价隶属度不高，则效率较低。

则表示效率较高，低于"3.5"则表示效率较低。

统计相关数据，遵循模糊综合评价方法和步骤，可得：

$$B_1 = A_1 \circ R_1$$

$$= (0.2695, 0.1345, 0.0682, 0.0609, 0.1239, 0.3430) \circ \begin{pmatrix} 0.012 & 0.251 & 0.376 & 0.345 & 0.016 \\ 0.451 & 0.424 & 0.125 & 0.0 & 0.0 \\ 0.4 & 0.47 & 0.122 & 0.008 & 0.0 \\ 0.368 & 0.42 & 0.208 & 0.004 & 0.0 \\ 0.035 & 0.247 & 0.388 & 0.322 & 0.008 \\ 0.0 & 0.075 & 0.29 & 0.467 & 0.168 \end{pmatrix}$$

$$= (0.1179212, 0.2386328, 0.2866753, 0.2938435, 0.0629272)$$

同理可得：

$B_2 = (0.039636, 0.3565725, 0.3713629, 0.2306587, 0.0018699)$

$B_3 = (0.112787, 0.2233628, 0.2530326, 0.3446092, 0.0662084)$

$B_4 = (0.1462348, 0.3000516, 0.3579875, 0.1716119, 0.0240142)$

$B_5 = (0.1034341, 0.4551767, 0.2486418, 0.1787599, 0.0138875)$

$B_6 = (0.0242154, 0.1616299, 0.446161, 0.3564529, 0.0117408)$

$B_7 = (0.0241212, 0.3001468, 0.2898388, 0.3236318, 0.0623614)$

$B_8 = (0.0778266, 0.3819049, 0.3719222, 0.1465226, 0.0219237)$

对上述结果取小数点后 3 位小数并进行归一化，由 $B = A^{\circ}R$，可得：

$$B = A^{\circ}R$$

$$= (0.1661, 0.1661, 0.1661, 0.1661, 0.1661, 0.08, 0.0619, 0.0276) \circ \begin{pmatrix} 0.118 & 0.239 & 0.286 & 0.294 & 0.063 \\ 0.04 & 0.356 & 0.371 & 0.231 & 0.002 \\ 0.113 & 0.223 & 0.253 & 0.345 & 0.066 \\ 0.146 & 0.3 & 0.358 & 0.172 & 0.024 \\ 0.103 & 0.455 & 0.249 & 0.179 & 0.014 \\ 0.024 & 0.162 & 0.446 & 0.356 & 0.012 \\ 0.024 & 0.3 & 0.29 & 0.324 & 0.062 \\ 0.078 & 0.382 & 0.372 & 0.146 & 0.022 \end{pmatrix}$$

$$= (0.0919304, 0.3033485, 0.3158719, 0.2553733, 0.0334759)$$

西藏农村公共产品对"非常满意、满意、一般、不满意、很不满意"的评价隶属度分别为 0.0919304、0.3033485、0.3158719、0.2553733 和 0.0334759，按照最大隶属度法则，当前西藏农村公共产品总体农牧民满意程度处于"一般"层次，为 0.3158719。西藏农村公共产品总体的综合得分为 3.1648842，处于中下水平。从具体百分比来看，农牧民对农村公共产品总体评价"非常满意"的占

9.19304%，“满意”的占30.33485%，两者之和即满意度为39.52789%。整体看来，农牧民对西藏农村公共产品供给的评价处于中下程度，公共产品供给效率中下水平（其中各项分类评价指标的评价结果如表2所示）。

表2 西藏农村公共产品分类评价指标的效率评价结果

公共产品评价指标	评价隶属层次	综合评价得分
基础设施	不满意	3.0547773
农业生产服务	一般	3.201746
公共卫生	不满意	2.9719108
社会保障	一般	3.3725809
公共教育	满意	3.45521
科技文化体育服务	一般	2.8307262
生态环境保护	不满意	2.9003346
公共安全	满意	3.3474881
综合评价结果	一般	3.1648842

从以上各项分析结果来看，根据最大隶属度法则和综合评价得分情况，可以形成一个基本结论，西藏农村公共产品供给的各项指标上，与公共教育和公共安全相关的公共产品供给效率较高，主要体现在教育设施、九年义务教育、社会治安、自然灾害救助、事故发生控制等方面；而与基础设施、农业生产服务、公共卫生、社会保障、科技文化体育服务、生态环境保护相关的公共产品供给效率较低，主要体现在道路建设、人畜安全饮水、农业技术推广及培训、农业市场及信息服务、卫生保健、健康知识指导、公众文化活动、公共体育活动、垃圾集中处理等方面，这些方面急需改善。当然，西藏长期以来大力支持的新型农村合作医疗和安居工程的效率还是比较高的。从整体上看，西藏公共产品总体满意度只达到39.52789%，评价隶属层次为“一般”，综合评价得分只有3.1648842，西藏农村公共产品供给效率处于中下水平。

四、结语

本文通过西藏农牧民的“满意度”映射西藏农村公共产品供给效率，但“满意度”会因个体差异而有所不同，受到自身对事物认知的影响，具有一定的模糊性。因此，本文就西藏农村公共产品供给效率的评价提出了一种基于层次分析法和模糊综合评价方法的效率评价模型，使得效率评价更具全面性、综合型和客观性。从上述评价结果来看，中央政府大力支持的西藏农村公共教育方面的公共产品供给效率较高，尤其是九年义务教育取得了很大成效；公共安全方面的供给效率较高则在一定程度上体现了西藏农牧区村级组织在提供社会治安、家庭邻里调解等公共服务方面发挥着不可替代的作用。但也应看到，评价结果中供给效率较低的基础设施、农业生产服务、公共卫生、社会保障、科技文化体育服务和生态环境保护，需要改进公共产品供给具体实施体系。同时，不同地区的农牧民有着不同的公共产品需求，特别是在农区、牧区、半农半牧区，农牧民对于公共产品呈现不同的需求状态，因此，有必要"因地制宜"提出满足不同需求的公共产品供给对策。

本文采用的农村公共产品供给效率评价模型，一方面有助于在研究方法上更加科学地厘清评价农村公共产品供给效率的标准、主体及指导思路，从理论上更深入探讨其评价规律，摆脱单纯对农村公共产品效率的现象的感性描述，对我国农村公共产品供给效率评价研究有一定的方法论意义。另一方面，结合本文的研究数据以及各类公共产品在西藏农村的实际供给现状及农牧民的具体评价，通过上述模型得出的西藏农村公共产品供给效率结论具有现实意义，能较为真实有效地反映当前西藏农村公共产品供给状况，从实践上能为该地区农村公共产品供给政策提供可操作的理论数据支持，有助于政府更科学高效地制定相关政策，提高农村公共产品供给效率。

参考文献

[1] 陈默. 西藏农村社会保障现状研究——以南木林县艾玛乡农村社会救助和养老保险为例 [J]. 中国藏学，2013 (3).

[2] 杜栋，庞庆华，吴炎. 现代综合评价方法与案例精选 [M]. 北京：清华大学出版社，2008.

[3] 李柏年. 模糊数学及其应用 [M]. 合肥：合肥工业大学出版社，2007.

[4] 李锦. 公共品供给：西藏农牧民增收的社区环境改善 [J]. 中国藏学，2006 (3).

[5] 联合国开发计划署. 中国人类发展报告 2007－2008：惠及 13 亿人的基本公共服务 [M]. 北京：中国对外翻译出版公司，2008.

[6] 罗绒战堆，樊毅斌. 毛驴数量的变化与西藏农村的发展和变迁——基于西藏中部 4 个农村社区的长期调查和研究 [J]. 中国藏学，2011 (2).

[7] 杨明洪，安七一等. 西藏"安居工程"建设：基于公共产品视觉的分析 [J]. 中国藏学，2007 (2).

[8] 杨明洪等. 西藏农村公共产品供给及相关问题分析 [M]. 成都：四川大学出版社，2009.

[9] 扎洛. 西藏农区的村级组织及其公共服务供给——西藏农区七村的案例分析 [J]. 中国人口科学，2004 (3).

[10] 扎洛. 西藏农村的宗教权威及其公共服务——对于西藏农区五村的案例分析 [J]. 民族研究，2005 (2).

[11] 张志英. 西藏农村公共产品供给多元途径的探索 [J]. 西南民族大学学报，

2008 (3).
[12] 郑洲. 农村公共产品供给效率问题研究——基于西藏德吉新村朗赛林提灌站的调查分析 [J]. 生态经济，2007 (10).
[13] 周炜. 西藏农村基础教育的现状调查 [J]. 西藏研究，2001 (1).
[14] 朱玲. 西藏农牧区基层公共服务与减少贫困 [J]. 管理世界，2004 (4).
[15] 朱玲. 西藏农牧区的公共卫生服务 [J]. 财经科学，2005 (1).
[16] Fischer A M. State Growth and Social Exclusion in Tibet: Challenges of recent economic growth. NIAS press. 2005.
[17] Kormondy E J. "Minority education in Inner Mongolia and Tibet". International Review of Education. 2002 (5).
[18] Goldstein M C, Jiao B, Beall C M, et al. "Development and Change in Rural Tibet: Problems and Adaptations". Asian Survey. 2003 (5).
[19] Postiglione G, Jiao B, Gyatso S. "Education in rural Tibet: development, problems and adaptations". China: An International Journal. 2005 (1).

重建风华：晚清民国前期乌鲁木齐的庙宇与社会融合

王鹏辉[①]

19世纪60年代新疆政局发生大动荡，自同治三年（1864）至光绪四年（1878）新疆历经14年的内部战乱和外敌入侵，一度繁荣的城市乡村基本被摧毁殆尽，同样一度兴盛的佛寺道观庙宇也遭到严重破坏。这一期间以乌鲁木齐为核心的天山北路地区城镇人口损失巨大，农业生产衰落，佛寺道观更是大部分被毁弃，往日繁华的社会景象变得萧条零落。光绪六年（1880），在迪化城的东北重建巩宁城，光绪十年（1884）新疆建省，迪化成为省会城市。光绪十二年（1886），甘肃新疆巡抚刘锦棠改建满城和汉城，从满城的东南隅起接到汉城南门拓展城基，汉城与满城两城合并为一体，清王朝前期的民族区隔政策在乌鲁木齐被社会融合的历史潮流所冲破。同年，迪化直隶州升置迪化府，并设迪化县，原直隶州管辖的城乡事宜概归迪化县经理，县域内有99个村庄。清朝政府以善后局为民政机构，召集流亡，重建城市，恢复生产，随之原有的佛寺道观或恢复或新建，逐渐复苏。宣统二年（1910），迪化县划分东、南、西、北、中5区，总计83个村庄。虽然1911年辛亥革命导致清王朝的覆灭，1912年中华民国建立，但新疆的政治和社会历史在跨越这一巨变中仍然保持稳定的连续性。民国初期，迪化县先后隶于迪化道和迪化区行政长公署，区划沿袭清制。清末复苏的佛寺道观庙宇和庙会在民国初期的迪化继续有所发展。晚清以来，新疆的民族分布格局有了重大变化，天山北部仍有汉、回、满、蒙古、锡伯等族军民从事各种生产活动，众多哈萨克牧民进入这一地区游牧，而维吾尔族农民不断到天山北部的乌鲁木齐等地区自由谋生落户。[②] 乌鲁木齐城乡人口主要以满、汉、蒙、回等族裔为基础，清代中期以后维吾尔人大批进入乌鲁木齐，乌鲁木齐附近游牧的哈萨克人也陆续进入乌鲁木齐城乡定居。[③] 本文拟以学术

---

① 王鹏辉，男，新疆吉木萨尔人，历史学博士，中国西部边疆安全与发展协同创新中心副教授，主要从事新疆史、中国边疆史研究。

② 齐清顺：《1759—1949新疆多民族分布格局的形成》，新疆人民出版社，2010年版，第192~193页。

③ 乌鲁木齐市党史地方志编纂委员会编：《乌鲁木齐市志》第一卷《总类》，新疆人民出版社，1994年版，第249~269页；刘正江：《清至民国时期乌鲁木齐民族居住格局的形成及其原因》，《黑龙江民族丛刊》，2012年第2期。

界对乌鲁木齐城市风貌的研究为基础[①]，探讨近代乌鲁木齐以佛寺道观庙宇为场域的城市社会融合样式。

一、晚清乌鲁木齐的佛寺道观与民间信仰

刘锦棠率军一路规复一路重建政权，抚民成为其第一要务。官府和地方绅民相互支持，动用各自所拥有的权力资源重建阴阳两界的社会秩序。光绪十年（1884）新疆建省之际，乌鲁木齐九家湾民众捐资在山上修建一座仙姑庙，供奉仙姑塑像。[②] 仙姑庙在农历七月十五日举行庙会，信众布施祭祀，人流的集中带动了商贸集市的出现，许多民众借此商机补贴生计。乌鲁木齐地区现存一座清末东梁寺，原貌犹存。东梁寺寺院建在东梁上，在距永丰乡政府所在地 15 公里处，建于清光绪十二年（1886）。寺院分前后两院，占地约 2 亩，从西向东有前廓三间、后殿三间、厢房各八间，大殿正中挂一块书有寺名的长方形横匾，匾上题录捐资修寺的 68 位人名。[③] 东梁寺由乡民捐资共同修建，是所在村庄的社会活动中心，是捐资人都有份的公产。刘锦棠收复迪化后于光绪十三年（1887）借助“迪化府城隍神灵显应”，“奏准敕封‘灵感’”[④]，官方提升城隍的权威级别，提高迪化的安全感。光绪十四年（1888），迪化绅民高廷选等人联名呈请迪化府知府迪化县知县陈希洛，陈希洛向刘锦棠禀称“迪化城西关向建有龙神祠，灵应素著，已历年所。今岁夏间雨泽愆期，经官绅户民虔诚祈祷，立沛甘霖，御灾无形，不致旱魃为虐，洵属效灵助顺，允宜旷典崇封”，刘锦棠认为“庙祀正神，实能御灾捍患，有功德于民者，例得请加封号”。[⑤] 刘锦棠和时任陕甘总督的谭钟麟联衔会奏请朝廷饬加封号以答神庥而顺舆情，迪化绅民在非常时期推动官府力量扶助民间主导的龙王庙帮助普通民众渡过难关。光绪十七年（1891），水磨沟水磨河畔修建一座八仙庙，平面布局呈“凹”字形，建筑有山门、大殿、东西厢房、配房，大殿神龛为八仙塑像。[⑥] 道光年间水磨沟就有的农历六月六日庙会依然延续，八仙庙也参与其中，搭台唱戏，成为城乡民众在水磨沟区域的又一个民间信仰活动中心。

光绪十七年（1891），陶保廉跟随其父新疆巡抚陶模到达迪化，行至城南的南

---

① 拙文认为清代前期乌鲁木齐城乡社会面貌比较一致，围绕佛寺道观庙宇生成的社会生活创造了包容性的社会空间，形成了多种族裔居民共存共生的社会格局，神圣与世俗融为一体的社会风貌，参见《塞上风华：清代前期乌鲁木齐庙宇的神圣与世俗》（待刊稿）；周泓以乌鲁木齐为例，指出晚清民国新疆形成了与其他族群并存的汉人主体文化，参见周泓：《民国新疆社会研究》，新疆大学出版社，2005 年版，第 296～298 页。

② 乌鲁木齐市党史地方志编纂委员会编：《乌鲁木齐市志》第一卷《总类》，新疆人民出版社，1994 年版，第 286 页。

③ 乌鲁木齐县地方志编纂委员会编：《乌鲁木齐县志》，新疆人民出版社，2000 年版，第 809 页。

④ 刘锦棠：《刘襄勤公（毅斋）奏稿》卷十四，文海出版社，1966 年版，第 1850 页。

⑤ 刘锦棠：《刘襄勤公（毅斋）奏稿》卷十四，文海出版社，1966 年版，第 1849～1850 页。

⑥ 乌鲁木齐水磨沟区党史地方志编纂委员会编：《乌鲁木齐水磨沟区志》，新疆人民出版社，2004 年版，第 585 页。

梁和南关间，“又西北小庙当道，额曰‘普渡’”[①]，普渡寺应当属于佛寺。光绪三十二年（1906），方希孟西行考察铁路建设计划，在迪化的十字口大街，看见“庙宇局所，舞榭歌台，大似京都前门景象”[②]，迪化十字街是城内庙宇集中的场所。迪化西门外乌鲁木齐河西边南侧有三官庙，方希孟过桥游览，“陟阶升，入门，有厅，东西各三楹窗，对南山”[③]，三官庙以南树林有池塘亭阁，环境优美。当时四月适逢三官庙庙会，“游女千百成群，衣香鬓影，佩响钗声，不意长安曲江水边丽人，近在沙漠”[④]，庙会景况堪称盛会。在三官庙的位置东看红山嘴，红山庙宇群依然存在，“一塔挺立峰巅，峥嵘耀日，寺宇罗列上下，朱甍碧瓦，彩炫翚飞”[⑤]，红庙的名称继续流传，只是已经完全不解其来历了。晚清的新疆山水小地名中，乌鲁木齐河“又北经红山嘴西，红庙子东”[⑥]，显然红庙子有非常明确的专指小地名。虽然红庙子的名称比附红山及红山庙宇，指称乌鲁木齐，但是九家湾东面平顶山虎头蜂一带红庙子的小地名仍然长期流传，从民国至今，乌鲁木齐市依然保留着红庙子街区的地名。光绪末年，芬兰人马达汉受命俄国俄军总参谋部的指令以探险名义考察中国西北，对乌鲁木齐红山地貌有仔细观察。马达汉描述山顶玉皇庙为“一座漆成红色的小‘教堂’建在山顶岩石上面，旁边竖着一根带斗的旗杆”，在红山下有“一座尼姑庵，庵堂的飞檐屋顶在深灰色的岩壁衬映下显得格外有情趣”。[⑦] 宣统二年（1910），英国《泰晤士报》常驻北京记者澳大利亚人莫理循到达新疆首府，莫理循注意到官方命名迪化府，百姓一般称为红庙子，他于 4 月 24 日至 5 月 4 日在迪化城内外参观访问。莫理循会见了因支持义和团而据《辛丑条约》被遣戍迪化的辅国公载澜，载澜送给莫理循一些自己拍的照片。载澜拍摄的一张红山嘴照片中，包括了山顶的玉皇庙、红山塔，山脚下的三皇庙、地藏庙，显示了较为完整的 20 世纪初的红山庙宇群。[⑧] 迪化的佛寺道观庙宇早已成为市民日常生活中不可或缺的风景，庙会提供了富于生机的社会事件。清末迪化民风“尚巫鬼，饰寺观”，“每岁四五月，晴燠少雨，即赛神树下，河滨征演歌剧，男女杂坐，车服炫侈”[⑨]，庙会期间人们竞相赴会，人神互娱呈现一派城市繁华。当时的各族市民都会游乐其中，“男则卖浆，张帘幄，擿杜达、探布、鼓敦巴克讴胡曲，使妇女数人，曳绮縠

---

① 陶保廉著，刘满点校：《辛卯侍行纪》，甘肃人民出版社，2002 年版，第 419 页。

② 方希孟著，李正宇、王志鹏点校：《西征续录》，甘肃人民出版社，2002 年版，第 141 页。

③ 方希孟著，李正宇、王志鹏点校：《西征续录》，甘肃人民出版社，2002 年版，第 144 页。

④ 方希孟著，李正宇、王志鹏点校：《西征续录》，甘肃人民出版社，2002 年版，第 145 页。

⑤ 方希孟著，李正宇、王志鹏点校：《西征续录》，甘肃人民出版社，2002 年版，第 145 页。

⑥ 吴廷燮纂：《新疆大记补编》卷二下，中央民族学院印刷厂影印，1985 年版。

⑦ 马达汉著，王家骥译：《马达汉西域考察日记（1906—1908）》，中国民族摄影艺术出版社，2004 年版，第 266 页。

⑧ 莫理循图文，窦坤、海伦编译：《1910，莫理循中国西北行》（上册），福建教育出版社，2008 年版，第 168 页。

⑨ 袁大化修，王树楠等纂：《新疆图志》卷一《建置一》，天津博爱印刷局东方学会据通志局本重校增补铅印本，1923 年版。

振袂赴节，蔫朗以为乐”[①]，庙会为各有特色的市民活动创造了公共舞台。当然，庙会之公共舞台也暴露了社会的丑恶一面，“其游氓之逋荡者，则聚而博塞，强者拔刀相向，弱者或破产，吏不能禁”[②]，无业游民的聚众赌博反映了当时社会的弊病。迪化的庙会会期以农历四月、五月最为集中，再就是七月十五日的城隍庙会规模巨大。城隍庙七月十五日的庙会融合了佛教的盂兰盆节和道教的中元节，强化了民间的阴间鬼节信仰，“出城隍行像三日，盛陈卤簿，设鼓吹杂剧，来往通衢，观者如堵，否则多夭札也”[③]，祭祀鬼魂是为了人世的安宁。清末迪化的庙宇大部分都延续到了民国，意味着清末新疆人们的精神世界在已经共和的民国初年仍然延续。

光绪末年，新疆地方官员在编写乡土志时所记载的迪化城内外的佛寺道观庙宇虽然失之简略，但相比建省之前已经较为稀少。大约成书于光绪三十四年（1908）的《迪化县乡土志》所记迪化城内外的庙宇有：

城内设文武庙，火神庙，城隍庙，文昌宫，定湘王庙，刘猛将军庙。暨敕建左文襄祠，刘襄勤祠，陶勤肃祠，平襄忠祠，万寿宫全忠介祠，昭忠祠，景建威将军祠各一座。城外设先农社稷坛，玉皇阁北斗宫，地藏王庙，红山庙，财神楼各一座。[④]

《迪化县乡土志》所列庙宇只是当时很少的一部分，大部分庙宇并没有被载入。城中新增的庙宇类型为定湘王庙，定湘王庙供奉的定湘王是湖南长沙善化县城隍。左宗棠收复新疆之时，军政人员中湖南人居多，定湘王信仰在湖南和湖北有广泛的社会基础。湖南人所到之处就带入湖南的定湘王信仰风俗，各处兴建定湘王庙。红山庙宇群继续得以保存，山上玉皇庙、山下大佛寺、北斗宫（三皇庙）和地藏王庙的格局基本没有变化（见表1）。

---

① 袁大化修，王树楠等纂：《新疆图志》卷一《建置一》，天津博爱印刷局东方学会据通志局本重校增补铅印本，1923年版。

② 袁大化修，王树楠等纂：《新疆图志》卷一《建置一》，天津博爱印刷局东方学会据通志局本重校增补铅印本，1923年版。

③ 袁大化修，王树楠等纂：《新疆图志》卷一《建置一》，天津博爱印刷局东方学会据通志局本重校增补铅印本，1923年版。

④ 见中国社会科学院边疆史地研究中心主编：《新疆乡土志稿》，全国图书馆文献缩微复制中心，1990年版，第14页。

表 1　清末迪化红山庙宇群概览

名称（位置）	建筑形制	神祇设置
玉皇庙（位于宝塔与凉亭中间的山坳处）	灰瓦朱墙的四合庙院，山门前对称矗立着两根高大的斗杆，正殿三间，左右配殿各四间，在攀山小道的西侧有一座面朝庙内的戏楼（凉亭）	庙内无塑像，正殿供奉“玉皇大帝”神位，左右配殿各设风神、雨神、雷神、电神等牌位
大佛寺（红山南麓山脚最东端）	由山门、配殿、大庭和大殿四部分组成。山门是一座正方形的飞檐阁楼，大庭正中另有一座精雕龛堂，大庭登十七层台阶即至大雄宝殿，过廊两壁为《西游记》壁画	阁楼为四天王塑像，持国天王坐东，增长天王坐南，广目天王坐西，多闻天王坐北，各持一物象征“风调雨顺”；配殿两厢塑有十八罗汉金身巨像，龛内坐护法韦陀；大殿中央坐着弥勒佛，正上方为释迦牟尼金身塑像，左右侍者为迦叶、阿难，左右两侧为文殊菩萨与普贤菩萨金身塑像
三皇庙（红山南麓山脚大佛寺西边）	山门拱形单壁结构，门顶为两级琉璃瓦，中间主扇高起，两侧偏扇略低，前后两院各有一座大殿，后院大殿屋顶为黄、绿、蓝三色琉璃瓦，房脊和飞檐设置琉璃烧制的奇禽异兽	前院正殿为“北斗七星”塑像，两侧配造型高大的彩塑罗汉像；后院大殿供奉三皇塑像，天皇伏羲手捧太极，地皇神农手持谷穗，人皇轩辕手捧笏板
地藏庙（红山南麓山脚最西端）	有山门和大殿。在大殿两侧另有两道偏门，由门直入，院内各有长廊一所	殿内为“幽冥教主”地藏菩萨彩像，道生父子侍立两旁，长廊内为十殿阎君和阿鼻地狱塑像

资料来源：尔昌《红山古庙溯记》，中国人民政治协商会议乌鲁木齐市委员会文史资料研究委员会编：《乌鲁木齐文史资料》第 7 辑，1984 年版，第 162～165 页。

清末成书的《新疆图志》记载了迪化县的宗教人士，“道士八十三，女冠二”①，只有从事道教的职业人士而未见佛教僧侣，同时并列的宗教种类还有伊斯兰教、天主教和耶稣教。但这并不意味着迪化县不存在佛教信仰，更常见的情况是佛寺也由道士主持，佛道之间在民间几乎不存在严格的界限。清末迪化的佛寺道观基本都由道士主持，道士在修盖新房、婚丧嫁娶等百姓日常生活中多主持选择吉日、诵经画符和斋醮超度，有较大的社会影响力。乌鲁木齐市西九家湾的平顶山南首关帝庙遗址东面距离 120 多米的缓坡地带，有关帝庙的道人、和尚墓 10 余座，其中有一座塔状墓的墓碑立于光绪三十四年（1908）。② 同一座关帝庙既有道士又

① 袁大化修，王树枏等纂：《新疆图志》卷四十三《民政四》，天津博爱印刷局东方学会据通志局本重校增补铅印本，1923 年版。

② 乌鲁木齐市党史地方志编纂委员会编：《乌鲁木齐市志》第六卷，新疆人民出版社，1999 年版，第 326 页。

有和尚，说明清末迪化的佛教和道教融合共存，进一步说明了庙宇的佛寺和道观双重形态。另外，佛教信仰更多表现为在家居士的形态。水磨沟有一座道姑坟，属于道教女弟子的公共墓地。59座墓葬中有6座碑文可见，其中有一座墓碑记述了赵姓道姑生于咸丰元年（1851），死于1926年，其中有3座墓碑表明墓主为全真道龙门派的传人。[①] 水磨沟的道姑坟可以反映清末乌鲁木齐地区的道教的势力较佛教为大，并且道教以全真道为主。迪化乡村通过一些村名提供了庙宇的历史信息，如南部永丰乡以地处山湾的古庙命名的庙湾子村[②]，南部水西沟乡以村中古庙命名的大庙村、以沟口光绪末年所修龙王庙命名的庙尔沟村等[③]，但详细的情况已经无可查考。总体来说，清末乌鲁木齐的佛教和道教都很难定义为制度性宗教，并不构成独立的宗教生活体系。无论和尚还是道士都依靠信众的世俗生活提供服务来维持生存。清末乌鲁木齐的众多庙宇和信众呈现的是民间信仰的社会生活方式，这种民间信仰的社会生活方式一直延续到民国初年。

二、清末民初乌鲁木齐的佛寺道观与城市社会空间

迨至民国初年，迪化庙宇和庙会继承清末余绪继续发展，遍布城内各个角落，是城市生活中一股活跃的力量，留下了深刻的历史烙印（见表2）。庙宇的香火和周期性的庙会往往会形成一定生活空间内的社会中心，尤其是行业群体供奉的行业神，产生持续性的香火社会需求，庙会商贸流通更为广泛。围绕这些庙宇所创造的生计养活一定的人群，这种庙宇一般比较有持久的生命力。

表2　清末民初迪化的城关庙宇及庙会概览

名称	位置	建筑与神祇	庙会时间
观音阁	建国路	供奉观世音菩萨塑像	农历三月十八
娘娘庙	建国路	供奉三霄娘娘、送子娘娘、眼光菩萨塑像	农历三月十八
刘猛将军庙	东风路	大殿供奉刘猛将军塑像	农历七月七
文庙	文庙街	大殿供奉孔子、孟子、七十二贤	农历二、八月
文昌宫	民主路	大殿供奉文昌帝君	
关帝庙	前进街	大殿供奉关羽塑像	农历五月十三
定湘王庙	东风路	庙门内门楣一注算盘，大殿供奉定湘王神像，戏楼	农历五月二十八

① 乌鲁木齐水磨沟区党史地方志编纂委员会编：《乌鲁木齐水磨沟区志》，新疆人民出版社，2004年版，第504~505页。

② 乌鲁木齐县地名委员会编：《乌鲁木齐县地名图志》，乌鲁木齐县地名委员会刊印，1986年版，第40页。

③ 乌鲁木齐县地名委员会编：《乌鲁木齐县地名图志》，乌鲁木齐县地名委员会刊印，1986年版，第70、206页。

续表2

名称	位置	建筑与神祇	庙会时间
城隍庙	中山路	坐北向南，前庭，戏楼，大殿省、府、县三尊城隍塑像，东西配殿阎君群像与十八层地狱，后殿城隍奶奶	农历七月十五
龙王庙	中山路	大殿供奉龙王塑像，东西厢房	农历六月六
财神楼	南关	二楼供奉武财神赵公明，三楼供奉文财神比干	农历二月二
玄真观	南关	大殿供奉丘处机塑像	无会
罗祖庙	小东梁	供奉罗祖	农历六月
药王庙	跃进街	戏楼，大殿供奉孙思邈木雕像，东西配殿	农历四月八
马王庙	跃进街	供奉殷郊	会期不明
火神庙	小南门	供奉罗煊	农历六月
老君庙	民主路	戏台，大殿中间太上老君，两侧药王、马王、火神、文武财神、鲁班、欧歧佛等塑像，东西厢房	农历八月十五
三官庙	青山苑	前、中、后三殿，供奉天官、地官、水官	无会
龙王庙	鉴湖	供奉龙王	农历六月六

资料来源：刘德贺《新疆近代的寺庙、会馆、义园》，中国人民政治协商会议新疆维吾尔自治区委员会文史资料研究委员会编：《新疆文史资料选辑》第14辑，新疆人民出版社，1984年版；乌鲁木齐市党史地方志编纂委员会编《乌鲁木齐市志》第六卷，新疆人民出版社，1999年版；刘荫楠《乌鲁木齐掌故（一）》，新疆人民出版社，2001年版；刘荫楠《乌鲁木齐掌故（二）》，新疆人民出版社，2003年版；中国人民政治协商会议乌鲁木齐天山区委员会文史资料委员会编《天山区文史资料·城区建设专辑》第7辑，新疆建工印务包装有限责任公司，2005年版。

民初迪化城与城关的庙宇虽然都是当地的公共场所，但相当一部分庙宇各有特定的社会群体供奉，自然，这部分庙宇就成为相应社群利益的表达形式。文庙的祭祀仪式由学生和政府文职人员参加，但凡参加人员分得一块胙肉，被认为可以消灾降福，成为荣誉的象征。关帝庙祭典中农历二、八月为军官参加，而农历五月十三日则是民间庙会，官民分时共享关帝庙的信仰空间。娘娘庙具有专属女性的社会属性，满足妇女生殖崇拜和其他愿望的社会需要。老君庙供奉神像种类较多，成为许多行业群体集体活动的场所。煤窑工、铁匠、石匠给太上老君过会，木匠给鲁班过会，金、银、锅匠给欧歧佛过会。这些群体通过集体协商，错开时间分别过会。药王庙除了普通民众上香保健康平安外，也成为乌鲁木齐众多药铺从业人员的聚会交流的社会平台。剃头匠行业供奉罗祖庙，也是城市居民生活中不可或缺的社会群体。清末以来，迪化挑担流动剃头师傅称为“带诏”，剃头铺面成为“带诏铺”，理发铺则是20世纪30年代以后的社会新潮。[①] 铸造业和煤炭业供奉火神庙，反映了民初乌鲁木齐煤炭业对城市生活的必要。马王庙的供奉群体广泛，有普通农民、蓄养骆驼者、蓄养骡马者和车马旅店运输业人员。迪化各种庙宇的信众群体呈现了民初迪化的社会经济类别和社会结构。

庙宇楹联一般体现其崇奉神祇的宗教思想，可以反映当时人们信仰的精神世界。同时，也能折射出特定的社会现实，更随时代变迁而受到新的社会潮流冲击。城隍庙有一副天津人金屯撰写的楹联："秉公无私，不阿崇正，本神正人先正己；彰善瘅恶，感而遂通，告尔通古以通今。"[②] 今古社会虽然有不同的伦理道德秩序，但对社会公正、扬善斥恶的追求是一致的。火神庙的楹联："炎炎有曜，火德上星灵有象；穆穆无言，真君励日正无私。"[③] 同样把人世间公正无私的希望寄托于火神火德真君。神鬼世界宣扬的却是人世的公正无私，协调着并不公正的社会秩序，缓冲了现实社会的矛盾和压力。定湘王庙有两副楹联："昔年争战玉关雄，瘴疠感诸君，幸飞来湘上慈云，灵药顿舒征士困；半世光阴沙啧老，风尘劳薄宦，愿顶祝词前宝月，余辉常照寄庐清。""劲节殉萦阳，取义成仁，半壁河山资奠定；精灵昭塞上，扶危济困，千秋俎豆荐馨香。"[④] 极为贴切地反映了湘军将士收复新疆的征程，表达了后人永远感念定湘王的护佑，定湘王庙成为湘人在新疆安身立命的一个精神寄托。民初共和国的建立在边疆社会激起的回响在庙宇中同样有所体现，定湘王庙又有了新的楹联。定湘王庙内左侧财神殿有联："政策采民生，演出共和佳话；富强在商战，收回固有权利。"[⑤] 神祇世界采用共和时代的话语，一边关注百姓民生，一边关注国家主权。庙宇是君主制王朝时代中国普遍的社会景观，已经形成传统社会结构中的有机成分。中国在进入共和以后，庙宇自身也在发生相应的变化。财神殿还有一副楹联："泰西恋诸夏为市场，理合居中驭外，挽回利权，商务果振兴，欧美各洲谁副抗力；原富与周官相表里，允宜鉴古观今，留心计学，生财虽有道，穷通命脉仗神明。"[⑥] 庙宇神祇终归为人服务，国家主权的观念深入神道人心，

---

① 杨梦九：《从"带诏"到理发馆》，中国人民政治协商会议乌鲁木齐市委员会文史资料研究委员会编：《乌鲁木齐文史资料 》第12辑，新疆青少年出版社，1986年版，第94～96页；王维、高培渊：《迪化"带诏"和理发铺》，中国人民政治协商会议乌鲁木齐市天山区委员会文史资料委员会编：《天山区文史资料》第5辑，新疆新华印刷厂，2001年版，第210～211页。

② 王子钝收藏：《西陬楹联选辑》，中国人民政治协商会议乌鲁木齐市委员会文史资料研究委员会编：《乌鲁木齐文史资料》第11辑，1986年版，第173页。

③ 王子钝收藏：《西陬楹联选辑》，中国人民政治协商会议乌鲁木齐市委员会文史资料研究委员会编：《乌鲁木齐文史资料》第11辑，1986年版，第178页。

④ 王子钝收藏：《西陬楹联选辑》，中国人民政治协商会议乌鲁木齐市委员会文史资料研究委员会编：《乌鲁木齐文史资料》第11辑，1986年版，第173页。

⑤ （王子钝收藏：《西陬楹联选辑》，中国人民政治协商会议乌鲁木齐市委员会文史资料研究委员会编：《乌鲁木齐文史资料》第11辑，1986年版，第175页。）

⑥ 王子钝收藏：《西陬楹联选辑》，中国人民政治协商会议乌鲁木齐市委员会文史资料研究委员会编：《乌鲁木齐文史资料》第11辑，1986年版，第175页。

国民有了新的生计和发财之道。

民初迪化城外周边红山庙宇群、水磨沟庙宇群和智珠山庙宇群大部分依旧存在。红山庙宇群在迪化城乡最具社会影响力，因此在老一辈人的记忆中印象深刻，形成历历在目的历史记忆。历史记忆的细节有可能模糊，但记忆中的历史场景一般都比较确实。据此，我们可以复原清末民初迪化红山庙宇和庙会的真实场景。红山庙宇群是乌鲁木齐古典建筑的精粹之地，庙内荟萃了诸多历史文物，如具有书法艺术的匾额、楹联，善男信女们捐献的“七宝”，大佛寺里还保存着大批佛经的抄写本。玉皇阁有两副楹联传世：“至大至刚，至虚成化；不知不识，不见为元。”“无声无臭，高明无极；有古有今，默运有功。”[①] 体现了玉皇阁道家精神的境界，其中杂糅了儒、佛思想因素，平中造奇地道出道教玄奥的人生理念。大佛寺正殿有一副楹联传世：“色味香声，人生结念念迷妄；慈悲善舍，佛了因缘缘自真。”[②] 运用佛教用语对比世俗与出世，宣讲佛教的教义和主张，表达了独善其身和兼善天下具备的佛学思想。玉皇阁和大佛寺一道一佛都具有包容性的庙宇空间，巧妙地融合了世俗与神圣，共同向芸芸众生敞开大门。

新疆建省之后，社会秩序恢复稳定，清政府随之裁撤以省籍为单位的入疆团练武装。一大批来自两湖、四川、安徽、河南、陕西、甘肃的士兵就地谋生，随军商贩流散各地落户为民。迪化增加了来自内地各省的移居群体，为零散个人提供必要社会资本的同乡会馆应运而生。清末至民初的迪化会馆实际跟庙宇一样，大门内为高人戏台，两侧为配殿，正中为大殿，外表飞檐朱壁，内里雕梁画栋，通过各省神祇的共同祭祀凝聚人心，推选理事会组织社会团体。会馆以庙宇为基础，借助民间信仰广泛参与了民初迪化的社会生活（见表 3）。

表 3　清末民初迪化会馆概览

名称（位置）	祭祀与过会	会馆公产	公益	社火
两湖会馆（天山大厦南面）	禹王，农历六月六	三道坝稻田，王爷庙街、铜铺街、衣铺街千余间铺房，磨河渠，城垣东隅菜地	义园	龙灯
甘肃会馆（北门医院对面）	伏羲太昊，农历九月九	碾子沟农田五百余亩，“羲皇梓里”房院巷数百间房屋	义园	旱船跑驴
中州会馆（人民广场西侧）	岳飞	铺房	义园	狮子
川云贵会馆（民主路）	文昌帝君，农历二月三	铺房	义园	

① 王子钝收藏：《西陲楹联选辑》，中国人民政治协商会议乌鲁木齐市委员会文史资料研究委员会编：《乌鲁木齐文史资料》第 11 辑，1986 年版，第 178 页。

② 王子钝收藏：《西陲楹联选辑》，中国人民政治协商会议乌鲁木齐市委员会文史资料研究委员会编：《乌鲁木齐文史资料》第 11 辑，1986 年版，第 178 页。

续表3

名称（位置）	祭祀与过会	会馆公产	公益	社火
江浙会馆（原小东门内）	越王勾践	铺房	义园	
山西会馆（大西门外关帝庙内）	武圣关羽，农历五月十三	周围菜地，城东、城西两处菜地	义园	汾阳花鼓
陕西会馆（中山东路）	文王、武王、周公，农历二月二	铺房，凝德堂药店	义园	高抬

资料来源：昝玉林《会馆漫记》，中国人民政治协商会议乌鲁木齐市委员会文史资料研究委员会编《乌鲁木齐文史资料》第8辑，1984年版，第80～86页；刘德贺《新疆近代的寺庙、会馆、义园》，中国人民政治协商会议新疆维吾尔自治区委员会文史资料研究委员会编《新疆文史资料选辑》第14辑，新疆人民出版社，1984年版，第118～120页；马力国《昔日迪化多会馆》，中国人民政治协商会议乌鲁木齐天山区委员会文史资料委员会编《天山区文史资料城区建设专辑》第7辑，新疆建公印务包装有限责任公司，2005年版，第203～204页。

迪化城在乾隆年间开始出现第一批会馆，清末会馆大多为新建，并在民初兴盛发展，两批会馆之间并无直接的历史承继关系，但在帮助同乡移民的生存与本土化方面具有同样的社会功能。江浙会馆初名四江会馆，连江苏、浙江、安徽、江西省所立，光绪年间出土于吐鲁番三堡的张怀寂墓碑砌于戏楼东壁。[①] 大清王朝西北边徼的东南会馆收藏唐代高昌古物，成为民国学人重建边疆历史的文化遗产。民初的迪化会馆已经成为城市中社会整合的重要机制，促进了内地不同省份的文化汇聚和交流，并以其雄厚的公产为基础，举办各种社会公共事业。众多的会馆楹联独具匠心，别具风采，传神地表达了迪化定居地与籍贯故乡的双重情怀。两湖会馆的楹联为："东风舒杨柳千条，春色入边城，望气遥连函谷紫；南干是昆仑一脉，乡情联新宴，开门如见楚山青。"[②] 会馆为两湖人士架设了由两湖山水到昆仑边城的桥梁。山西会馆的楹联为："设馆以叙乡情，芳草天涯，不起归心之念；集会如回故里，桃源塞上，同联聚首之欢。"[③] 正因为会馆有如家乡，移民们能够逐渐适应塞上生活而不起归心，最终归宿所在地迪化而成土著居民。江浙会馆的楹联为："众志同心，惠畴熙庶绩；群英胜日，塞国话乡情。"[④] 江浙人更注重经济的业绩，希望能够借助家乡会馆百业兴旺。甘肃会馆的楹联为："会开西域，家国谧安，群策群力

① 黄文弼遗著，黄烈整理：《黄文弼蒙新考察日记（1927—1930）》，文物出版社，1990年版，第177页。

② 王子钝收藏：《西陬楹联选辑》，中国人民政治协商会议乌鲁木齐市委员会文史资料研究委员会编：《乌鲁木齐文史资料》第11辑，1986年版，第172页。

③ 王子钝收藏：《西陬楹联选辑》，中国人民政治协商会议乌鲁木齐市委员会文史资料研究委员会编：《乌鲁木齐文史资料》第11辑，1986年版，第177页。

④ 王子钝收藏：《西陬楹联选辑》，中国人民政治协商会议乌鲁木齐市委员会文史资料研究委员会编《乌鲁木齐文史资料》第11辑，1986年版，第178页。

兴骏业；馆设北庭，华夷共处，同心同德展鸿犹。”[①] 表达了与西域各族和谐共处、振兴产业的生活态度，并把个人家业与国家的命运维系在一起。会馆的发展是明清中央集权加强与基层社会自我管理机制不断建立和完善的结果[②]，新疆建省至民国以来，国家政权建设在边疆有所发展，迪化会馆正是出现于这一历史背景之下。清宣统三年（1911 年）四月，迪化工商界人士发起成立的商业团体迪化总商会将八大帮商行统一起来。在同一城市的熔炉里，经济与社会的力量无时不在削弱各种地缘组织原有的畛域观念，共同经济利益促成超地缘的业缘结合，长期全面接触促成土客间的社会同化。[③] 迪化会馆的最初建立都是根据地缘而形成的地缘性组织，在清末变成业缘组织，民初则主要依据业缘展开活动。

三、民国前期乌鲁木齐的庙宇与城市繁华

1916 年谢晓钟受北洋政府财政部的委派，于当年 10 月以财政部委员身份赴新疆考察，并就其调查见闻形成《新疆游记》。谢晓钟在迪化期间，所见佛寺道观多有记录，清楚地呈现了民国初年迪化庙会的盛况。迪化城内以城隍庙的社会影响较大：“每七月中旬，出城隍行像三日，盛陈卤簿，设鼓吹杂剧，来往通衢，观者如堵。”[④] 城隍庙庙会已经成为市民广泛参与的商业和游乐社会活动。迪化在清末以来湖北、湖南两湖人士集聚，组成两湖会馆，形成两湖社会团体。两湖会馆内“供奉禹王，其基址昔为苇湖，用石炭填筑而成，春间多潮湿，建筑宏敞，惜多颓朽。右院有堂戏厅，可容数百人。前清末年，会馆公立湘鄂小学，有学生四十余人”。[⑤] 禹王庙是清末新建庙宇，是两湖地方共同崇奉的神灵。清末新疆新出现的定湘王庙在迪化城内与湖南会馆一体，建在两湖会馆右旁。定湘王庙“为湖南一省会馆（湖北亦另有会馆，曰‘盂兰公所’），规模亦大，房舍整齐完好，胜于两湖会馆”。[⑥] 湖南湖北除了共有会馆外，另外各自还有会馆，湖南会馆即定湘王庙，湖北会馆又称盂兰公所。盂兰公所本是举行盂兰盆会的地方，盂兰盆为梵文音译，意为“救倒悬”，汉传佛教根据《佛说盂兰盆经》举行超度历代祖先的佛事。湖北会馆内设盂兰公所，估计是为去世的湖北籍人士暂时安放遗骸，并为逝者举办拜祭法事，超度亡灵。一般的盂兰盆会还有放焰火施饿鬼食、在河中放莲花灯、希望送走灾祸疾病、祈求吉祥平安的民间习俗。定湘王庙供奉城隍，可归入道教系统，盂兰公所则富有佛教色彩。定湘王庙作为湖南长沙城隍庙，历史悠久，但其在新疆的传播加入

---

① 王子钝收藏：《西陬楹联选辑》，中国人民政治协商会议乌鲁木齐市委员会文史资料研究委员会编《乌鲁木齐文史资料》第 11 辑，1986 年版，第 178 页。

② 王日根：《中国会馆史》，东方出版中心，2007 年版，第 442～443 页。

③ 何炳棣：《中国会馆史论》，台湾学生书局，1966 年版，第 114 页。

④ 谢晓钟著，薛长年、宋廷华点校：《新疆游记》，甘肃人民出版社，2003 年版，第 97 页。

⑤ 谢晓钟著，薛长年、宋廷华点校：《新疆游记》，甘肃人民出版社，2003 年版，第 125 页。

⑥ 谢晓钟著，薛长年、宋廷华点校：《新疆游记》，甘肃人民出版社，2003 年版，第 125 页。

了新的历史故事：

定湘王本长沙城隍，而陕、甘、新疆，处处庙祀，初莫得解，询之耆老，则云曩者左文襄、刘锦棠，削平陕甘，收复全疆，所率军队，皆湘中子弟，窃取神道设教之义，祀定湘王（相传洪天王攻长沙时，恒夜见巨人坐天心阁，指挥守御，洪军知不可克，遂引去）于军中，以鼓励前敌士气。厥后所向克捷，遂归功定湘王之灵异，而庙因以遍设，回缠复祀祷甚虔，故祀事至今弗衰。[①]

湖南团练武装崛起于镇压太平天国运动期间，太平军久攻长沙不克，民间附会定湘王的神灵保佑。随后，左宗棠率领湘军转陕西、甘肃、新疆各地，为鼓舞士气而神道设教，定湘王庙在西北区域广泛传播。迪化湖南会馆作为湖南人士的社会团体和活动场所，自然与定湘王庙融为一体。

1917 年 6 月 3 日，根据谢晓钟的实地目验，清末民初迪化城外的庙宇有东门外的农事实验场的花神庙、北门外的乾州会馆、西大桥西侧的龙王庙。乾州会馆即乾州城隍庙，其历史可以追溯至乾隆年间。谢晓钟在经过北门外乾州会馆时，“值演戏，士女环观如堵，有七八处积人成堆，则皆赌博、说书、搬把戏之类所在，此间下级社会之情状，毕现于斯”。[②] 虽然未必符合当时的法律和道德要求，但庙会无疑为底层百姓的谋生提供了相应的社会舞台。1915 年邓缵先赞誉鉴湖的诗句有：“湖面只数庙，湖光合万里。”[③] 鉴湖不只一庙，当也存在数个庙宇。西大桥西侧的龙王庙在鉴湖东岸，鉴湖俗称海子。龙王庙的庙会是每年农历六月六，人称“海子沿过会”。民初有民谣：“红山嘴子海子沿，塞外风光胜江南。”风光的含义应是包含了自然和人文的双重因素。迪化城外的庙宇还有两处历史悠久的地方在红山和水磨沟。当时的红山在迪化城的西北四里，一如历史上一样，山与庙相互辉映。“有红山嘴，峭壁悬崖，形如蟾蜍，昂首南面，陡坡直上。西南与福寿山，仅隔一路。上建佛宇，每岁四月八日，居民商户，杂技百工，群集于此，酬神赛会，士女如云，堪称胜会。又有浮屠七级，与福寿山所有，如双岑对峙，地形险要，乌城西北一屏藩也。”[④] 红山上下佛宇相接，不仅有佛寺，东北山嘴“有关帝庙屹立，墙垣埋以红土，俗呼红庙子，为关外土人群称迪化为红庙子所由起”。[⑤] 红山庙宇及庙会深入人心，产生了比较广泛的社会影响力，于是就有了历时久远的内地人以红庙子来代称迪化。水磨沟从清代到民初一直是迪化的风景名胜：“水磨沟坡上建龙王庙，有二三道士供香火。庙前亭榭数处，皆新抚潘效苏及清室载澜公爵（时流戍新

---

① 谢晓钟著，薛长年、宋廷华点校：《新疆游记》，甘肃人民出版社，2003 年版，第 125 页。

② 谢晓钟著，薛长年、宋廷华点校：《新疆游记》，甘肃人民出版社，2003 年版，第 123 页。

③ 弓弦正：《乌鲁木齐风景园林》，中国人民政治协商会议乌鲁木齐市委员会文史资料委员会编：《乌鲁木齐文史资料 》第 16 辑，新疆兵团印刷厂，1993 年版，第 209 页。

④ 谢晓钟著，薛长年、宋廷华点校：《新疆游记》，甘肃人民出版社，2003 年版，第 114 页。

⑤ 谢晓钟著，薛长年、宋廷华点校：《新疆游记》，甘肃人民出版社，2003 年版，第 123 页。

疆）所建，以供钓游之娱，景致极佳，为迪化近郊胜地。"[①] 不同时代的人们都在水磨沟游赏，除了自然风光外，更为重要的一个因素则是"有庙则灵"。

1928 年徐炳昶作为"中瑞西北科学考察团"中方团长在迪化停留期间，在其记行日记中记载了实地考察的迪化庙宇实况。徐炳昶在 2 月 27 日率部分团员前往城中会见交涉署长樊耀南，路过南关中间高楼，"上为财神庙"。[②] 4 月 7 日，徐炳昶前往同乐公园游览，"往观龙王庙，庙为光绪年间所建"[③]，此即西湖龙王庙。5 月 20 日，徐炳昶出西门到西大桥附近，望见红山山坡下戏台演戏，特地走进观看。徐炳昶所看到的红山脚下有三座庙宇，"偏东为大佛寺，中为北斗宫，偏西为地藏院，今日戏为地藏院所演"。[④] 红山脚下庙宇群在杨增新时代依然保持了清代的格局。徐炳昶在山坡上路遇一位道士，访谈得知"新疆虽有佛寺，却无和尚，完全为道士奉香火"。[⑤] 清末民初新疆的佛寺道观都由道士主持，一定程度上说明了佛教的衰微和道教普及。而道教由于和民间信仰水乳交融的关系，意味着新疆清末民初的佛寺道观所代表的更多是民间信仰的活动。徐炳昶从博格达山考察回到迪化逗留期间，10 月 1 日再次游览同乐公园，在西湖北发现有烈女祠和烈士祠，"烈女祠内住一道人，管两庙香火"[⑥]，烈女祠和烈士祠的性质近似道观。徐炳昶出了公园往西有小山，山坡上庙内"供文昌、伏羲、孔子、萧何、曹参诸神"[⑦]，似乎是清代智珠山上文昌庙的孑遗。徐炳昶原路返回过西大桥观红山脚下庙宇群，告诉我们此间还有一座城内城隍庙的城隍行宫。

1932 年，吴蔼宸被新疆省政府聘请为矿务高级顾问，在省城迪化依然看到定湘王庙，并且与左宗棠和刘锦棠的祠庙共同构成庙宇群，是迪化的民间信仰活动中心之一：

> 游定湘王行宫，牌匾甚多，香火极盛。新省到处皆有定湘王庙，乃左、刘平定回乱时代，部曲皆湘籍，奉祀定湘王，所致有功，遂愈加信仰。又游左文襄祠，正殿供文襄雕绘二象，凛凛有生气。祠内有一联甚佳："提挈自东西，帕首靴刀，十年戎马书生老；指挥定中外，塞外边云，万里寒鸦相国祠。"又游刘公祠，内供刘襄勤相片一张，旁悬翁常熟赠句："齐名曾左无前绩；开府疏勒第一人。"刘实足以当之。[⑧]

正如吴蔼宸所说，定湘王庙在新疆的出现与左宗棠和刘锦棠有莫大的关系。左

① 谢晓钟著，薛长年、宋廷华点校：《新疆游记》，甘肃人民出版社，2003 年版，第 117 页。
② 徐炳昶著，范三畏点校：《西游日记》，甘肃人民出版社，2002 年版，第 174 页。
③ 徐炳昶著，范三畏点校：《西游日记》，甘肃人民出版社，2002 年版，第 182 页。
④ 徐炳昶著，范三畏点校：《西游日记》，甘肃人民出版社，2002 年版，第 191 页。
⑤ 徐炳昶著，范三畏点校：《西游日记》，甘肃人民出版社，2002 年版，第 192 页。
⑥ 徐炳昶著，范三畏点校：《西游日记》，甘肃人民出版社，2002 年版，第 229 页。
⑦ 徐炳昶著，范三畏点校：《西游日记》，甘肃人民出版社，2002 年版，第 229 页。
⑧ 吴蔼宸：《新疆记游·迪化见闻录》，商务印书馆，1935 年版，第 39 页。

宗棠收复新疆，奠定了新疆建省的政治基础。刘锦棠确立了新疆省的行省体制，并予以完善。左宗棠和刘锦棠是新疆与内地一体化过程中代表性的人物，他们的边疆历史活动构成晚清中国国家转型的一个侧面。定湘王庙的民间信仰也促使内地移民在当地安身立命，客观上促进了新疆社会经济的发展和各种文化的交流。

1939年茅盾应杜重远的邀请抵达新疆迪化，在新疆学院任教。茅盾在迪化发现“迪化汉族，内地各省人皆有，会馆如林，亦各省都有；视会馆规模之大小，可以约略推知从前各该省籍人士在新省势力之如何”。茅盾同样注意到迪化只有一个城隍庙：

即“定湘王庙”是也。每年中元节，各省人士追荐其远在原籍之祖先，“定湘”庙中，罗天大醮，连台对开，可亘一周间。尤为奇特者，此时之“定湘王”府又开办“邮局”，收受寄给各省籍鬼魂之包裹与信札；有特制之“邮票”乃“定湘王府”发售，庙中道士即充“邮务员”，包裹信札寄递取费等差，亦模拟阳间之邮局；迷信者以为必如此然后其所焚化之包裹与信札可以稳度万里关山，毫无留难。又或焚化冥镪，则又须“定湘王府”汇兑。故在每年中元节，“定湘王府”中仅此一笔“邮汇”收入，亦颇可观。[①]

定湘王庙又是湖南会馆，定湘王庙的城隍定湘王成为迪化城内唯一的城隍庙，由此可见湖南人在新疆社会的影响力。民国初期中国的近代工业和服务业深度介入了传统社会的方方面面，近代邮政服务竟然渗透到阴间世界。定湘王庙在农历七月十五中元节开办阴间邮局，虽然是道士的生财之道，这笔收入还是带有定湘王庙日常维护的公益性，同时亦满足了移民办祭祀活动怀念家乡祖先、对未来美好生活祝愿的社会需求。定湘王庙的此类信仰活动在迪化的社会影响力不仅仅在于湖南籍人，还吸引了新疆各省籍的人们。总体而言，20世纪30年代盛世才执政以后建立文化促进会组织，夺取庙宇和会馆公产为政府所有，曾经繁华的社会场景也从人们的视野里消失。

四、近代乌鲁木齐多种族裔的社会融合

乌鲁木齐在近代逐渐成为欧亚内陆腹地的政治、经济和文化中心之一，多种族裔居民的持续聚集和聚居是其典型特征，形成了多种族裔居民共存共生的社会格局。乌鲁木齐的城市风貌和历史情况也逐渐成为新疆乃至中国西北边疆社会的风向标。乌鲁木齐城市的创建之初虽有满、汉城的隔离，但各种类型的佛寺道观庙宇形成的社会场域尤其是庙会具有一种包容性和开放性，为不同族裔的城乡居民广泛参与创造了社会条件。

族群文化多样性会产生一定的社会张力，属于正常的社会现象。而近代乌鲁木

---

① 茅盾：《新疆风土杂忆》，《茅盾全集》第十二卷，人民文学出版社，1986年版，第144～145页。

齐的城市社会包容性和开放性的庙会则具有相应的平衡力量，促进多种族裔的城市居民有密切的社会接触和互动，造成不同族裔文化之间的交融，以至于出现融合性的文化曲艺和社会生活场景。同治末年到光绪初年，湖南人萧雄三次到新疆从事幕府文字工作，学习了其他民族的语言和文字。萧雄曾记录了在维吾尔人聚会场合流行的一支维吾尔语和汉语交融合璧的歌舞："又有半回半汉之曲，如一昔克讶普门关上，契喇克央朵灯点上，克克斯沙浪毡铺上，呀译尕嗡铺盖上等类。则上半句回语，下半句汉语，每事重言，一譒一译，仿合璧文法也。"[①] 新疆城市中各种佛寺道观庙宇、会馆和义园都曾盛演过各种汉族曲艺，拥有广泛的各族观众，乌鲁木齐尤为典型。维吾尔语和汉语交融合璧歌舞的创造需要依托庙会之类的曲艺平台，体现了维吾尔人和汉人社会融合的结晶。

在乌鲁木齐的社会生活中，红山庙宇群一年四季有庙会，比较重大的有农历四月八、四月十五、五月五和九月九。大佛寺和玉皇阁的庙会从农历四月八到十五连成一体，持续半月之久，构成一年四季红山庙会的主体。20 世纪 20 年代，乌鲁木齐流传着一段说唱红山庙会的民歌，可以反映清末民初红山庙会的盛况，成为多种族裔社会融合的社会平台。[②] 民歌运用口头文字，具有民间俗语的特征，比较完整地再现了红山庙会的地理空间、时间长短、民间艺人的表演艺术、各种风味饮食等社会场景：

红山嘴子妖魔山，两个塔对得端。乌鲁木齐河水凉又甜，绿树成荫在岸边。庙会过了十来天，大人娃娃挤成山。西安人敲梆子唱乱弹，天津人又唱又敲拉洋片。河南人耍猴卖药围圈圈，拳把式耍的刀枪矛子三节鞭。吹唢呐鼓敲的欢，喀什噶尔的踩弯绳太惊险。耍把戏的空中取水变鸡蛋，对台戏唱的真好看。看了桄桄子看梆子，又看京戏小曲子。小四儿唱的盘肠战，张胡子唱的走雪山。兰州红、王小旦，二人唱的是小姑贤。看戏吃喝都方便，就怕你手里没有钱。回族人手端洋盘子卖凉面，维吾尔族卖的是烤肉烤包子油抓饭。忠义馆三成园，搭起席棚子把酒席办。过油肉、溜三片、清蒸鸭子带海鲜。盖碗茶往上端，保你吃好、喝好、玩好，满心喜欢。[③]

红山庙会的说唱民歌由来已久，内容经过时间的沉淀在清末民初形成内容大致相同的不同版本。中国西北的戏剧在新疆吸收各民族的曲艺元素，最早主要在佛寺道观的戏台和庙会上演出，孕育出了新疆的地方剧种"新疆曲子"。"新疆曲子"正是不同地域、不同族裔曲艺文化社会融合的产物，道白采用新疆汉语方言兰银官话，唱词和曲调杂糅了多种民族语言和音乐调式，在新疆汉、回、锡伯等各族观众

① 萧雄：《西疆杂述诗》卷三，中华书局，1985 年版，第 85 页。

② 乌鲁木齐市党史地方志编纂委员会编：《乌鲁木齐市志》第六卷，新疆人民出版社，1999 年版，第 189 页。

③ 刘荫楠：《乌鲁木齐掌故》，新疆人民出版社，1996 年版，第 8~9 页。

中拥有广泛的社会基础。陕西回族人马达吾于清末来新疆在迪化南关财神楼巷摆包子小摊，1914年开设门面，1923年发展为忠义馆清真饭馆。[①] 忠义馆不但经营小吃还内应外出包办酒席，成为民国迪化名店之一。三成园饭庄是乌鲁木齐最早的饭店之一，由山西人周茂于清末开设，与其子周文超经营，经营山西风味小吃和南北大菜。[②] 红山庙会为城市各族居民提供了生计机会和文化表演舞台，多种族裔的城乡居民同处于同一社会场域互动，消除了社会结构上的分隔，共享社会资源，增强了社会交往的心理基础。

乌鲁木齐自清代建政以来，从山地河谷草原迅速发展为新疆东部地区的政治、经济和文化中心。内地移民和八旗兵丁的携眷常驻带来大量人口，农业和工商服务业的发展为城市和乡村提供了社会生活的基础。社会经济的发展同时又不断吸纳新增的多种族裔人口，源源不断的劳动力和各地移民本土化，构成乌鲁木齐城乡人口结构的历史特点。红山庙会为代表的乌鲁木齐庙会以其巨大的社会包容性吸引了大量的城乡各族居民，使我们观察到民初乌鲁木齐各族社会群体的生计方式和城乡居民的社会文化生活体验。汇集无数个体的庙会为生活在自己狭小空间的人们提供了亲临其境的社会归属，扩大了社会交往的空间。[③] 庙会为城乡贸易提供便利机会，为各具特色的饮食服务业创造了营业环境，间接促进经济的交往，构成乌鲁木齐城乡社会的经济文化网络。庙会的盛大集会创造了社会休闲的舞台，西安人、天津人、河南人和喀什噶尔人的民间杂艺表演，既是行业生计又满足了城乡居民游憩的社会需要。戏曲表演更是庙会的固定的普遍性节目，终年勤苦的城乡各族百姓打破单调封闭的日常生活，参与快乐的氛围以调整身心面对生活。新疆曲子戏中就经常采用半汉半民的合璧语文，并吸取了维吾尔族“莱派尔”双人歌舞的表演手法。新疆曲子戏《天山吟》里就表现了维吾尔族、哈萨克族的音乐特性。[④] 20世纪30年代，维吾尔族戏曲演员卡帕尔自编了一些“维汉合璧”的京剧唱词，其中一首为：“头戴缨盔托马克，身穿战袍阔耐克，足蹬朝靴约提克，手提大刀皮卡克……来将报名！噢，蒙古大将喀勒马克。”[⑤] 符合乌鲁木齐多种族族裔社会交融的生活情趣。国家级非物质文化遗产新疆曲子代表性传承人郭天禄指出：“《天山岭》也好，《骆驼客》也好，维吾尔族汉族合唱的，那都算新疆曲子。新疆曲子怎么形成的？多民族一块形成的嘛。汉族也唱了，维吾尔族也唱了，啥民族也唱了嘛。再一个它的曲

---

① 金国珍：《忠义馆起家漫谈》，中国人民政治协商会议乌鲁木齐市委会文史资料研究委员会编：《乌鲁木齐文史资料》第6辑，新疆青年出版社，1983年版，第98～101页。

② 刘荫楠：《三成园饭庄》，《乌鲁木齐晚报》，1988年10月11日。

③ 杨庆堃著，范丽珠译：《中国社会中的宗教：宗教的现代社会功能与其历史因素之研究》，上海人民出版社，2007年版，第91页。

④ 李富：《新疆“曲子戏”考》，王堡、雷茂奎主编：《新疆民族民间文学研究》，新疆人民出版社，1986年版，第532页。

⑤ 《中国戏曲志·新疆卷》编辑委员会：《中国戏曲志·新疆卷》，中国ISBN中心，2000年版，第545页。

调也是优美的，它吸收的不光是汉族的陕西迷糊（眉户）的和青海甘肃的古子皮儿，它的曲调，更重要还有少数民族的成分在里面。”[①] 近代乌鲁木齐为中心形成的新疆曲子，确为新疆多种族裔群体社会融合在文化艺术领域的奇葩。红山脚下乌鲁木齐河东岸在红山庙会期间举行赛走马活动[②]，有着丰富马文化的蒙古、哈萨克等族人士是其中的活跃分子，赛走马活动也成为极具观赏性的大众民间游艺。晚清新疆建省之后直至民国前期，乌鲁木齐地域社会在经历政局动荡的社会灾难后，恢复多种族裔居民社会融合的机制，重建了边疆都市繁华的社会生活风貌。

① 新疆电台：《新疆曲子，百年弥新》上篇《曲子一唱越百年》，http://gb.cri.cn/1321/2012/06/12/1427s3725368.htm，2012 年 6 月 12 日。

② 赛走马主要赛走，讲究马跑的姿势平稳，对骑手的骑术和马的速度具有挑战性，骑手不能在马背颠簸，要求马左边前后蹄起，右边前后蹄落，身腰伸展平直。见王朝彦：《红山庙会上的赛马》，中国人民政治协商会议乌鲁木齐市天山区委员会文史资料委员会编：《天山区文史资料》第 4 辑，新疆新华印刷厂，1993 年版，第 117～118 页。

制度创设与新中国成立初期新疆区域治理及城市发展[①]

付志刚[②]

新疆是中国古代所指西域的一个重要部分，是丝绸之路的必经要道。晚清在西北边疆危机的背景下，清政府在此仿效内地设立行省，沿用至民国，对西北边疆的巩固起到了至关重要的作用。然而，在如此一个民族众多、纷争不断的区域内如果照搬内地通行的制度体制与行政管理结构会产生诸多弊端，也与新兴的人民共和国倡导的民族团结、民族平等不相适应。因此，如何对边疆民族地区的制度进行顶层设计，建构一种新型的、适合边疆民族地区的体制，是对新中国成立初期中国共产党的执政能力的一项考验。

一、民族区域自治与新疆区域治理制度创新

（一）近代新疆区域治理体制的变化趋势

新疆自古就与中原地区有着密切的联系，自中央政府在西域设立机构正式形使主权以来，新疆就被纳入中国的版图。然而，近代边疆危机却动摇了中国在新疆的主权，英俄等西方列强或直接或间接对中国西北的领土鲸吞蚕食，并扶植傀儡政权，严重威胁着中国的领土完整。湘军将领左宗棠率部收复新疆后，清政府于1881年建立新疆行省，加强对西北边疆的控制，此后新疆的主权基本被牢牢掌握。但是，列强的侵夺之心从未泯灭，在外部势力煽动下，“东突”的思想根源“泛伊斯兰主义”和“泛突厥主义”于19世纪后半期滥觞，到20世纪二三十年代更是兴盛一时。1933年，新疆地区因为国民政府介入哈密回王继承斗争引发动乱，南疆喀什的维吾尔人趁机宣布成立“东土耳其斯坦伊斯兰共和国”。1944年，在苏联支持下，利用盛世才离疆后出现的权力真空，“东突”势力在伊犁、塔城、阿山（今阿勒泰）三个地区发动武装暴动，成立了“东突厥斯坦第二共和国”，极端民族分裂主义者在暴动中以“杀回灭汉”为口号，屠杀伊宁城汉人，史称“三区革命”。新疆和平解放后，“东突”分裂势力逃亡海外，但其分裂活动并没有停止，而是改

---

① 本文系国家社科基金青年项目“新中国成立以来南疆区域开发与城市发展研究”（批准号：13CZS057）的阶段性成果。

② 付志刚（1985-），男，四川绵阳人，历史学博士，四川大学政治学院讲师，主要研究方向为中国城市发展史、中国边疆城市史。

为在国外纠集残余势力，拼凑分裂主义组织。其中有两个集团势力较大：亲美的艾沙集团与亲苏的孜牙集团。

中华人民共和国成立后，各种制度都在试行与调整过程中，对边疆地区采取的政策基本上延续了历代中央政府尤其是晚清民国政府对边疆地区的实际控制，同时对中央权力无法深入基层政权也有所反思。几经斟酌，中国共产党领导高层决定改变边疆地区“行省化”的趋势，改而实施“民族区域自治”。一方面以民族自治的形式团结各民族的精英力量，使其拥有一定范围内的自治权，减小实际掌控民族地区的阻力；另一方面在法律上明确了对昔日无法实际控制地域的实施主权，并通过派驻干部、驻扎军队、改造思想等多管齐下的方式，逐步将中央势力深入民族基层地方。毛泽东在解放新疆以前就指出：“解决新疆问题的关键是我党和维吾尔族的紧密合作。”① 新中国成立伊始，就开始仿照苏联并结合自身情况，探索民族治理的策略与方法。1949 年 9 月 21 日，中国人民政治协商会议通过的《中国人民政治协商会议共同纲领》规定：“各少数民族聚居的地区，应实行民族的区域自治，按照民族聚居人口的多少和区域大小，分别建立各种民族自治机关。”② 在此总体构架下，新疆民族区域自治地方建设方案逐渐浮出水面，并有条不紊地实施。

（二）新疆民族区域自治的制度设计与方案

新疆和平解放后不久即宣告成立的新疆省人民政府制定了“新疆境内各民族一律平等、实行团结互助”的施政方针，并在政府委员会第一次会议中明确了要从新疆实际出发，在坚持各民族一律平等的原则下，慎重地推进少数民族地区社会制度变革，推动民族区域自治制度的建设，建立团结友爱、互相帮助、互相学习的新型民族关系。③ 为建立民族自治地方，推行民族区域自治制度实施，中共中央新疆分局于 1950 年 3 月继续推进民族区域自治的各项工作，在新疆地域范围内展开对各民族的政治、经济、文化、教育和阶级、历史以及各民族间的关系等情况的调查，并依据相关民族理论对新疆各民族展开识别工作。按照斯大林“民族是人们在历史上形成的有共同语言、共同地域、共同经济生活以及表现于共同的民族文化特点上的共同心理素质这四个基本特征的稳定共同体”④ 等民族识别理论，中共中央新疆分局派往南疆的工作组于 1951 年开始，历时 8 个月，对包括和田、莎车、喀什、阿克苏在内的四个专区的 12 个县展开广泛的社会调查工作，对新中国成立前南疆的社会经济情况与新中国成立后的变化有了初步的了解，形成了新疆构建民族区域自治制度的初步认识。

---

① 中共中央文献研究室、中共新疆维吾尔自治区委员会编：《新疆工作文献选编（1949—2010）》，中央文献出版社，2010 年版，第 10 页。

② 中共中央文献研究室、中共新疆维吾尔自治区委员会编：《新疆工作文献选编（1949—2010）》，中央文献出版社，2010 年版，第 13 页。

③ 陈国裕：《历史的辉煌——新疆实行民族区域自治 50 年》，新疆人民出版社，2005 年版，第 42 页。

④ 《斯大林全集》第 11 卷，人民出版社，1955 年版，第 286 页。

中央人民政府于1952年8月颁行《中华人民共和国民族区域自治实施纲要》，对民族区域自治的基本内容和实施原则作了阐释，标志着我国民族区域自治制度的初步形成。[①] 同月，新疆第一届各族各界人民代表会议通过了《关于执行〈中华人民共和国民族区域自治实施纲要〉的决议》，成立了筹备工作委员会，包尔汉、赛福鼎分任正、副主任。新疆推行民族区域自治、建立民族自治地方的工作正式拉开了序幕。

1953年8月13日，新疆分局制定了《新疆民族区域自治实施草案》，根据《新疆民族区域自治实施计划》，各族各级自治区的筹建工作要分期完成。其中，相当于县级以下的自治区，一般可与普选结合建立；乡区结合基层普选进行，县级除个别县可结合县选建立外，余均在县选以后建立。《草案》规定全部自治区的建立，按照从下到上，从低层次到高层次的自治区域，由乡区自治区—县级自治区—专署级自治区—行署级和省级自治区，大体分四个步骤完成：

第一步，由1953年10月开始至1954年2月，完成相当于乡、区级的自治区的建立工作。其过程可分为两期：第一期由10月至11月底，选择伊犁专区霍尔果斯县的锡伯族乡级自治区、迪化专区鄯善县的回族乡级自治区、塔城专区乌苏县的蒙古族区级自治区，共三个单位为重点试办区。第二期由12月至明年2月完成其余的乡、区自治区的建立工作。

第二步，完成县级自治区的建立工作。其中除条件完全成熟，可以和县选结合建立的个别县（如宁西县锡伯族自治区、焉耆县回族自治区）按各该县的普选时间结合建立外，其余放在县选以后建立。唯蒲犁县塔吉克族自治区，如条件仍尚不够完备时，可考虑推迟在第三步建立。

第三步，完成相当于专署一级的回族自治区、柯尔克孜自治区及连个蒙古自治区的建立工作。又可分两期：首先建立回族与焉耆蒙古族自治区，再行建立伊犁蒙古族及柯尔克孜族自治区。其时间大体规定在明年6月底前完成建立工作。

第四步，行署一级的哈萨克族为主的自治区和全省以维吾尔族为主的自治区的建立工作，可视准备工作情况，务于明年年底前完成。[②]

在新疆民族自治区建设方案的讨论过程中，围绕如何命名曾出现过一些争论。争论集中在以某一个大的民族命名还是以地域概念冠名，最初以毛泽东等人为主的中央领导认为应该称为“新疆自治区”[③]，后经新疆分局的少数民族，尤其是维吾

---

① 中共中央文献研究室、中共新疆维吾尔自治区委员会编：《新疆工作文献选编（1949—2010）》，中央文献出版社，2010年版，第73页。

② 中共中央文献研究室、中共新疆维吾尔自治区委员会编：《新疆工作文献选编（1949—2010）》，中央文献出版社，2010年版，第97～100页。

③ 中共中央文献研究室、中共新疆维吾尔自治区委员会编：《新疆工作文献选编（1949—2010）》，中央文献出版社，2010年版，第130页。

尔族干部的反复要求，中央在讨论后决定命名为"新疆维吾尔自治区"，"'帽子'还是戴的维吾尔民族，因为维吾尔族在新疆是主体民族，占百分之七十以上，其他民族也共同戴了这个帽子"①。其他的民族因为本民族自治地方都以本民族命名，对新疆实行的以维吾尔族为主的民族区域自治基本同意。从当时的历史情况和民族关系来看，以"新疆维吾尔自治区"命名有利于消除维吾尔族与汉族的历史隔阂，促进民族间的交往，也有利于加强维吾尔族对中央的信任，增强边疆地区对中央的向心力，提高维吾尔族干部对实施民族区域自治的积极性，有利于新疆各项工作的开展；同时，也是符合民族区域自治实施纲领关于"各民族自治区的名称，除特殊情况外由民族名称冠以地方名称组成之"的法律规定，有着政治上的正当性。

（三）新疆各级民族自治地方的设立

1953 年 12 月 22 日，政务院批准实施《新疆省民族区域自治实施计划》和《新疆省民族区域自治实施办法》，同意除建立以维吾尔族为主体的省级自治区外，新疆还可按照蒙古族、回族、哈萨克族、塔吉克族、柯尔克孜族、锡伯族等民族的人口多少、分布状况建立乡、区、县、专署、行署等级别的民族自治区。② 从 1953 年到 1954 年，新疆陆续建立了行署、专署、县、区、乡五级自治区域共 24 个（见表 1）。

1955 年 9 月 13 日全国人民代表大会常委会召开第 21 次会议，批准新疆维吾尔自治区成立的议案，同时撤销新疆省的建制，新疆维吾尔自治区的行政区域为原新疆省的行政区域。③ 9 月 20 日至 9 月 30 日，新疆省第一届人民代表大会第二次会议在乌鲁木齐召开，大会通过了《关于拥护〈全国人民代表大会常务委员会第 21 次会议关于成立新疆维吾尔自治区撤销新疆省建制的决议〉的决议》和《新疆维吾尔自治区各级人民代表大会和各级人民委员会组织条例（草案）》，大会同时选举了新疆维吾尔自治区主席、副主席和委员，其中赛福鼎·艾则孜当选主席，高锦纯、买买提伊明·伊敏诺夫、帕提汗·苏古尔巴也夫当选副主席，他们与选出的其他数名委员共同组成了新疆维吾尔自治区人民委员会。

至此，新疆维吾尔自治区各级民族自治地方正式建立起来，并成为迄今为止全国五个省级民族自治区中唯一完整保持四级自治地方的区域。

---

① 中共中央文献研究室、中共新疆维吾尔自治区委员会编：《新疆工作文献选编（1949—2010）》，中央文献出版社，2010 年版，第 190 页。

② 新疆维吾尔自治区党委党史研究室编纂：《中国共产党与民族区域自治制度的建立和发展》，中共党史出版社，2000 年版，第 1007 页。

③ 《全国人民代表大会常务委员会关于成立新疆维吾尔自治区撤销新疆省建制的决议》，《中华人民共和国国务院公报》，1955 年第 16 期。

表1　新疆各级地方民族自治区域

级别	实施地方	数量
乡级	昭苏县、莎车县、叶城县、皮山县、特克斯县、阿勒泰县等	7
区级	伊宁县、和硕县、特克斯县、昭苏县、塔城县、额敏县	6
县级	焉耆回族自治区、巴里坤哈萨克族自治区、和布克赛尔蒙古族自治区、察布查尔锡伯族自治区、木垒哈萨克族自治区、塔什库尔干塔吉克族自治区	6
专署级	巴音郭楞蒙古族自治区、博尔塔拉蒙古族自治区、昌吉回族自治区、克孜勒苏柯尔克孜族自治区	4
行署级	哈萨克族自治区	1

资料来源：陈国裕《新中国成立初期新疆实行民族区域自治的实践与启示》，《中共党史研究》，2011年第6期。

二、屯垦戍边与生产建设兵团的创设

屯垦戍边是历代中央政府在西域地区实施的一项持续性措施。新疆和平解放以后，随着大批部队的进驻，为了更好地开发和建设西北边疆地区，党和国家在认真分析新疆形势，借鉴历代屯田戍边经验的基础上，为了西北边疆的长治久安，在新疆采取国防卫戍与屯垦建设相结合的方式。从解放军进军新疆到新疆生产建设兵团的正式设立，经历了三个阶段：

第一阶段，解放军入疆后为了解决部队的生存问题，发起了生产建设运动。在王震部进入新疆接管建政以前，朱德即给王震写信说明中央对新疆发展生产的相关问题的考量，首先说明选派王震部入疆的一个考量是“南泥湾的史迹”，拥有开荒生产、自给自足的经验，并提醒进驻部队要克服“地广人稀，不能供应大军”的现实难题，指出“如不提倡生产，将不能生存，更不能维持秩序”。针对以上诸多问题，朱德代表中央做出如下安排：兴修水利，修筑堤坝，获得良田；利用皮毛，组织手工纺织和皮革生产；修筑公路，开煤油井，开发钨矿。① 这一方针代表着中央对入疆部队的后续安排与预期任务。为了落实和执行，驻疆部队制定了生产建设工作的方针与任务，提出新疆和平解放后驻疆部队的主要任务是：“动员驻新疆人民解放军一面守卫祖国边防，警卫新疆全境，肃清土匪特务，严防间谍和反革命分子的阴谋破坏，加强训练；一面从事生产建设，克服财政困难，减轻国家和人民的负担，改善部队生活。首先要发展农业生产，依靠全体官兵亲手劳动开垦土地，就地取得生活资料，并制定各军计划表。”②

① 中共中央文献研究室、中共新疆维吾尔自治区委员会编：《新疆工作文献选编（1949—2010）》，中央文献出版社，2010年版，第25页。

② 新疆生产建设兵团史志编纂委员会：《新疆生产建设兵团史料选辑》第1辑，新疆人民出版社，1991年版，第28页。

中国人民解放军新疆军区发布生产字第一号令，指示全疆部队十九万三千人，除担任边防和城市卫戍勤务者，辎重骑车兵团、挽马、骆驼、运输等部队，军工部工场职工外，必须发动十一万人到开垦种地的农业生产前线，并下达具体要求："1. 垦耕土地40000公顷，其中36000公顷土地为粮食，4000公顷种棉花；2. 承包兴修水利，两年内完成100000公顷水利灌溉；3. 除由苏联购买双马轮犁15000个，坎土曼50000把，铁钎5000个外，其余农具均有各部自行准备；4. 棉种由苏联购买100000公斤，粮食种子由食粮中开支。"①

此后，新疆军区各部队展开了轰轰烈烈的生产建设运动，新疆军区所属各级机关、部队农业生产互相竞争，友谊竞赛，呈现出一片热火朝天的生产建设场景。至1950年5月底即超额完成开垦土地80万亩的任务，远远超出军区原计划的60万亩。与开垦工作并进的是大力修建水渠，总计先后修建迪化和平渠、伊犁皇渠、沙湾太平、新盛两渠、阿克苏大渠、焉耆新渠、绥来大渠、哈密大渠，计全长15540米，可灌溉土地60余万亩，利于全疆农业生产发展。副业生产上，新疆军区各级部队计建立煤窑37座、油坊11座、面粉坊85座、肥皂厂8所。家禽和牧畜方面，计养牛5110头、羊69298只、猪14386头。②

第二阶段，经过对生产部队的整编和军垦农场的设立，生产建设兵团的雏形渐成。一方面，中央军委和新疆军区将驻疆部队划分为国防部队和生产部队两个序列，完成对驻疆部队的整编工作。1952年，驻疆卫戍部队与工程建设部队的第一兵团二、六两军四个师、第二十二兵团和五军的一部按中央军委命令，就地转业为农业建设部队和工程建设部队，开始承担开发边疆、发展经济、开展建设的任务。③ 其中，以六军十七师和军区有关生产处组建新疆军区生产管理部；一兵团二军、五军、六军大部，二十二兵团全部，被编成十个农业建设师、一个工程建筑师以及汽车运输团和独立的工矿企业。至此，"国防部队不再担负生产任务，而集中力量进行文化、政治、军事训练，保卫祖国边疆，生产部队则集中力量进行生产"④。

另一方面，为了更好地开发新疆，驻疆部队在驻地乌鲁木齐、石河子、阿克苏、库尔勒、昌吉、哈密、奎屯、伊犁、塔城、博乐、阿勒泰等地开始建立军垦农场。部队围绕着南疆的沙井子、天山北麓的玛纳斯河流域、伊犁地区的肖尔布拉克等开发条件较好、水源充足的地区设立农场，大力发展生产。到1952年，驻疆部队共设立27个军垦农场。1953年部队整编后，军垦农场增加到32个，其中机耕

---

① 《中国人民解放军新疆军区命令（生产字第一号令）》，《新疆日报》，1950年1月21日。

② 《军区部队发扬高度建国热忱，各项生产成绩巨大》，《新疆日报》，1950年6月2日。

③ 毛泽东：《关于部队集体转业的命令》，《毛泽东文集》第6卷，人民出版社，1999年版，第223页。

④ 《中共中央新疆分局第一书记王恩茂在新疆军区生产建设兵团成立大会上的讲话》，《生产战线报》，1954年12月10日。

农场4个，牧场7个。1954年又新增机耕农场1个，牧场2个。[①] 新疆军区的农业生产能力迅猛增长，至1952年，开垦荒地近200万亩，种植各类作物约160万亩，养殖各类牲畜约60万头，修建水利工程数百项。同时，军区陆续创建了一批钢铁、电力、煤炭、水泥、机械等现代工矿企业，为新疆生产建设兵团的建立打下了初步的基础。

第三阶段，经过几年的尝试与调适后，新疆生产建设兵团正式建立。1954年7月15日，中共新疆分局和新疆军区分别向西北军区、西北局和军委总参谋部报告，要求组建新疆军区生产建设兵团，报告中详细阐述了领导机构及名称等问题。8月6日，中央军委总参谋部批准二十二兵团与新疆军区生产管理部合并，以组建“新疆军区生产建设兵团”。1954年10月7日，新疆军区“遵照军委总参谋部1954年8月6日电令：为加强生产建设，决定以新疆军区生产管理部与二十二兵团合并，组成新疆军区生产建设兵团。撤销新疆军区生产管理部及二十二兵团部两机构”[②]。中国人民解放军新疆军区生产建设兵团正式成立，陶峙岳任生产建设兵团司令员，王恩茂兼政治委员，程悦长、赵锡光任副司令员，张仲瀚为副政治委员，司令部参谋长陶晋初，副参谋长杨贯之、王根僧、陈德法，政治部主任王季龙，政治部副主任刘一村。

新疆生产建设兵团下设司令部、政治部、干部部和军法处、运输处、南北疆两个生产管理处、10个业建设兵团、1个建设工程师及数个兵团直属单位等机构。

三、制度创设对新疆区域治理及城市发展的影响

民族区域自治和生产建设兵团两项制度在新中国成立以来的新疆区域发展过程中，在政治、经济、管理等多个方面起到了十分关键的作用，也为新疆区域及城市的发展带来了深远的影响。

在政治层面上，中国共产党通过设立各级民族区域自治区和建立生产建设兵团解决了中央权力在新疆地方和实际掌控和边防安全等问题。各级民族区域自治区的设立，不仅通过在民族聚集区设立以一个民族为主体的自治地方，并任命少数民族干部为该地方行政长官，从法律上巩固了主导其民族事务的权利，起到了安定各族人民民心的作用。更重要的是，这一制度逐步将中央的权力深入到各级地方政权中，以达到将新疆的政治、经济、文化、社会等多个层面纳入全国一盘棋的统一管理中。

生产建设兵团的建立，有经济、政治、军事上的多重价值。将原有的驻疆部队一分为二，生产建设部队集中力量发展生产，弱化其军事能力。整编而成的生产建

---

① 李福生：《新疆生产建设兵团简史》，新疆人民出版社，1997年版，第90页。

② 新疆生产建设兵团史志编纂委员会：《新疆生产建设兵团史料选辑》第5辑，新疆人民出版社，1995年版，第34页。

设兵团将大批转业军人固定化地安排在边防线附近的团场中，闲时主营各类生产，发展经济，稳定边防，战时可迅速扩编为军队，成为一支颇具战斗力的部队。在以后的半个多世纪，生产建设兵团沿着2000多公里的边境线，先后布设边境农场58个，形成了一条边境农场带，担负着发展生产、巩固西北国防、捍卫边疆安全、反对民族分裂、维护社会稳定的多重重要使命。

在行政区划上，中央通过设立各级民族区域自治区和建立生产建设兵团逐步在全疆范围内形成了“大小团场落玉盘”的行政区划格局，同时也带来管理体制上的多极化趋势。新疆生产建设兵团建立后，将改编的部队分别驻扎在不同的区域中，师设师部，下有垦区，师下设团，团有团场，形成在以广大新疆边境线附近广泛分布的师部、团场。其中农一师驻阿克苏，农二师驻库尔勒，农三师、农四师驻伊犁，农五师驻哈密，农六师驻五家渠，农七师驻炮台，农八师驻石河子，农九师驻焉耆，农十师驻绥来县小李庄，工一师驻石河子。待新疆各级民族区域自治地方设立以后，实际上形成了各师部团场存在于新疆各地的分布格局。此后，新疆维吾尔自治区存在着两种形式的管理体制：一是统一领导下的、自上而下的民族区域自治层级管理，以各大中小城市为各级自治地方的中心；二是新疆生产建设兵团领导下的农业师、团场，师部驻地或在地方城市（如阿克苏、库尔勒等），或在兵团逐步建立起来的城市（如石河子、五家渠等）。这两套相互独立的管理系统共同管理、共同经营着新疆各级城市。

城市发展路径多样态是各级民族区域自治区设立与生产建设兵团建立的另外一大深远影响，新疆区域内出现了省辖、兵团管辖、民族自治地方管辖等多种城市管理类型。

民族区域自治制度的实施将新疆自上而下分为多级自治地方，除乌鲁木齐与克拉玛依两个地级市外，同级的还有各地区与自治州。同时，自治区设立相当于副省级的行署级自治地方1个，专署级自治地方4个，县级自治地方6个，另有区乡级自治地方13个，共24个各级自治地方。这些自治地方在民族平等的基础上实行自我管理自治地方的各项事务，以促进地区经济的发展，保障民族权利的施行，也在一定程度上丰富了新疆行政管理的体制。

生产建设兵团的建立使得新疆除了有与全国其他地区一致的省会城市、地级市、县级市等城市外，还出现了独特的兵团城市。驻疆部队8个师10.5万官兵集体转业，组建生产建设兵团，逐步发展成为一个党政军一体，工农商学兵结合，农林牧副渔综合经营，公交商建服全面发展，形式特殊的政治、经济、军事和社会组织。在兵团设立伊始就有石河子的不断建设与发展。改革开放以后，兵团师部和团场经济得以发展，基础设施建设投入加大，人口不断迁移与集聚。近年来，在“师市合一”指导思想下，五家渠、北屯、阿拉尔、图木舒克及一批小城镇逐步发展起来，新疆走出了一条与其他城市发展大相径庭的道路。

新疆反劫机事件的舆论场生态①

解庆锋②

引 言

2012年6月29日，新疆和田飞乌鲁木齐一趟航班发生劫机事件，6名劫机分子劫机未遂，被各民族乘客制服。这一事件被国内外媒体广泛报道，网民在互联网上发表了大量帖子表达意见，表明对事件的态度。由于西方媒体大都对新疆社会事件抱有偏见，西方媒体呈现的新疆反劫机事件的舆论场与中国媒体呈现的舆论场差异较大。笔者通过学生、网友等社会关系来了解新疆各民族民众对此事的看法与态度，考察这些看法与态度形成的心理基础与社会环境，发现新疆反劫机事件的舆论场生态是多元声音的，受访新疆民众对新疆反劫机事件认知的舆论场与互联网上呈现的舆论场有较大的差异。

一、舆论场的含义与构成

“场”原为物理学中的概念，指某一物体受到周围其他事物产生的无形的但客观存在的物质的影响，如磁场。社会学家将“场”这一概念引入社会科学研究领域，社会科学围绕着人研究各种社会问题，马克思认为“人的本质是一切社会关系的总和”，人的社会关系既有客观存在的，也有心理想象的社会参考性的社会关系，即便是亲属、挚友等社会关系，在双方互动时很大程度上也是社会性心理预期与想象，社会关系网是人生存生活的社会场组成部分之一。美国学者勒温提出了“场论”，认为场中的个体行为是受到场影响乃至受其决定的，群体往往是个体处置事件的重要动因。

人是能动的主体，人的思维习惯、文化传统会影响其处置事物的方式，个体的心理场会对个体认知周围环境中的事物产生重要影响。在考卡夫看来，心理场是指人认识事物的观念。观念构成人认识社会的信息环境，人依据观念而采取行动。由于生产生活环境的差异，群体在差异化的社会实践之上形成了差异化的观念认知，

---

① 本文系国家社科基金青年项目“新疆少数民族聚居区舆论场调查与舆论引导体系研究”（批准号：12CXW001）的阶段性成果。

② 解庆锋，男，汉族，山东菏泽人，中国传媒大学传播研究院传播学博士生，讲师，主要从事新疆少数民族信息传播研究。

不同群体的思维、心智存在较大差异。宗教是一种系统的观念体系，不同宗教信仰的人对行为的预期差异较大，实质上宗教本身即是一个心物场，宗教关注的是心灵与精神。群体性的心理场对人们就有关事件的看法影响较大，会对身处其中的个体心理场产生较大影响与制约，个体在一定程度上出于维护自我个性化的价值取向与身份象征，会对群体心理进行妥协式的心理博弈，个体与群体心理场的博弈会使得舆论场变得动态且具有一定程度的不可预知性。

人们发表对事物的意见与看法依据观念环境，认知观念的形成依赖所掌握的信息，而媒介是提供有关事物信息的重要渠道，媒介为世界建构了信息环境。美国学者梅罗维茨直接将媒介视作情景的组成部分，借助媒介，个体足不出户就可以知晓世界各地的情景。媒介呈现的信息情景强烈地影响着人们对周围事物的看法、意见与信念，媒介成为构成舆论场的必不可少的组成部分。伴随着大众传媒的日益发达，特别是在数字技术、网络技术的推动下，报纸、广播、电视等传统媒体开始走向网络化，互联网、手机等新兴媒体因其匿名性、低门槛、易操作等特点而成为草根网民发表意见、宣泄情绪的重要场域。孙志刚事件、华南虎事件、一波又一波的不法领导丑闻的曝光，网络成为民众表达意见的主流场地。报纸、广播、电视等主流媒体充分发挥公信力强的特点，积极与网络媒体互动，不断理性化网络媒体上的各种声音，多种媒体的联动与融合使媒体系统在呈现社会情境方面作用巨大，媒体成为社会系统的一个巨大的场域，而这个场域对社会公众的意见表达、意见理性化、意见整合发挥着巨大的作用。媒体场成为舆论场构成的一个重要组成部分。

舆论场本身并不是舆论，它承载与影响着舆论的形成与存在。清华大学刘建明教授提出了“舆论场”这一概念，旨在说明舆论形成的情形。“舆论都是在具体环境中产生的，起始于某一具体空间，这种微观环境称为舆论场。”（刘建明、纪忠慧、王莉丽，2009）舆论不是独立的行动体，舆论是时空环境下言论的整合与体现，言论是一种抽象的概念，必须借助具体的情形来表现，这种情形便是舆论场。“舆论场包含若干相互刺激因素，是许多人形成共同意见的具体时空环境，表现为公众和环境相互作用的函数，包含多人的体验、现实需要及彼此呼应。”（刘建明、纪忠慧、王莉丽，2009）可见舆论场的组成不是单一维度的，它是多元维度的组合体，这一组合体不是简单地机械地拼接，而是各部分的有机互动、相互作用，各舆论场中的意见彼此碰撞从而整合出公共意见，即舆论。通过上面对社会关系场、心理场、媒介场的描述，可知舆论场包括民间舆论场、群体心理场、媒体舆论场，媒体舆论场又可以分为传统媒体舆论场、新兴媒体舆论场。由于媒体的意识形态性，中西方新闻媒体属性差异巨大，依据这一标准，也可以将媒体舆论场分为国内媒体舆论场与境外媒体舆论场。

政府是公共信息最大的拥有者，政府通过新闻发言人、记者招待会、民意收集、信访工作来了解舆论生态，影响舆论的演变，可见政府是舆论场的重要组成部分，也是影响力强大的舆论时空情景，政府舆论场是舆论场的另一个构成纬度。大众传媒在现代政治生活中扮演着重要角色，传媒执政成为现代政府管理的重要理念，政府部门也积极利用传媒来传播施政理念、动员社会力量、加强与民众的互动与沟通。政府舆论场与媒体舆论场两者相互区别，但有时也会紧密联系在一起，融合在一处，使两个舆论场彼此不分。

综合舆论场的构成及其内涵，笔者认为舆论场是影响舆论存在、生成、传播的情形与时空环境。舆论是社会群体心理的互动与反映，每一类舆论场都影响身处其中的个体与群体的心理认知，从而影响社会对某一事物的看法与认知。

二、新疆反劫机事件的舆论场生态

生态是指社会系统的组成部分，彼此影响，彼此制约，共生共长，一起维护某一社会系统的健康发展。舆论场由各个不同的子舆论场组成，不同的舆论场彼此影响，有机地组成了一个社会生态系统，推动整个舆论场动态的发展演变，各个舆论场彼此开放，互相交换信息与能量，彼此影响，互为对方发展演变的动力因素。在新疆反劫机事件中，民间舆论场、心理场、国内媒体舆论场、境外舆论场相互影响，共同组成了一个动态演化的舆论生态环境。

（一）民间舆论场

民间舆论场指在普通民众中形成的影响舆论生成、传播的社会环境。伴随着社会经济的变革，社会基层的结构与利益诉求也在悄然发生着变化。民众表达自身意见的渠道越来越多元，在利益表达更突出的背景下，民众的意见变得越来越多样，影响民众意见的动因开始多元化与动态化。然而在新疆，民间舆论场有着其特殊情况：“由于外在和内在的各方面原因，少数民族地区的舆论意见往往容易形成两个舆论意见圈——少数民族舆论和当地汉族舆论，体现着二元疏离的形态特征。”（熊聪茹，2001）在新疆，多个民族共居，由于民族身份、文化习俗、宗教信仰的不同，不仅少数民族与汉族之间的舆论场存在较大的差异，连共同信仰某一宗教的少数民族之间的舆论场也可能存在较大差异。笔者在和田、伊犁地区调研时，发现哈萨克族聚居的地方与维吾尔族聚居的地方，文化、生活观念均有较大差异，舆论场自然也存在明显的不同。由于新疆地域广大、地形复杂，交通不便、交通成本高，南北疆不同民族聚居区的民众之间的往来比较少，舆论场间的信息与能量的开放度与交换度均比较低。可见，在新疆不能简单地将民间舆论场分为少数民族和汉族两个舆论场，新疆民间舆论场的组成是多元的，各个组成部分的差异度不尽相同，有大有小。

笔者就劫机事件调查了新疆和田地区、克州、阿勒泰地区、阿克苏地区、喀什地区、伊犁地区等不同地域不同民族群众的看法及其所受影响的因素。笔者发现和田地区有三位被调查者不愿发表看法，认为这是政治问题，不宜表态，说自己心里很紧张、很害怕；另一位被调查者说劫机者很傻，不好好过日子，出去惹是生非。笔者通过几位和田地区的被调查者的交谈推测，和田地区民众大多是知晓和田劫机事件的，但由于种种原因，对此事不愿表达看法，担心劫机事件会对生活带来麻烦，一部分人在心里埋怨劫机分子。笔者访谈了两位阿勒泰地区的受访者，一位说自己不关心，因为这事发生在南疆，离自己很远；另一位说自己不知道这事，这事与自己关系不大，自己不在乎，与周围的人基本不聊这事情，周围的人也很少谈此事。在访谈阿图什市一位受访者时，他说村人经常看电视的人都知道此事，他们看过电视的新闻报道后会在一起讨论，认为劫机者很傻。阿克苏地区一位受访者说，她在农村，村子里很少人知道此事，大家也不关心。喀什地区一位受访者表示，家里正修房子，没有心思关心劫机事件。伊犁的受访者说自己通过微信了解了一点情况，不清楚劫机事件；家里父母均比较忙，没时间关心劫机事件。

可见，新疆反劫机事件的民间舆论场在南北疆有较大的差异，甚至同属南疆地域的和田地区、克州、阿克苏地区的民间舆论场之间也存在一定的差异。这可能是受民族身份、利益相关性、感情等因素影响。

民间舆论场在新疆舆论的生成中扮演着重要角色。新疆以往发生的群体性事件表明，敌对势力往往利用一些问题煽动一部分不明真相的普通人，制造出令人震惊的事端。因此，当群体性突发事件发生时，要高度关注可能与此事件有关联的新疆民间舆论场的动态，及时把握，认真分析。民间舆论场虽然组成人数众多，但掌握的信息数量未必充分，所掌握的信息质量未必高。可见民间舆论场是一个不均衡的系统，一端是人数庞大的民众，这些民众的意见与态度形成了舆论的来源基础与构成主体，另一端是这个舆论场内的信息庞杂、质量不高，对相关事物的认知碎片化，甚至虚假信息也存在其中，认知容易发生偏差，声音容易情绪化、平面化与极端化。民间舆论场的这一非均衡性往往会产生一些严重的问题。大量的民众构成形成社会舆论的主体与基础，从理性上看，这部分人应该充分掌握有关问题的信息并认真思考，才能形成理性的高质量的舆论，然而事实上，由于种种原因，民众掌握的信息不仅数量有限，而且由于别有用心的信息的存在，所掌握的信息质量并不高，加上部分民众受教育水平低，信息处理能力偏低，很容易肤浅化、情绪化地认知信息，使自我的主观判断常常偏离正常的理性的轨道。为数众多的民众处理利用信息的能力相对偏低，这也是民间舆论场非均衡性的一个表现。

这种信息的不均衡性可能对正常的舆论形成产生压力与冲击，当民间舆论场的不均衡性达到一个限度时，极可能歪曲、扭曲正常的理性的舆论生成，使得生成的舆论与实际严重脱节，谣言与谬误演变成了舆论。笔者在调研中发现，和田有受访者反映，不清楚到底发生了什么，有人说是飞机上有人打架。可见在新疆反劫机事件上，民间舆论场的这一非均衡性再一次表现出来，境外媒体舆论场对新疆反劫机事件的歪曲报道是扭曲新疆和田民间舆论场的一个重要因素。要克服民间舆论场非均衡性带来的问题，应当保持民间舆论场的活力与开放性，让更多的信息进入，特别是政府部门的权威性信息要及时进入民间舆论场，充分与民间舆论场互动，从而推动民众理性意见的整合与形成。

（二）心理场

新疆少数民族聚居区的心理场的构成是多元的、动态的。文化是人心理取向的反映，特别是道德、伦理、宗教、价值观等人文方面的知识更集中地体现了人们的心理认知。广义上的心理场包含人与物理世界、自然世界的心理认知关系，如环保理念的认知、资源开发与保护的认知。新疆多元民族文化并存，多宗教信仰并存，各民族民众的心理场存在较大的差异，笔者在南疆曾听说过不少少数民族学生强调“这是我们的民族文化”。新疆各民族在饮食、居住、语言、婚俗、服装等方面均存在明显的差异，上述每一方面均可能形成不同的心理场，用一种心理场去强力改变另一种心理场，会带来心理的不适应感，甚至产生反感。可见，多种心理场既要相互开放，相互交换信息与能量，促进彼此交流与融合，也要相互尊重彼此的独立性与个性，尊重心理场的差异性。

在新疆反劫机事件上，笔者发现部分和田地区的少数民族民众不愿意谈论此事，甚至用“很害怕”“这是政治问题，不愿谈论”来拒绝笔者的访谈。笔者曾对此大惑不解，咨询了一位学者，该学者认为这是心理预防机制在起作用。笔者循着这一思路思考新疆反劫机事件的心理舆论场。部分少数民族群众对此事件不愿意表达意见是有着特定的心理动因的，害怕表达意见后遭到报复。民族归属意识是少数民族群众心理场的重要组成部分，也是少数民族群众表达意见时重点考虑的因素。在反劫机事件上，和田少数民族群众若同情劫机者，并表达这样的言论，将承受由此带来的想象的不安全感，因为政府对劫机事件的定性是严重暴力恐怖活动。加上境外一些媒体歪曲了劫机事件，诬蔑政府会借此事件进行镇压，此类混淆是非的报道在某种程度上可能会给部分少数民族民众带来想象的心理压力。可见在劫机事件上，心理场与境外舆论场交互影响。部分和田少数民族群众否定劫机者的行为，这是需要心理勇气的，毕竟劫机者与自己有相同的民族身份，周围的人很可能会以此来嘲讽甚至报复持此类看法的少数民族群众，视其为“背叛”者。而一旦被贴上这一标签，其很有可能被周围的社会关系抛弃，甚至受到限制人身自由的惩罚。

部分新疆少数民族民众认为劫机事件是一件政治事件，所以不敢谈论，不愿谈论，怕受牵连。劫机者透露欲劫机离境进行“圣战”，政府将此事定性为严重暴力恐怖活动，因此，在一定意义上劫机事件是政治事件。但仅就劫机事件而言，不敢谈论此事的心理认知应是不正常的，不敢发表意见可能是怕受牵连，而这种恐惧感是心理想象性的，党和政府仅就事论事地处理此事，绝对不会进行扩大化打击。笔者注意到某些境外别有用心的媒体煽风点火，诬蔑政府会扩大化打击。由于“三股势力”意识形态的渗透，境外反华言论的侵蚀，新疆部分少数民族群众的心理认知受到负面信息的影响，带有先天性的片面化、扩大化、负面化的心理认知倾向，这对科学理性的心理场产生了严重的负面冲击。

笔者在调研中发现部分少数民族民众忙于生产生活无心讨论劫机事件，有的民众说忙于田里的农活，大家无心聊劫机事件，有的民众说家里忙着建房子没有时间也没有心思与家人邻居聊此事。可见，经济生产是影响新疆少数民族聚居区心理场的重要因素。

（三）国内媒体舆论场

新疆反劫机事件发生后，国内媒体给予了迅速的报道。当天中央电视台便予以报道，以消息的形式将事件的简短信息传播出去，国内各大网站也给予了报道。笔者在调研中发现不少少数民族民众是通过手机新闻得知这一消息的，手机作为一种便携式的个人化的媒体，突破了时间与空间对媒体使用的制约，可以随时随地实现点对点的个性化的信息传播，会使用者摆脱对必须在特定空间使用媒体的依赖。因此，在偏远的牧场与山区，不少新疆民众是通过手机短信新闻来获知这一事件信息的。有的民众是上腾讯网，被弹出的QQ新闻吸引而得知的。国内各种媒体均对该事件进行了报道，但传统媒体舆论场与新兴媒体舆论场就新疆反劫机事件的呈现有所差异。传统媒体在前期是重点报道该事件的发生，中期是报道事件的过程与性质，后期是报道对有关人员的奖励；新兴媒体由于评论、论坛等供网民发表自我意见的渠道的存在，网民在新兴媒体上呈现的意见数量非常多，观点集中且呈动态变化，后期就奖励发表的看法呈现多元分散性。国内媒体也把批判境外媒体歪曲报道此事作为一项重要内容，批评境外媒体别有用心地歪曲报道新疆劫机事件。在舆论呈现策略上，新兴媒体的新闻标题有娱乐化、刺激化的倾向，如腾讯新闻在报道新疆反劫机时有这样一条新闻标题“劫机中有人喊，是男人都要上”。

笔者在调研中发现在阿图什的一个村庄，大家主要是通过看电视来获知有关新疆反劫机事件信息的，这是由于村子里没有通互联网，电视是村民主要的大众媒体。村民在从电视上获知有关劫机事件信息后，会与村子里的人在一起闲聊，共同讨论。由于电视不像网络可以及时地在网上发表评论，与其他网友互动，以获取个人判断与认知，因此电视观众在看完新疆劫机事件新闻后，便在现实的人际互动、共同讨论中获得个人认知判断，实现个人与他人意见的互动，满足观众的自我确认心理需求。可见在偏远的农村，电视舆论场与民间舆论场交织在一起，电视舆论场推动了民间舆论场的动态发展。

数字技术、网络技术使得传统媒体与新兴媒体开始走向融合，报网互动、台网互动，传统媒体纷纷利用互联网、手机等新兴媒体信息容量大、互动性强的优势来增强信息传播的强度，扩大信息传播的数量。全媒体传播成为传统媒体组织的发展战略，“通过提供多类型、多方式、多层次、多视角的传播形态，全媒体传播满足了观众读者的个性化细分需求、多元化需求，获得个性、互动、实时、多形态、多层面的信息阅读体验”（解庆锋，2011）。新疆反劫机事件国内舆论场方面，传统媒体舆论场与新兴媒体舆论场积极互动，实施全媒体战略的国内媒体组织积极利用多种信息传播渠道与形态，丰富与深化媒体舆论场，借助传统媒体舆论场发布权威信息，借助互联网等新兴媒体舆论场强化民众讨论、汇聚民众声音，使二者相互促进，共同引导舆论的理性发展。

（四）境外媒体舆论场

信息传播全球化的背景下，境外媒体的新闻信息非常容易通过互联网媒体传播到中国。由于境外部分媒体尤其是西方媒体对中国新疆问题的报道持有偏见，加上“疆独”势力、反华势力在境外的活动，西方媒体对新疆反劫机事件的舆论场呈现出明显的污蔑性与攻击性。法新社在报道新疆反劫机事件时，突出劫机分子的民族特征，一篇短消息中三次明确提出民族身份，认为这是民族间的矛盾，诋毁中国政府的新疆政策。可见法新社对新疆反劫机事件的新闻报道是别有用心的，通过劫机消息的报道，把重点扯到“民族矛盾”“中国政府对新疆镇压”等谎言与谣言之上，无端制造是非，借劫机消息建构险恶的政治话语，以诋毁中国政府、挑唆新疆民众情绪。国外媒体报道了“世维会”发言人的言论，“认为是维汉乘客争座位打架，不是劫机”。这一消息对新疆部分民众的认识是有影响的，笔者调研时发现，一位和田受访者说，他根本不知道劫机事件，听说是飞机上打架。可见境外媒体舆论场对国内舆论场产生了冲击。也有国外媒体借“遇暴力劫机，乘客一般不反抗”为由，质疑劫机新闻信息的真实性，诋毁中国政府以此为借口制造事端。

可见就新疆反劫机事件而言，境外媒体舆论场通过制造不良政治话语抹黑中国政府，以达到制造民族矛盾、挑拨新疆动乱的险恶用心。因此，境外媒体舆论场对国内舆论场产生了较大的负面冲击。面对境外媒体对新疆反劫机事件的不良用心，我国大众传媒应积极通过新闻报道澄清事实，反击西方媒体的谣言与流言。我国网民积极在互联网上批驳“世维会”、法新社的言论，揭示部分境外媒体报道新疆反劫机事件时的险恶用心，增强了网民对境外部分媒体负面信息的免疫力。

W. 麦奎尔提出了信息预防接种理论，认为受众通过接触对其基本信仰攻击的信息可以更好地维护原有信仰，对负面信息产生了观念上的免疫力。美国学者霍夫兰通过实验证明“两面提示”与“一面提示”比较起来，“两面提示”说服效果较好。拉姆斯丁和贾尼斯对霍夫兰的实验进行了延伸，增加了“反宣传”测验，结果表明，接受“两面提示”的实验者对反宣传具有较高的抗拒力。上述实验结果证明了信息预防接种理论的科学性。我国民众要增强对西方媒体信息的抗拒力与分辨力，不妨适当接触少量的西方媒体的负面信息。我国国内媒体要教导民众正确认识西方媒体的这些负面信息，当在观念中对西方负面信息产生出免疫能力，西方媒体后续的信息报道产生的负面效果要小很多。可见对境外媒体舆论场不能一概封杀，而要适量接触。我国国内媒体舆论场要正确引介西方媒体信息，以增强我国民间舆论场对境外舆论场的信息免疫能力。

结　语

舆论场影响着舆论的生成与传播，舆论引导者应认真把握舆论场生态以提高舆论引导效果。新疆反劫机事件的舆论场展现了新疆少数民族聚居区舆论场的复杂生态，舆论引导者应高度重视民间舆论场，数量众多的民众的意见最终决定着舆论的性质；积极推动政府舆论场、国内媒体舆论场、民众舆论场三者的有机互动与良性整合，达到三者和谐共生的局面。心理场具有惯性，在生产生活方式的转型中难免产生心理不适感，舆论引导者应关注新疆各民族民众的心理场，通过大众传媒积极疏导民众的不良情绪、抚慰民众心灵，确保心理场安全，避免心理场剧烈变动对社会稳定产生压力；对境外舆论场要提高警惕，但也不能一味封杀，毕竟适度的负面信息有助于受众增强信息免疫能力，在某种程度上增强意识形态的安全性。

参考文献

[1] 法新社. 新疆 6 名歹徒劫机被制服［N］. 参考消息，2012，6，30，(08).
[2] 刘建明，纪忠慧，王莉丽. 舆论学概论［M］. 北京：中国传媒大学出版社，2009.
[3] 熊聪茹. 少数民族地区的公共舆论特征［J］. 当代传播，2001（6）：44.
[4] 解庆锋. 新时期全媒体时代典型人物报道的特点［J］. 新疆艺术学院学报，2011（1）：85.

新形势下提升中印关系的战略思考

四川大学南亚研究所[①]

中印关系兼具大国间关系、周边国家关系、发展中国家关系、多边机制合作伙伴等多重特征，具有战略重要性。以 2014 年 5 月莫迪当选印度新总理为标志，中印关系进入了新的历史时期。中印关系将何去何从，备受两国乃至世界关注。虽然印度的政策连续性较强，但莫迪的当选，连同其他一系列国际国内态势的变化，给中印关系注入了新的重要变量。因此，必须密切跟踪形势，厘清思路，提前谋划，争取驾驭中印关系的主动性。

一、中印关系面临的新机遇

联系当下国际政治经济形势，契合中印两国政治经济考量，当前中印关系发展面临以下四个新机遇：

其一是中国对中印关系的高度重视。作为世界上发展速度较快的发展中大国，印度一直被中国视为经贸和安全范畴的重要邻国。无论是西藏边境道路的规划、建设，还是那曲物流中心背后宏大的边贸蓝图，抑或是亚东边贸口岸的开放，都是中国加强两国间经贸和社会联系的努力。虽然是一边热的格局，但至少指出了方向。同时，由中国发起和主导的孟中印缅经济走廊和海上丝绸之路经济带建设，以及中巴经济走廊和新丝绸之路经济带建设，都需要得到印度的积极回应并发挥积极作用。7 月 14 日，出席金砖国家领导人第六次会晤的中印两国领导人的密切交流，表明了对彼此关系的高度重视。

其二是进入新的经济增长阶段的中印两国有深度合作的必要。虽然没有对印度的经济带来致命影响，但下滑近一半的经济增长率，以及高通胀和财政贸易双赤字等一系列问题无疑是有“印度改革之父”之称的莫迪当选的根本原因，折射出了印度社会主流对重振经济的强烈渴求。与之相对应的，是保持迅猛势头，各方面实力都在增强的中国。加之拉动力有限的发达国家与包括中印在内的新兴发展中国家经济竞争的加剧，印度的发展无法避开中国因素的影响，与中国开展合作并搭上顺风车是莫迪的理性选择。对处在重新调整、深化改革、恢复增长紧要关头的印度来说，莫迪将经济发展作为重中之重，经济实用主义势必更多地影响中印关系的发

① 参加本文撰写的有四川大学南亚研究所的李涛、张力、杨文、张立、戴永红、曾祥裕、陈小萍。

展。曾任印度财务部长和古吉拉特邦首席部长的莫迪对中国模式和中国资本并不陌生，其呼吁全球投资者进入印度和中国工业园的蓝图透露出些许新气象。

其三是地区安全形势的变化凸显了中印合作的必要性。全球地缘政治环境恶化，大国博弈加剧，第三国选边站队的复杂性加大，接连不断的政治事件和时有发生的政治、经济制裁的背后，是新兴国家的崛起和对既有利益格局的威胁，"巧实力"就是美国不甘心霸权利益可能丧失的反扑和遏制。中国已几乎成了美国的主要防范对象。如果要实现全面崛起，印度也不能独善其身。无论是在美军作战部队撤离后的阿富汗，还是印巴关系，以及大国力量介入的尼泊尔局势，印度都需要中国的合作。同时，中国也在上述问题上需要印度的支持，并在东海、南海等问题上需要印度的默契。

其四是多边合作机制成为中印合作的新动力。如今，双边和多边合作机制已成为应对贸易壁垒的工具，并日益成为新的贸易保护主义。因此，印度需要与中国的合作，需要孟中印缅经济走廊和海上丝绸之路经济带，需要中巴经济走廊和新丝绸之路经济带。此外，印度在获取联合国安理会常任理事国资格、加入上海合作组织、深化在亚太经合组织的参与等方面，均需得到中国的支持。而中国在人权问题、气候变化谈判等问题上也需要印度的协助。近期金砖国家开发银行和应急储备库的正式成立就是中印两国在多边合作机制中战略合作的典型实例，可以说"中印不合作，则金砖无动力"。

长期以来，印度继承了尼赫鲁与英迪拉·甘地父女制定的对华政策或对华战略，其实质与基本特性"主要是基于安全考虑而非经济的考虑"。随着莫迪经济实用主义的登场，以及中印相对差距拉大，通过加深与中国经济联系来带动自身发展已成为印度难以抗拒的一种诱惑。同时，亲人民党政府的印度知识界主流也出现了不主张中印之间由于边界纠纷而无止境地采取"军事对策"的动向。中国不遗余力的善意释放和内敛而又到位的力量展示，也将可能在一定程度上影响印度对华政策的新设计和新调整。莫迪有着更大的动力和压力来响应中方的倡议，推动中印经济的更深融合。中国的主动、友好和坦诚将有可能赢得中印在更多战略项目上的互利合作。

二、当前中印关系存在的问题

除了众所周知的领土纠纷和"西藏问题"（这也是中印间战略不信任的最大根源），在积极推进中印关系的道路上，双方还面临以下六个较突出的问题。

第一，印度的经贸环境和态度不利于中国商品和资本的进入。近两年来，中印间贸易额停滞不前，两国间相互投资也处于很低的水平。中国在印度的投资仅占印度外来总投资的0.2%，印度在中国的投资仅占外来投资的0.05%。虽然这其中有世界经济危机的影响，以及印度根深蒂固的保护主义的因素，但印度对中国投资的设防起了根本性的作用。

第二，中印贸易失衡。中印贸易发展迅速，从2000年的29亿美元迅速发展到2013年的650亿美元，但印方的逆差在2013年达到314亿美元，引起印方的不满。其实，中印间商品互补性弱，中国的各种工业品在印度有着极强的竞争力，是印度的第一大贸易伙伴。而印度对中国出口产品的一半以上都是矿产品和农产品，印度不得不通过限购清单和高额关税加以应对。

第三，互信不足。除了领土纠纷和“西藏问题”外，印度对中巴友好关系防范心理很重，将其视为对印的“威胁”与“围堵”；将中国与印度周边国家的港口建设合作渲染为包围印度的“珍珠链”。加之中国相对于印度的全面优势和1962年战争的痛苦记忆，印度对中国有着强烈的戒心，对加强中印间关系较为忌惮，并以收留“流亡藏人”和对东海和南海问题的强烈兴趣作为回应。

第四，潜在的水资源争端。印度的布拉马普特拉河起源于中国的青藏高原。印度旱涝两季分明，对水资源极为敏感，并有着同巴基斯坦、孟加拉国和尼泊尔间持续不断的水资源纠纷。因此，印度对中国在雅鲁藏布江的水利开发活动疑心很重，对中国相关电站项目反应强烈。虽经中国解释并采取了提供水文资料等措施，印方仍顾虑颇深。

第五，双边社会交往严重滞后，民意基础不够牢实。尽管中印是世界上人口较多的两个国家，且高层交往频繁，但民间往来却严重滞后。印度在华留学生仅3万人，中国在印度的留学生则不足1千人。受制于印度的签证政策和其他限制（如印度政府对中国公民前往东部和锡金邦的忌惮），2012年双方只有70万游客互访，其中赴印中国游客不足7万。受此拖累，中印间学术机构交流困难，文化艺术交流也很少。

第六，印度媒体以民粹主义为名的涉华报道。媒体传播塑造或影响社会认知，社会认知反过来绑架媒体导向，继而对政府的相关政策形成压力。不可否认，印度社会中有一股强大的疑华、惧华、排华力量，加之西方反华势力的煽风点火，印度媒体在中印关系中扮演着一个重要的负面角色。除极个别客观公正的媒体报道外，印度媒体涉华报道多为负面，除了迎合本国所谓民粹主义外，追求眼球效应、博取经济利益也是一个重要因素。

三、提升中印战略关系的建议

作为两个毗邻的发展中大国和世界文明古国，中印间关系在很大程度上由于帝国主义埋下的祸根，一直处于一种若即若离的尴尬状态。为发展新时期中印间战略关系，根据以上分析，我们有针对性地提出以下六点提升中印战略关系的建议。

第一，政治层面：搁置争议，求同存异。无论是领土纠纷还是“西藏问题”，都利益攸关，中印双方难以做出根本性的让步，这也是阻碍中印关系发展最为根本的问题。双方应存政治之异，求经济之同。在和平共处五项原则基础上，落实两国签署的系列双边协定和条约以及发表的各项声明的内容，利用现有边界谈判机制保持接触，从大局上管控好分歧，将问题维持在可控范围内，避免战略误判。同时，在加强反恐合作的基础上，充分利用上合组织和南盟两个多边合作机制，在共同打击三股势力的过程中建构政治互信。

第二，经济层面：加大对印度商品的开放和优惠力度，加强中国出口商品印度化。印度的保护主义不是中国所能主导的，但无疑印度正在发现进口替代对国家工业竞争力和经济发展的巨大伤害。中国应进一步加大对印度贸易的优惠力度，尽力解决双边贸易的平衡问题，利用印度对外资开放的契机加强出口商品印度化，以减少印度的贸易逆差。同时，要充分利用亚太经合组织、孟中印缅经济走廊等多边经济合作机制以加强经贸和资本往来，发挥中印战略经济对话机制的作用，正确看待印度在软件和生物工程方面的优势，鼓励其在中国建立相关园区。要以项目制为依托，做到“实施一个，带动一批”，迅速推进中印在经贸领域的合作，推动中印自贸区的谈判，并继续倡议跨喜马拉雅经济区的建设。

第三，社会层面：加强社会交流，挖掘民间力量。在大众政治和自媒体时代，民间力量可通过舆论来影响政府决策，是推动两国关系不断向前发展、保持两国世代友好的决定性力量。中印两国应利用世界文明古国的优势，充分利用文化价值，共同推动亚洲共享文明的建构。通过释放善意、加强交流、减少猜忌，让印度民众更多地了解中国现状和藏区社会经济新发展，使西方反华势力的各种造谣、煽动伎俩及险恶用心不攻自破，以民众互信促进政治互信，改善媒体生态。同时，还需培养 批政治观念强、精通印度文化、外语水平好的高素质专业人才队伍，使之在对印公共外交活动中发挥骨干和主力作用。

第四，媒体层面：加强自我，增加沟通。首先应加强中国媒体建设，提示宣传水平。根据中央全面深化改革领导小组第四次会议审议通过的《关于推动传统媒体和新兴媒体融合发展的指导意见》，着力打造一批形态多样、手段先进、具有竞争力的新型主流媒体，建成几家拥有强大实力和传播力、公信力、影响力的新型媒体集团。同时还要加强同印度媒体的沟通，达到西藏故事、世界表达的目的。

第五，多边合作层面：加强合作，分享多边合作机制红利。中印是国际政治经济新秩序的重要推动者，也是新秩序主要的受益者。面对西方狭隘利己的既得利益者的遏制和拆台，孟中印缅走廊建设、金砖国家组织、东盟区域组织、上合组织、亚信峰会等均为中印提供了多边框架下加强合作的新平台和新机会。中印两国应充分利用各种国际场合和双边、多边合作机制，互谅互让、彼此配合、团结协作，增强两国在多边谈判中的地位和力量，从而在地区和国际事务中发挥更大的影响力，使之成为推进新时期中印战略关系发展的新亮点，成为推动国际政治经济新秩序的巨大动力。

第六，军事层面：加强军事合作，增强军事互信。无论是在印度洋周边国家建设港口、公路铁路，还是建设输油、气管线，都是中国以经济建设为核心努力的一部分，是利己利他的经济行为。出于本身的猜忌和西方反华势力的挑唆，印度认为这是中国封锁它的“珍珠链”。而中国军舰因为互访、护航、训练进入印度洋，被认为是侵入了印度的“后花园”，是“中国威胁”。为此，应扩大中印军事合作范畴，提升规模、扩展深度、增强互通，继续扩大在两国境内联合演习的类别和规模，在太平洋、印度洋开展海上军事、护航和救助演习，增加互信。

逐利和避险是人的本能，也是党派、国家、政权的本能。冲突和对抗一直伴随着互利和合作，这就是矛盾，是前进的动力。每个国家都有自己的政治理论体系，这些都不足为奇，更不值得我们以自己的价值体系去抨击。求同存异，获取最大的长远利益是任何一个集团需要认真考虑的，中印关系也是如此。双方应尽己所能改善现状，争取共赢是我们在新形势与条件下所要考虑的全部。

新时期中印战略关系，无外乎政治和经济两个层面，社会夹在中间。这其中，社会是一个黏合剂，是一层保护膜，是要大力、长期经营的；政治更多以冲突和对抗体现，是中印间关系最大的障碍，是需要存的异；经济合作则是当下最大的利益，是解决社会和政治层面问题的催化剂，需要大力、长期经营，也是新时期中印间战略关系的着力点，这不仅关系中印经济的长远发展，关系国际政治经济新秩序的确立，更关系亚太地区的和平稳定。在莫迪政府经济导向的执政理念和印度“东向政策”背景下，我们应着力经贸领域最大事项，使中印关系增加更多的经济元素，为新形势下中印面向和平与繁荣的战略合作伙伴关系注入正能量。

南方丝绸之路经济带对西部边疆安全的意义

宋志辉①

2013年9月7日，国家主席习近平在哈萨克斯坦纳扎尔巴耶夫大学发表演讲时提出，用创新的合作模式，共同建设丝绸之路经济带，以点带面，从线到片，逐步形成区域大合作。这是中国领导人首次在国际场合公开提出共同建设“丝绸之路经济带”的重大战略构想。10月3日，习近平主席在印度尼西亚国会发表演讲时表示，中国愿同东盟国家共建21世纪海上丝绸之路经济带。在此之前，国务院总理李克强在2013年5月访印期间，首次与印度总理辛格倡导与相关国家共同建设“孟中印缅经济走廊”，从而将孟中印缅区域合作上升到国家层面。早在两千多年前，一条连接中国、孟加拉国、缅甸、印度、巴基斯坦、阿富汗和伊朗等国的古丝绸之路，即南方丝绸之路便已形成并惠及沿线相关国家。包括“孟中印缅经济走廊”在内的南方丝绸之路实际上早就形成了一个经济带，今天的南方丝绸之路所涉及的巨人区域，人口超过35亿，经济发展迅速，是中国南部和西部的战略“后院”。在美国“重返亚太”的形势下，该区域重要的战略意义自不待言。因此，中国有必要与相关国家合作，共同建设一条南方丝绸之路经济带，从而完善包括（北方）丝绸之路经济带、海上丝绸之路经济带和南方丝绸之路经济带的丝绸之路经济带国家大战略。建设南方丝绸之路经济带，通过加强中国与相关国家的经济和文化交流，实现合作共赢的局面，不仅有助于确保我国南部和西部经济发展、社会稳定和边疆安全，而且有助于打通西南部出海通道，实现我国的“西进”战略。南方丝绸之路经济带的建设正好与我国的“西部大开发”战略或“西进”战略相呼应，有利于我国摆脱美国的“重返亚太”战略的遏制和干扰，延长中国的战略发展机遇期，使中国在当前的国际政经大格局中进一步赢得主动权。长远来看，此举将不仅惠及东南亚和南亚地区，而且将不可避免地影响整个世界经济格局的改变。因此，建设南方丝绸之路经济带意义重大。

一、“孟中印缅经济走廊”与南方丝绸之路的关系

孟中印缅地区经济合作的构想早在20世纪90年代就由中国学术界提出并得到

① 宋志辉，男，经济学博士，教育部人文社科重点研究基地、四川大学南亚研究所副研究员，经济学博士，研究生导师，四川南丝绸路文化发展中心副理事长。

印缅孟学术界的积极响应。为促进中南半岛经贸合作的发展，四方学者于 1999 年在昆明举行了第一次孟、中、印、缅地区经济合作论坛（BCIM），共同签署《昆明倡议》。旨在通过各国努力，在平等互利、持续发展、比较优势的原则下加强联系，促进最大可能的经济合作。同时规定，每年召开一次会议。BCIM 合作论坛是一个由"二轨"（即民间层面）发起，旨在推动和促进区域发展的合作机制。经过孟中印缅四方多年来共同的努力，国家间经济合作日益深化，论坛机制发展的共识不断增多，进入了"1.5 轨"，即"一轨主导，多轨并进"的发展过程中，民间和政府共同参与。在 BCIM 合作论坛前期研讨中，孟中印缅地区经济合作区域包括中国云南省、印度东部的比哈尔邦、西孟加拉邦和东北部有关邦以及缅甸和孟加拉全境，区域面积 165 万平方公里，人口 40300 万；后期扩大范围包括 4 个国家的全部，面积 1340 万平方公里，人口近 28 亿。该区域地处东亚、东南亚、南亚 3 大市场的连接地带，区位条件优越，自然资源丰富，生态地位重要，发展潜力巨大。① 为适应发展的需要，在 2011 年 1 月的 BCIM 经济合作论坛第九次会议上，四方一致同意将"孟中印缅地区经济合作论坛"更名为"孟中印缅地区合作论坛"。2013 年 5 月，李克强总理提出的"孟中印缅经济走廊"把孟中印缅之间的合作提高了一个层次，从区域层面提高到国家层面上，使四方合作机制正式步入"一轨"。而早在两千多年前，一条连接中印的经济文化古道就已经存在，并在中印之间，乃至中国与南亚和东南亚之间发挥着重要的桥梁作用。南方丝绸之路，古称"蜀身毒道"，是一条起于现今中国四川成都，经云南进入缅甸，到达印度并最终通往伊朗的通商孔道。南方丝绸之路在国内形成了我国西南及南方地区的巨大交通网络，在国外则与中南半岛、南亚次大陆、中亚、西亚连接成一个更大的世界性交通网络。② 两千多年来，南方丝绸之路为连接中国西部与东南亚、南亚，特别是在促进双方经贸发展和人文交流等方面发挥了巨大作用。北方丝绸之路、海上丝绸之路和南方丝绸之路为世界文明作出了伟大的贡献。南方丝绸之路从四川经云南出境后所经过的南亚、东南亚地区，对于中国国家大战略的实施具有重大现实意义和战略价值。在该地域的东盟各国以及印度、巴基斯坦、阿富汗和伊朗等国家，正是当前以及未来世界政治、经济大战略格局中的关键区域。该区域地理位置非常重要，它连接亚洲、非洲、大洋洲和太平洋、印度洋，是中国的南邻，自古以来就是中国通向世界的必经之地之一。同时，该区域内各种资源丰富，石油、铁矿石、有色金属及木材等资源蕴藏量大；区域内人口基数较大，总人口超过 35 亿，占全球人口的一半。③ 各国现代化需求规模庞大，尤其对基础设施有着巨大的市场需求。同时，由于区域经

---

① 云南网："孟中印缅地区经济合作"，2008 年 11 月 28 日。

② 段渝、刘弘：《论三星堆古蜀文明与南方丝绸之路青铜文化的关系》，《巴蜀文化研究动态》，2010 年第 3 期。

③ The figure is based on the statistics of The United Nations, Department of Economics and Social Affairs: http://esa.un.org/unpd/wpp/unpp/panel_population.htm.

济社会发展总体水平不高，各国间既存在差异又存在互补。因此，通过陆路交通开辟通往印度洋的贸易通道是未来我国必须实施的重要战略。

二、南方丝绸之路为经济带建设创造了条件

南方丝绸之路既是一条商品通道，又是一条文化传播的纽带。它联结中原，沟通中印，不仅为中印经贸发展作出了重大贡献，而且在推动中国与南亚、东南亚国家间的经济、文化交流进程中发挥了重要作用，有力地促进了沿线国家的经济和文化发展，为世界文明的进步和发展作出了巨大贡献。事实上，南方丝绸之路沿线的国家早就形成了一条经济带。

（一）南方丝绸之路曾为中国与南亚、东南亚的经济交流发挥了重要作用

南方丝绸之路具有浓郁的商业性特色，其初期本质上是一条民间商道，它因商而辟，因商而兴，也因商得以流传。秦汉时巴蜀的铁、布，朱提的银，邛都的铜被贩到南中，而南中的筰马、僮则贩到内地；唐代南诏时，在古道上进行的贸易逐渐频繁起来，南诏的河赕（今大理附近）成为重要的交易市场之一，当时印缅输入中国的商品主要有毡、缯布、海贝 、琥珀等，而从中国输出的有丝绸、缎匹、金银等；元代开滇以来数百年间，缅北的珠宝、玉器、玛瑙、琥珀成为内地商人争购的商品，因此古道上流通的主要商品便是玉石；明代中国通过古道输往缅甸的最主要的货物为食盐，缅甸输入中国的最大宗商品是棉花；19 世纪中叶，中国最需要的缅货仍是棉花，缅甸最迫切购买的是中国的生丝，通过古道输出的商品有生丝、黄铜、雄黄、鞋子、药材等，输入的商品则是棉花、象牙、燕窝、鹿茸、翠玉、琥珀、宝石、名贵蛇纹石等。各地商品在古道上流通，古道也主要因商贸而存在，成为商品的载体，发挥着其流通商品的功能。两千多年来，南方丝绸之路同西北丝绸之路和海上丝绸之路一样，在中国与南亚、东南亚各国的政治、经济、文化交流中发挥了极其重要的作用，促进了中国与世界各国的联系与发展。① 进入 21 世纪以来，中印经济的崛起为中印关系的发展注入了强劲的动力，特别是随着世界中心由大西洋彼岸逐渐转向亚太地区中国与南亚、东南亚各国的经济交往与合作越来越密切，南方丝绸之路经济带的建设必将给区内各国带来无限商机和活力。

（二）建设南方丝绸之路经济带已具备基本条件

近年来，随着中国的对外开放政策的实施，特别是国家实施西部大开发战略以来，中国与东南亚、南亚国家的经贸合作已经形成规模。中国－东盟自由贸易区于 2010 年 1 月 1 日建成以来，中国－东盟贸易增长迅速，2012 年中国与东盟贸易额达 4000.93 亿美元，其中，中国对东盟出口 2042.72 亿美元，同比增长 20.1%；自东盟进口 1958.21 亿美元，同比增长 1.5%，中方顺差 85 亿美元。中国连续四

① 宋志辉、马春燕：《试析南方丝绸之路在中印关系中的作用》，《南亚研究季刊》，2012 年第 2 期，第 47～49 页

年是东盟的第一大贸易伙伴，东盟为中国的第三大贸易伙伴。在全球经济复苏缓慢的形势下，中国和东盟作为新兴经济体继续加强合作以寻求新的发展，2013年中国-东盟贸易继续保持上升。相关官员表示，到2015年双方贸易额有望达到5000亿美元。随着中国与东盟经贸合作不断深化，越来越多的中国企业到东盟投资，东盟国家也在自贸区框架内给予中国投资企业更多优惠政策，相互投资必然会进一步推动中国与东盟“抱团发展”。与此同时，中国与南亚区域合作联盟（南盟）的经贸合作发展也十分迅速，中国与巴基斯坦自由贸易区于2007年7月1日正式启动，中国与印度自贸区谈判正在取得进展。过去10年来，中国与南盟双边贸易额增长了近13倍，区域合作呈现多层次、多领域态势，相互投资也在逐年增加，区域贸易发展潜力仍然巨大。[①] 针对南亚各国对华贸易的逆差，中国与南盟各国官员、工商界代表正致力于改善贸易不平衡现象。目前，中国正在转变经济发展方式，调整产业结构，积极扩大内需，加快进口，这些发展经济的政策和措施，无疑将给南亚各国带来巨大商机。鉴于南方丝绸之路沿线国家的经济发展及基础设施条件已基本具备，南方丝绸之路经济带的条件也已基本成熟。

（三）南方丝绸之路经济带的发展定位与战略目标

南方丝绸之路经济带的发展应定位在“交通经济带”“成长三角”和“经济增长极”。首先，南方丝绸之路经济带应是一条交通经济带。它以南方丝绸之路交通干线或综合运输通道作为发展主轴，以轴上或其吸引范围内的大中城市为依托，形成相关的产业，特别是二、三产业为主体的带状经济区域。其次，南方丝绸之路经济带应是一个成长三角区，是指由中国、南盟和东盟三大经济体组成的大范围的经济合作形式，它通过区内各国为这一地区提供的特殊政策，充分发挥经济上的互补性和地域上的便利，建立起以产业转移、吸引外资、扩展对外贸易为主的外向型的，包括生产、贸易、旅游、科技、交通运输、能源环保、通讯以及人力资源开发等经济活动在内的综合性经济区。再次，南方丝绸之路经济带应成为亚太地区经济增长极。[②] 根据法国经济学家佩鲁1950年提出的增长极理论，南方丝绸之路经济带界定为：以南方丝绸之路综合交通通道为展开空间，以沿线交通基础设施和中心城市为依托，以域内贸易和生产要素自由流动优化配置为动力，以区域经济一体化安排为手段，充分发挥中国—东盟自由贸易区的便利优势，促成启动中国—南盟自

---

① 柳楚：“共创中国与南盟合作的美好明天”，光明日报转自求是理论网，2011.11.03。http://www.qstheory.cn/gj/zgwj/201111/t20111103_121495.htm。

② 朱显平、邹向阳：《中国—中亚新丝绸之路经济发展带构想》，《东北亚论坛》，2006年9月。http://euroasia.cass.cn/news/405216.htm。

由贸易区谈判，进而促进域内相关国家经济的全方位合作。[①] 中国实施新一轮西部大开发战略，进一步推进区域经济合作，从而建设一条南方丝绸之路经济发展带，已经拥有了基本的先期条件，我国政府制定的《实施西部大开发的若干政策措施》更为合作建设南方丝绸之路经济发展带提供了坚实的政策和法律依据。

南方丝绸之路经济带的战略目标应该是实现中国与南亚、东南亚国家区域经济合作的发展，但不应局限于此，这个首要目标还要和其他目标共同构成一个互相补充、结构完备的、具有可操作性的目标体系。首先是经济增长战略目标。经济带的建设将扩大本地区内的需求，增加供给能力，支持各国的经济增长，进而实现促进投资增长、改善生产要素配置效率、推动产业结构优化升级、合作提升技术创新能力和提高过境运输服务国际竞争能力的目标。交通基础设施支持的运输服务，作为生产过程中的一种要素投入，使商品和人员能在生产和消费中心之间和内部流动；运输的改善通过改变要素成本而改变生产可能性函数，还可以提高流动性，使生产要素能转移到它们可以发挥最大生产效用的地方。因此，交通基础设施对促进经济发展至关重要。其次是地区开发战略目标。推动中国和南亚、东南亚国家内的地区开发是合作建设南方丝绸之路经济发展带的重要目标。鉴于中国—南亚、东南亚地区多变的自然地理环境、单一的产业结构和低水平的城市发展，地区开发首先要选择投资回报率高的产业和次区域，然后再实行产业和空间展开，也就是要实施产业开发和地区开发的倾斜战略。地区经济的发展要求打破国界限制，消除地区内部的分歧和障碍，便利商品、资本和其他生产要素的自由流通，这就要求实施区域经济一体化战略。再次是畅通战略目标。建设跨国经济发展带内涵的畅通战略目标，就是要为所有的人、货物和地区内各国营造畅通、可靠的运输体系。具体应达到改善跨国运输体系的物理条件，减少用户运输成本和运输时间，提高旅行时间准确性和运输安全性等目的。

三、南方丝绸之路经济带对西部边疆安全的重大意义

南方丝绸之路从四川经云南出境后所经过的东南亚、南亚地区，对于中国国家战略具有重大意义和价值。南方丝绸之路沿线国家包括中国、缅甸、孟加拉国、印度、巴基斯坦、阿富汗和伊朗等国。建设南方丝绸之路经济带具有重大的经济意义、安全意义和社会意义。在该地域的东盟各国以及以印度为代表的南亚国家，在国家战略、外交、政治、经济、文化等多方面与中国具有重大关联和交集，是中国国家战略高度重视的热点地区。南方丝绸之路经过的上述国家和地区历史上深受大

---

① 增长极理论最初由法国经济学家佩鲁（Francois Perroux）提出，后来法国经济学家布代维尔（J. B. Boudeville)、美国经济学家弗里德曼（John. Frishman)，瑞典经济学家缪尔达尔（GunnarMyrdal)、美国经济学家赫希曼（A. O. Hischman）分别在不同程度上进一步丰富和发展了这一理论。增长极理论认为：一个国家要实现平衡发展只是一种理想，在现实中是不可能的，经济增长通常是从一个或数个“增长中心”逐渐向其他部门或地区。

中华文化圈和“南方丝绸之路文化圈”的经济、文化影响。这片广大区域的地理位置非常重要，它连接亚洲、非洲、大洋洲和太平洋、印度洋，是中国的南邻，自古以来就是中国通向世界的必经之地之一。同时，该区域内各种资源丰富，石油、铁矿石、有色金属及木材等资源蕴藏量大；区域人口基数较大，均属于发展中国家，该区域经济社会发展总体水平不高，各国间既存在差异又存在互补，是当前以及未来世界政治、经济大战略格局中的关键区域，其国际地缘政治地位十分重要，是突破太平洋封锁链条的重要途径，对中国具有十分重要的战略价值。

（一）建设南方丝绸之路经济带的经济意义

首先，建设南方丝绸之路经济带有利于中印缅孟四国及沿线其他相关国家的经济整合与发展。李克强总理与印度总理提出的建设“孟中印缅经济走廊”，主要涉及相关四国，但不应只局限于四国。中印缅孟四个国家山水相连、幅员辽阔、人口众多，总面积达 1340 万平方公里，人口近 28 亿，占世界总人口的 40%；四国经济规模巨大，国内生产总值达 10 多万亿美元。[①] 重要的是，四国物产丰富，资源能源富集，经济互补性强，合作潜力巨大。国际金融危机以来，中印不仅是亚洲经济的火车头，也是世界经济的重要引擎。缅孟资源丰富，发展潜力可观。但是，该经济走廊所属四个国家都属于发展中国家。而处于该经济走廊的中国西南地区、缅甸北部地区、孟加拉国北部和东部地区及印度东北地区，都是中印缅孟等国家的欠发达地区和贫困地区。长期以来，该经济走廊地带落后的基础设施、动荡的社会环境、麻烦的安全形势等都严重阻碍四个国家之间的商品流动、资金流动和劳动力流动。建成后的孟中印缅经济走廊，由于公路、铁路、通讯、电力等基础设施的改善，社会环境的提升，不仅极大地有利于四国之间的商品流动、资金流动和劳动力流动，而且将极大地降低四国之间商品流动、资金流动和劳动力流动的成本，促进商品、资本和劳动力等在四国之间更加频繁的流动，并在一定程度上将把中国、印度、缅甸和孟加拉国四个国家的经济紧密地联系起来，从而促进四国之间经济合作，因此也在一定程度上促进四国经济一体化进程和四国的经济发展。[②] 因此，建设南方丝绸之路经济带应首先从“孟中印缅经济走廊”着手，通过孟中印缅经济走廊的带动效应，逐步扩大到整个南方丝绸之路沿线国家，从而促进相关国家的联系，增加相互间的贸易和投资，加强人员间交流，最终建成南方丝绸之路经济带。

其次，有利于亚洲地区的经济整合与发展。迄今为止，亚洲地区没有统一的经济组织，区内经济一体化程度相当低，在一定程度上影响了整个亚洲地区的经济发展。在国际金融危机影响持续、发达国家经济复苏乏力、世界经济衰退不断的情况下，亚洲经济一体化显得格外重要。南方丝绸之路经济带地处东亚、东南亚、南亚

---

① 慕永鹏：《建设孟中印缅经济走廊 助力中国南亚合作》，中国经济网，2013 年 05 月 31 日；http://finance.people.com.cn/n/2013/0531/c70846-21689001.html。

② 文富德：“建设孟中印缅经济走廊的重大意义”，《印度洋研究》，2014 年第 1 期。

等三大市场的连接地带，区位条件十分优越。但是，长期以来，该地区各国关系中存在的诸多问题，不仅严重影响了该地区区域经济发展，而且也在相当程度上影响了该地区区域经济一体化进程。建设南方丝绸之路经济带，不仅可直接带动相关国家的经济整合与发展，而且通过海路联系和陆路联系可以辐射到包括印度、孟加拉国、尼泊尔、不丹、巴基斯坦、斯里兰卡、马尔代夫和阿富汗等南亚国家，通过海路联系和陆路联系还可以辐射到包括缅甸、老挝、越南、柬埔寨、泰国、马来西亚、新加坡、文莱、印度尼西亚和菲律宾等在内的整个东南亚地区，甚至通过陆路联系在一定程度上也可能辐射到伊朗、乌兹别克斯坦、土库曼斯坦、吉尔吉斯斯坦和哈萨克斯坦等中亚国家，通过海路联系和陆路联系在一定程度上也可以辐射到中国台湾地区、蒙古、俄罗斯远东地区、朝鲜、韩国甚至日本等东亚和东北亚地区。正如李克强总理所说，探讨建设孟中印缅经济走廊，可加强边境的贸易，形成东亚和南亚的互联互通。[①] 实际上，南方丝绸之路经济带辐射地区幅员更加辽阔，面积超过 2000 万平方公里；人口数量更多，总人口超过 35 亿，占世界人口一半；经济规模更大，经济总量约 20 万亿美元，超过世界经济总量的 1/3。经济带的建成，可以促进广大亚洲地区的商品流动、资金流动和劳动力流动，从而在一定程度上推动亚洲经济的整合与发展。

再次，有利于世界经济的恢复与发展。第二次世界大战后，美国、欧盟国家和日本等西方发达国家，长期作为世界经济火车头，引领着世界经济不断向前发展。但是，20 世纪 80 年代中期以后，日本经济开始走下坡路，陷入失去的 20 年；20 世纪末，国际金融危机和欧洲主权债务危机的爆发，严重打击了美国经济、欧盟国家经济和日本经济。量化宽松的货币政策并没有使美国经济真正实现复苏，美国经济依然起伏不定；而经济规模超过美国的欧盟，由于多个国家主权债务危机持续困扰，地区经济依然处于衰退之中；作为世界第三大经济体的日本经济，在“失去的 20 年”后，近年虽有起色，但却难以扭转没落的颓势。另一方面，近年来，以中国、印度、俄罗斯、巴西等“金砖国家”为代表的新兴经济体，虽然由于受到西方发达国家经济衰退影响而使经济增长速度有所放慢，但是它们的经济增长速度依然大大高于西方发达国家，这些国家正在成为世界经济发展的重要动力。特别是中国经济和印度经济，至今依然保持着大大高于西方发达国家的经济增长速度，已经成为世界经济发展的重要引擎。南方丝绸之路经济带及其辐射区不仅包括中国、印度乃至俄罗斯等“金砖国家”，而且还包括印度尼西亚、马来西亚、泰国、越南、巴基斯坦、孟加拉国、哈萨克斯坦、塔吉克斯坦等诸多新兴经济体国家。这些国家的经济增长率都远远高于西方发达国家。在西方发达国家经济普遍衰退的情况下，亚洲地区正在成为世界经济发展的重要动力。因此，南方丝绸之路经济带建设在推动

① 李克强：“中印都不会做损人不利己的事”，凤凰卫视，2013 年 05 月 20 日 16：05；http://news.ifeng.com/mainland/special/likeqiangchufang/content－3/detail _ 2013 _ 05/20/25505820 _ 0. shtml

亚洲经济整合与发展的同时，也将有利于世界经济的恢复和发展，并为世界经济进一步发展作出重要贡献。①

（二）建设南方丝绸之路经济带的安全意义

长期以来，中国西部和西南边疆一直面临较为严峻的安全形势。南方丝绸之路经济带所在区域存在着严重的社会民族问题和毒品走私问题。在印度东北地区，民族独立倾向一直非常严重，而在缅甸东部、北部和东北部地区，不仅民族问题严重，毒品问题也泛滥不止。落后的经济和严重的社会民族问题，不仅容易引发某些非传统安全问题，而且还会使这些问题更加复杂。在这些国家的一些地区，甚至长期存在反政府武装。他们不仅经常袭击地方政府，而且还不时出击，袭击政府警察，甚至袭击政府军，从而使反政府武装成为该地区有关国家极为严重的安全问题。同时，由于该地区紧邻毒品生产的金三角地带，金三角地带的毒品也可能通过该地区，走私到该地区及其他国家和地区，从而影响该地区有关国家的安全。在缅甸，民族武装问题往往还与毒品走私问题结合在一起，从而使该地区的非传统安全问题更为复杂，也更加严重。鉴于此，建设南方丝绸之路经济带，通过整合当地经济资源，可以有力地促进相关地区和相关国家的经济发展，有效地推动该地区相关国家社会民族问题的解决，从而也有助于缓解该地区长期存在的安全问题。

由于各国的政治制度有所不同，相互之间也存在一些历史问题、政治问题甚至安全问题。进入21世纪以来，随着经济全球化的进程不断加速，世界各国的经济全球化程度不断加深，在推动世界各国之间的经济联系日益紧密的同时，也促使世界各国之间的政治安全关系逐渐缓和。因此，通过建设南方丝绸之路经济带，可以在促进相关国家之间经济合作，密切相关国家之间经济关系的同时，还在一定程度上可增强相关国家之间的政治信任，并在一定程度上缓解相关国家之间的政治问题甚至安全问题。例如，为了保证经济合作顺利进行，相关国家就有可能加强水资源合作、社会治安合作，甚至加强缉毒合作、反恐合作等，从而缓解相关国家的安全问题。

（三）建设南方丝绸之路经济带的社会意义

中国西南地区、印度东北部、缅甸北部地区和孟加拉国、巴基斯坦、阿富汗和伊朗等构成了南方丝绸之路经济带的核心区域。但是，该地区不仅地形复杂、地理条件恶劣，而且在地理上离相关国家的政治经济中心都较远，长期以来，该区域经济发展水平低下，造成诸多社会问题，如教育设施落后、医疗条件极差、就业率低下，等等。更为重要的是，该区域内的各国互为邻国，各国间的跨境民族较多。如中缅边境、印缅边境、印孟边境、缅孟边境各居住着同一民族群体，巴基斯坦与阿富汗边境地区的普什图族群体和塔利班因素等。这在一定程度上影响了这些民族之间的相互往来。同时，由于该地区地处各国边疆，多为山区和丘陵地带，交通运输

① 文富德：《建设孟中印缅经济走廊的重大意义》，《印度洋研究》，2014年第1期。

和现代通讯等基础设施严重匮乏，经济发展水平低下，为世界上最贫困的地区之一。正因如此，区内各国都或多或少地存在各种各样的民族问题。如印度东北地区主要包括阿萨姆邦、曼尼普尔邦、那加兰邦、特里普拉邦和梅加拉亚邦等。该地区民族较多，为印度最贫困的地区之一，民族问题非常复杂。与印度东北地区一样，缅甸北部地区不仅民族较多，而且也是缅甸最贫困的地区之一。为了生存，该地区人民曾经利用当地有利的自然条件，大量种植鸦片，并使该地区成为世界闻名的毒品“金三角”。同时，该地区民族问题也异常复杂，反政府武装斗争持续不断。长期存在的民族问题和持续泛滥的毒品问题，严重影响着该地区的社会稳定。在世界经济日益开放和全球化进程不断深化的今天，这些地区长期存在的封闭状况严重影响其社会经济发展，进一步拉大该地区与其他地区的经济差距。此外，区域内的其他地区，如巴基斯坦部落区、阿富汗和伊朗等国边远地区也面临着类似的问题。因此，加速经济发展，尽可能摆脱贫困，提高人民的生活水平，是区内相关各国面临的首要任务。实际上，随着经济全球化进程逐渐加快和区域集团化趋势日益强化，该地区各国，首先是中印缅孟四国已经意识到，加强四国之间的经济合作，是本国社会经济发展的迫切需要。孟加拉国非常希望成为中国与印度之间的桥梁和纽带，缅甸也希望在南亚和东南亚之间发挥桥梁和通道作用，甚至希望作为中国西南的出海通道。中国则希望云南成为中国连接东南亚和南亚的国际大通道，成为中国走向南亚和东南亚的桥头堡。印度也认为它是东南亚、中国通往欧洲、非洲的陆路和海路大通道。各国间通过经济合作，可以有效地开发和利用本国丰富的自然资源和人力资源，加速本国经济发展，使本国人民尽快摆脱贫困。该地区经济发展了，人民收入增加了，贫困问题消除了，人民生活改善了，与其他地区的经济差距也将逐渐缩小，长期存在的各类社会问题和毒品问题也将逐渐减少，从而从根本上逐渐解决这些地区长期存在的各类社会问题、民族问题和毒品问题。

中印边界东段领土争端的国际法分析[①]

杨翠柏　欧阳日东[②]

中国和印度是两个毗邻的文明古国，有着悠久的睦邻友好传统，19世纪以前，两国政府和人民在东段边境地区以喜马拉雅山南麓为界长期相安无事，传统习惯线沿承久远。但是，从英国殖民统治下独立的印度，继承了殖民主义的衣钵，奉行地区扩张主义，向所有接壤的国家都提出了领土要求。向北，印度一方面干涉我国西藏地方事务，另一方面抱着非法的历史条约和随意炮制的“麦克马洪线”不放，在中印边界东段地区侵占了我国9万平方公里的领土，形成了中印东段边境冲突的现状。印度对该地区的领土主张在国际法上不能成立，其对该地区的占领属于非法占领，是对中国领土的侵占；印度提出的“麦克马洪线”及其所谓印度主张线都是没有法律效力的；解决中印边界东段领土争端的最终形式是将该地区双方唯一合法的边界线即传统习惯边界线通过法律文件的形式固定下来。

一、中印边界东段领土争端引论

中印实际控制线（基本上与非法的“麦克马洪线”一致）西起不丹边境的5320高地，向东延伸至底富山口，长约1100公里，与中印传统习惯边界线之间形成9万多平方公里的印度非法控制区。

1959年11月7日，周恩来总理在给尼赫鲁的信中提出了当时存在于双方之间的实际控制线。1960年4月，周恩来总理在印度与尼赫鲁会谈，根据双方会谈情况，尊重客观事实和双方立场，提出的六个共同点中第二点也指出：“在两国之间存在着一条各自管辖所及的实际控制线。尽管双方对实际控制线的形成抱有不同的看法，但双方对目前控制线的位置并无明显的出入。”

1962年6月，印度派兵侵占克节朗河谷地区，先后建立了十几个入侵据点。1962年10月12日，印度总理尼赫鲁下令，要把守卫在中国领土上的中国军队“清除掉”。10月20日，印度军队全线向我发动了大规模的军事进攻。我军被迫于10月20日进行了自卫反击，清除了印军的前沿据点，直达门隅南端的查库，珞瑜

① 本文为作者2014年8月23日参加由中国西部边疆安全与发展协同创新中心主办的“西部边疆安全战略研讨会”时提交的会议论文。

② 杨翠柏，男，四川大学法学院教授；欧阳日东，男，四川大学国际政策与法律研究中心，法律硕士。

地区的里米金、都登，下察隅地区的金古底、萨木维尔等地。

1962年10月24日，在中印边境冲突发生后，为了重开和平谈判，中国政府提出的解决中印边界问题三项建议第一条指出："中印边界问题，双方确认必须通过和平谈判解决。在和平解决前，双方尊重在整个边界上存在于双方之间的实际控制线，双方武装部队从这条线各自后撤20公里，脱离接触。"同年11月21日，我国政府再次发表声明：中国边防部队主动停火；从1962年12月1日起将部队从1959年11月7日存在于中印双方之间的实际控制线主动后撤20公里。我军撤回后，印军卷土重来，至1963年又重新占领了1959年11月7日双方实际控制线以南全部地区和该线以北的兼则马尼。实际上，除兼则马尼外，印军还控制了"麦克马洪线"以北的克节朗、朗久等地。

中国政府为和平解决双方之间的边界争议问题而提出的实际控制线的概念，直到1993年之前，一直没有被印度当局所接受。根据中印两国政府1993年签订的协定，在两国边界问题最终解决之前，双方应严格尊重和遵守两国之间的实际控制线，双方的一切活动不得超过实际控制线。

二、中国拥有中印边界东段"争议"领土的法律依据

先占制度是从罗马法中关于私有财产的先占制度演变而来。一些著名的国际法学者认为先占制度是"唯一自然而原始的取得领土的方式"①。先占的对象只能是无主地，对于无主地，国家可以通过有效的占领而成为国家领土的一部分。1493年5月4日，教皇亚历山大六世发布敕令，将新发现的土地分给西班牙和葡萄牙，从而使发现成为领土取得的要件。但是，到18世纪，由于欧洲国家争夺殖民地的斗争非常激烈，仅仅发现已经不能构成领土取得要件，还必须是有效占领。有效占领的构成要件有主观因素和客观因素。所谓主观因素是指占有者要有取得的意思；客观因素是指占有者要有占有行为的存在。1931年1月28日意大利国王对法国与墨西哥关于克里普特岛事件的仲裁裁决，以及1933年4月5日常设国际法院对丹麦和挪威关于东格陵兰法律地位案件的判决均承认有效占领为非国家领土的取得要件。

所谓有效占领，是指一国有将非国家领土置于本国管辖的意思表示，这种意思表示可以是以国家发表宣言、宣告声明，或以国内立法、行政措施等其他方式表示对已占领的这块无主土地有永久控制的意思，或已把该区域划入自己国家的版图；以及为在该地区和平行使国家职能采取具体措施，实施占领，也就是说国家在该地区通过立法、司法或行政手段实行有效的占领或控制，如设立居民点、悬挂国旗、建立行政机构等。可见，有效占领要求国家要在占领地区布置能够充分行使国家职

① H. Grotius，Dejurebelliacpacis，Eng. Trans. ，Bk. 11，Chap. 111.，CharlesG. Fenwick，*InternationalLaw*，4[th]Edition，MeredithPublishingCo.，1965，p. 404.

能的军人和警察，具体地实现占领；而且占领者应该是和平行使国家职能。胡伯在1928年关于帕尔马斯岛仲裁中，承认了以上两点。

19世纪末20世纪初两次海牙和平会议、1928年的巴黎非战公约、联合国宪章均要求各国摈弃战争，用和平的方式解决国际争端。在传统国际法中，关于领土的有效取得，还有一项原则，那就是时效原则。时效是指国家占有他国的部分领土，经过长期的和平地行使管理权，从而取得对该领土的主权。所谓“和平地行使管理权”是指在该国占有该领土时，他国并不对此提出抗议和反对，或者停止这种抗议与反对，从而使该国对该领土的占领不再受到干扰。时效原则不能单独使用，必须和其他领土取得方式合并考虑。

中国中央政府对西藏土地的主权取得，至今已有一千多年历史。从元朝以来，无论中国的中央政府如何朝代更替，西藏都在中央政府的有效控制和管辖之下，是中国统一版图不可分割的一部分。

在国际法上，一国政府对其所属领土主权体现在对该地区的行政管理上，包括进行行政区划、设立机构、委派官员、进行管理和征收税费。

中印东段地区传统习惯边界线以北包括门隅、珞瑜、和察隅三地区，历来是中国的领土。元朝统一西藏后，受元、明册封的甲瓦万户管辖至门隅和珞瑜等地区。下察隅一带属西藏贵族敬巴的领地。明末清初，五世达赖统一门隅地区，将门隅划分为三十二个“错”“定”。现在地图上的德让宗、申隔宗、几巴、打陇宗等地名，就是当时的“错”所在地。

早在1680年，西藏地方当局派错那宗官员朗克王和梅惹喇嘛等到门隅行使管辖权。后来，西藏地方当局逐步将这一地区划分为“错”和“定”的若干行政机构，委派官员，进行管理，并在首府达旺建立全区性行政委员会“达旺细哲”和非常设委员会“达旺住哲”，总管全区行政事务。即“达八达错”在达旺西部及西南部地区；“夏尼玛三错”和“硕、绛达错”在达旺河流域；“勒布四错”和“邦钦六定”在南台布流域；“德让宗六错”在章朗河流域；“打扰宗六错”在门隅南部；另外还设有单独行政单位的“错”或“定”。上述（门）达旺全区所辖领土直到与印度固定地接壤处。

珞瑜地区原归西藏波密管辖，1927年西藏地方当局平定波密土王叛乱后，将珞瑜全区划分为五个错，委派了错本等行政官员，归属墨脱宗管辖。珞瑜的巴恰西仁地区位于西洛木河流域，历来由则拉宗所属噶卡宗派人管理。

下察隅地区，西藏地方当局过去将它划为桑昂曲宗的米依区。

西藏地方政府在这片地区建立的行政管理组织一直存在有效的管理。在英国人私自划定非法的“麦克马洪线”以后的若干年，这些组织机构仍在所谓“麦线”以南继续行使职权。1951年被印度占领时，达旺、门隅地区的行政组织还完整地保存着。珞瑜和下察隅的行政组织，在1945年前后还大部分存在。

历史资料记载，十三世达赖按照旧例规定，每隔十二年要到珞瑜等地收租一次。直到1938年，英国人向中国西藏地方政府提出领土要求，当时西藏地方政府对之未予理睬，仍然继续派官员对该地区进行管理和征收税款。

在国际法上，一地居民的贸易习惯，当地居民享受的政府保护和优待等也是认定该地所在国的重要依据。中印边界东段地区的居民分别为门巴族、珞巴族、登族和藏族，这些居民历来只在西藏内部同各地藏民进行贸易往来，同英国向无往来；六世达赖仓央嘉措出生于门隅地区的乌间岭，他的家属历代受有西藏地方政府颁封的诏书，享受保护和优待，这些都充分说明了中印边界东段地区自古是属于中国的。

三、印度侵占我领土的非法性

印度通过其所谓“前进政策”侵占我9万多平方公里的领土后，不断修筑工事，修改其国内地图，修订教科书，在国际上宣称所谓的“先占原则”和“时效原则”，穷其所能，企图将我国领土“合法”据为已有。但是，不要说十三亿中国人民不会答应其非法要求，就是在国际法上，印度的企图也是不能得逞的。

（一）印度主张领土的依据没有法律效力

如前所述，印度主张领土的依据是所谓的“麦克马洪线”，其依据是所谓的《西姆拉条约》，是作为该“条约”的附图提出来的。而所谓的《西姆拉条约》是在得不到中国中央政府代表认可和签字的情况下，由英国政府代表与西藏地方政府代表背着中央政府代表私下签订的。而依据《条约法》的规定，条约是两个或两个以上国际法主体依据国际法确定其相互间权利和义务的一致的意思表示。一个国际条约的签订和生效，至少应当具备这样几个条件：一是条约的主体应当适格；二是的主体应当具有签约能力；三是缔约方必须有一致的意思表示。国与国之间的边界双边条约的主体自然是国家，而西藏地方显然既不是国际法意义上的政府间组织，更不是主权国家，西藏地方没有签订条约的主体资格，西藏地方代表自然不具备签约的能力。由于缔约的双方（中方与英方）并未就条约内容达成一致意见，因此，《西姆拉条约》并不是国际法意义上的条约，也就是说《西姆拉条约》在国际法上是无效的，是没有意义的。

（二）印度通过武力侵占我领土为国际法所禁止

禁止在国际关系中使用武力是现代国际法中武力使用法中的核心内容。《联合国宪章》第2条第4项明确规定：各会员国在其国际关系上不得使用武力或威胁使用武力，或以与联合国宗旨不符之任何其他方法，侵害任何会员国或国家之领土完整或政治独立。独立后的印度抱着一部非法的《西姆拉条约》和一条非法的“麦克马洪线”，向中国政府索要属于中国的领土，并乘中国国内困难、国际关系紧张之机，使用武装入侵的方法，蚕食我领土，不仅其主张在国际法上是不成立的，而且其方法在国际法也是被禁止的。

（三）印度的非法占领不符合国际法上的先占原则

先占是传统国际法获得领土的一种方式，是指国家有意识地取得不在其他任何国家主权下的土地的行为。先占原则在国际法上有一个前提条件，就是先占的对象必须是无主地，即不属于任何国家的土地或被原属国明确抛弃的土地。而"麦克马洪线"以南的 9 万平方公里土地作为西藏的一部分，自 13 世纪以来一直是中国的领土。直到 1938 年，英国人向中国西藏地方政府提出领土要求，当时西藏地方政府对之未予理睬，仍然继续派官员进行管理并征收税款。印度非法侵占我国的这片土地，我国也从未予以认可。

（四）印度的非法占领不适用时效原则

传统国际法中时效取得原则是指由于国家公开地、不受干扰地、长期持续地占有他国领土，从而获得该领土的主权。时效取得的前提是有取得领土的意愿及长时间行使事实上的控制权。还有一个条件就是时效取得必须是善意的，而且其前主权国没有提出抗议。例如，英国与阿根廷在对 Falkland（福克兰，阿方称马尔维纳斯群岛）的主权冲突中就坚持时效取得，而阿根廷则认为它从来没有正式声明放弃领土要求。实际上，时效制度历来争议很大，基本没有适用意义。国际法庭和仲裁庭也从未将时效作为一项单独适用的法律原则。1959 年国际法院对荷兰和比利时边境土地主权（时效）争议案的裁决，否定了荷兰声称自 1843 年以来一直对该两块土地行使主权，可以依时效取得领土的主张。实际上是否定了一国可依时效取得他国领土的主张。所以，可以肯定印度是不可能依时效原则取得中国的这 9 万平方公里领土的。

四、中印东段边界线的国际法分析

（一）中方主张边界线及国际法分析

中方主张中印东段的边界线应当是千百年来双方管辖所及形成的传统习惯边界线，该线以北的 9 万多平方公里土地自古以来就是属于中国的领土。

1. 中印传统习惯边界线是历史形成的

中印边界从未正式划定，按照历史上两国政府行政管辖所及，形成了一条为两国人民所尊重的传统历史习惯边界线，全长 1710 公里。

自 1271 年元世祖忽必烈建立元朝时起，忽必烈就将西藏作为王朝的封地封给了他的第七子奥鲁赤（后来，这块封地为奥鲁赤的后裔所继承），并在西藏派驻军队，由奥鲁赤王子及其后裔率军驻守。自此，西藏结束了以宗教教派为核心的分裂割据状态，成为元朝中央直接管辖下的一个行政区域，归入中国这一大家庭。自元朝统一西藏以来，西藏一直是我国中央政府管辖下的一级地方行政区域。历届中央政府行使行政管辖所及而形成的边界线，为中印两国政府和人民所尊重，是为中印传统习惯边界线。在中印边境东段，沿喜马拉雅山南麓形成的传统习惯边界线是整个中印边界线的组成部分。

2. 中印东段传统习惯边界线的起止位置及走向

本文前面从行政区划、税收征管、居民贸易、六世达赖的出生地等四个方面说明了中印边界东段地区自元朝统一即在中国西藏地方的有效管辖之下，是中国西藏的组成部分。由于中国西藏地方政府与印度当面地方政府历史上行政管辖所及所形成的一条传统习惯边界线，就是中印边境东段的传统习惯边界线。

中印边境东段的这条传统习惯线起自中国、不丹、印度三国交界处（约在北纬26°53′，东经91°30′），往东大体沿喜马拉雅山南麓与布拉马普特拉河平原交接线而行，直到尼杂木哈特附近；从尼杂木哈特起，边界线折向东南进入山区，沿山岭直至与察隅河下游（约在北纬28°04′，东经96°31′）相遇，再沿该河河道而行，在大约北纬27°53′，东经96°54′处离开该河，向东南直至中国、印度、缅甸三国交界处，全长650公里。

3. 中印传统习惯边界线是双方唯一合法的边界线

传统习惯边界也称历史边界，是指在长期的历史过程中，根据相邻国家的行政管辖范围确定的边界。这种边界是通过相邻国家之间相互默示承认形成的。中国与缅甸、尼泊尔、巴基斯坦等国缔结边界条约之前，都是遵循历史上形成的传统习惯边界的。19世纪以前，中印两国之间也是以传统习惯边界相安无事的。

条约边界是以条约划定的边界，相对比较清楚，有利于减少争端，是现在边界划定的一种趋势。在协议划定地形边界时，往往以传统习惯边界为基础，只有在尚未形成具体的传统习惯边界线的情况下，才考虑其他的划界方法。所以传统习惯边界是中印今后以条约划定两国边界的基础。

继承边界是指从原国家领土界限或者原国家国内行政管辖范围继承而来的边界，主要是指新国家的边界。例如殖民地人民独立、国家分裂或合并时，新国家的边界都是继承边界。1991年苏联分裂时，各加盟共和国相继成为独立的国家，它们的边界都是按照原苏联各加盟共和国的行政管辖范围确定的。印度作为从英国殖民统治下独立的国家，其边界应当是继承边界，这是没有问题的。但是，问题却在于当时英国统治下的印度却是以布拉马普特拉河为界，称为内线（即其国界）。而沿喜马拉雅山山麓与阿萨姆平原交界处又划了一条外线（大体和上述传统习惯线一致），规定非经英印政府允许不得越过这条外线，这实际上是对传统习惯线作为中国的国界的肯定。内线和外线之间的区域实际是管辖不明的区域。所以，印度应当继承的边界严格来说是英国人划定的内线，即以布拉马普特拉河为界。当然不是英国人非法炮制的“麦克马洪线”，甚至连我们主张的传统习惯线（英国人沿喜马拉雅山山麓与阿萨姆平原交界处划的一条外线）都不是。

综上所述，英国人炮制的“麦克马洪线”是无效的，双方实际控制线的提出是中印双方和平解决边境争议和边界争端的前提，传统习惯边界线是未来协议划定边界的基础。在双方通过条约，协议划定边界前，中印传统习惯边界线是双方唯一合法的边界线。

（二）印方主张边界线及国际法分析

印度主张中印东段应当以“麦克马洪线”为双方条约边界线，但是，如果完全按“麦克马洪线”来划定双方边界，又不能完全符合印度的利益，所以，印度认为，应当将边界线继续向北推进到印度认为合理的地方为止，这样就将“麦克马洪线”以北的兼则马尼、克节朗、朗久等地都包括进来了，这也就是形成了所谓的“印度主张线”。

1.“麦克马洪线”的起源及位置

中印东段传统习惯线以南是印度的阿萨姆平原，以北直到喜马拉雅山山脊，是历来属于中国西藏地方管辖的门隅、珞瑜、察隅三个地区。这些地区气候温和，森林资源极其丰富，居民分别为门巴族、珞巴族、登族和藏族，这些居民历来只在西藏内部同各地藏民进行贸易往来，同英国向无往来。19世纪初，英国为了巩固其对阿萨姆地方的统治，沿布拉马普特拉河（雅鲁藏布江下游进入印度的河段）划了一条边界线，称为内线，在内线以南的地方，为英印政府管辖的领域；而沿喜马拉雅山山麓与阿萨姆平原交界处又划了一条外线（大体和上述传统习惯线一致），规定非经英印政府允许不得越过这条外线。19世纪后半叶起，英国在阿萨姆邦进行殖民活动的茶园、木材公司的老板等，企图扩大种茶面积，采伐喜马拉雅山南坡的森林，便产生了越过传统习惯线向北渗透的想法。到了20世纪初，英国又出于侵略西藏、对付中国的军事考虑，在清末中国局势混乱之际，从1903年就开始派遣军事人员进入下察隅、下珞瑜活动，但遭到登族和珞巴族等当地居民的反对乃至武力抵抗。1910年，英印总督明托首先提出“向西藏延伸外线”，以解决这些居民问题。1911年9月，新任英印总督哈定进一步提出：“全力以赴在中国与不丹之间划定一条尽可能完善的战略边界。”[①] 1911年冬到1913年，英国看准辛亥革命以后全中国特别是西藏地方持续动荡不稳的局势，乘人之危，先后几次派遣军事人员非法潜入下察隅、珞瑜、门隅以至藏南河谷地带，进行侦察勘测。其中，1913年5月至11月，在西姆拉会议召开前，受麦克马洪直接派遣到上述地区活动的上尉贝利等，进行了多条道路、几个方向的具体踏勘和相应的社会调查，搜集了不少资料，绘制出上述地区比较详细的地图。[②] 在此基础上，贝利等按照英印政府的意向，另行标绘一条基本上沿着喜马拉雅山山脊，从中国、不丹、印度接壤处到中国、印度、缅甸接壤处的东段“中印边界线”，并将标有该线的地图、资料迅速提交给正在参加西姆拉会议的麦克马洪和柏尔等人。该线后来就成为臭名昭著的“麦克马洪线”。借用著名的国际政论家内维尔·马克斯维尔的话说：“麦克马洪线的实质就是把边界向北推进大约六十英里，把边界从战略上暴露的山麓提升到阿萨姆邦的喜马

① 宋黎明：《西姆拉会议召开的历史背景》，《中国藏学》1992年第2期，第32页。转引自王贵等：《西藏历史地位辨》，民族出版社，2003年版，第258页。

② ［英］贝利著，春语译：《无护照西藏之行》，西藏社会科学院资料情报研究所编印，1983年版，转引自王贵等：《西藏历史地位辨》，民族出版社，2003年版，第258页。

拉雅山山顶上。"[①] "麦克马洪线"实际是把属于中国西藏的门隅、珞瑜、下察隅三个地区划出了中国的版图。

2."麦克马洪线"的非法性

"麦克马洪线"的非法性其实是显而易见的，但是英国人却以《西姆拉条约》为由，主张"麦克马洪线"的存在；而印度甚至以在西姆拉会议上中方代表草签的条约草案向中国提出领土要求，这显然是不符合国际法规范要求的。下面以《条约法公约》及条约习惯法规则的规定为依据，从缔约主体、缔约能力和缔约权、自由同意、条约的缔结程序等方面来论证"麦克马洪线"的非法性。

(1) 西藏不是条约法上的缔结主体。

条约法规定：条约在国际法主体间缔结。条约必须是国际法主体之间缔结的，即缔约者必须具有国际法主体资格。任何一方不是国际法主体所签订的协议，都不是条约。而国际法主体是指具有享受国际法上权利和承担国际法上义务能力的国际法律关系参加者，或称国际法律人格者。作为国际法主体必须具备的首要条件就是独立。西藏作为中国的一部分显然不具备这个条件。从国际法主体的范围看，包括三类主体：主权国家、政府间国际组织、某些特定的民族解放组织或民族解放运动。西藏当然不属于前两类主体，也不属于第三类主体。根据国际习惯法规则，某些特定的民族解放组织或民族解放运动，是指在殖民地争取民族独立的过程中，作为其未来民族国家的过渡性实体，参与某些国际关系，从而被国际社会接受为国际法的主体。如1947年独立前的印度，是为英国的殖民地。而西藏却不一样，本文前面在传统习惯线部分已有阐述，西藏自13世纪，从分裂割据状态并入元朝以来，一直是作为中国的一级地方行政区域而存在，得到了历代中央政府的有效治理。在一个主权国家的内部，又何来殖民之说。如果要说殖民，倒是英国对中国西藏的入侵和控制，使封建的中国陷入了半封建半殖民的地步。所以说，西藏也不属于国际法上的第三类主体。也就是说西藏不是国际法上的主体，按照条约法关于缔约主体的要求，自然也就不是条约法上的缔约主体。

(2) 西藏地方政府没有缔约能力，西藏地方代表没有缔约权。

缔约能力又称缔约资格，是指国家和其他国际法主体拥有的合法缔结条约的能力。条约法规定：国家内部的行政单位、地方政府一般不能与外国缔结条约，除非得到国家的授权。上文在"麦克马洪线"部分已经指出，在西姆拉会议期间，中国外交部曾向英国署理公使严正指出：西藏代表不能自由命名，设其代表擅用全权大臣字样，本国政府碍难承认。将来会议终结签字时，西藏代表不能以与中英代表平等的资格同时签字，中国政府不能承认西藏有立约之权。更不用说授权其单方与英国划定国界、出卖土地的权利。所以，在西姆拉会议上西藏地方政府是没有缔约能

① 内维尔·马克斯维尔：《印度对华战争》，三联书店，1971年版，第47页。转引自王贵等：《西藏历史地位辨》民族出版社，2003年版，第265页。

力或缔约资格的。

没有缔约能力的西藏地方政府，其代表就更不可能拥有缔约权了。因为条约法上规定的缔约权是指拥有缔约能力的主体，根据其内部的规则赋予某个机关或个人对外缔结条约的权限。

(3) 西姆拉会议上条约的签约行为违背了自由同意原则。

条约法规定的自由同意是指缔约国自由地同意构成条约有效的基本条件之一。而且《条约法公约》还规定在错误、诈欺和贿赂、强迫下所表示的同意都不能被认为是自由同意，从而可主张条约无效。在西姆拉会议上，中方代表陈贻范于1914年4月27日在《西姆拉条约》草约上的画行（草签），是由于西姆拉会议从一开始就是英方一方把持，对民国政府处处胁迫，当天陈贻范担心会议破裂，不得已而为之，是典型的强迫签约。西藏地方政府代表于1914年3月25日在两份标有“麦克马洪线”作为印藏边界的地图上的签字盖章，1914年4月27日在《西姆拉条约》草约上的草签，以及1914年7月3日在《西姆拉条约》上的“正式签字”，都是在英方首先以武力攻占西藏拉萨的前提下，并且许诺帮助西藏从中国独立出来，帮助西藏对付民国政府，帮助藏军对付川军等威逼利诱下，同时给予达赖和西藏地方代表以贿赂的情况下，西藏地方代表才作出的。这显然不是自由同意，相反是错误的，是诈欺和贿赂，是强迫。事实上，后来发生的事情表明，西藏地方政府自己对“麦克马洪线”也是不承认的。1944年英国派兵侵占下察隅地区的瓦弄和门隅地区的噶拉塘两地后，噶厦的“外交局”于当年8月向英国驻拉萨代表提出交涉，明确指出：“瓦弄与噶拉塘无可争辩地属于西藏领土，西藏政府一直在那里征收赋税，英国占领西藏领土并派官员驻扎的做法，将来恐发生枝节。”关于门隅问题，噶厦“外交局”还说：“英、藏双方的各项条约中，并未载明上述地方给予英国政府，而且当前辈达赖喇嘛在世时丝毫也未提及。……立即请将驻噶拉塘之印度官兵撤退。”①

(4)《西姆拉条约》草约的画行（草签）不符合条约生效程序的要求。

条约的缔结程序是指缔结条约经过的过程和履行的一定手续。条约的缔结程序一般包括：约文的议定、约文的论证和表示同意受条约拘束。其中表示同意受条约拘束是缔约程序中最关键的环节，任何缔约主体只有做出同意受某一条约拘束的表示，才能成为条约的当事方。其采用的方式主要有签署、批准、加入和接受。其中签署是指有权签署的人将其姓名签于条约约文之下。签署首先具有对约文论证的作用，是约文论证的一种方式。只有在下列情况下才表示同意受条约约束：①该条约规定签署有这种效果；②各谈判国约定签署有这种效果；③该国在其代表的全权证书中或在谈判过程中表示该国赋予签署这种效果。此外，在以上三种情况下，待核

① 杨公素：《中国反对外国侵略干涉西藏地方斗争史》，中国藏学出版社，1992年版，第224～225页。转引自王贵等：《西藏历史地位辨》，民族出版社，2003年版，第341页。

准的签署经其本国核准确认后也表示该国同意受条约的约束。而草签（画行）则不一样。草签是由谈判代表将其姓氏或姓名的首字母签于条约约文下面，表示该约文不再更改。草签通常用于在约文议定后须经过一段时间才举行条约签署的情况。可见，在西姆拉会议上，中方代表陈贻范于 1914 年 4 月 27 日在《西姆拉条约》草约上的画行（草签），只是对条约约文的论证，而不是表示同意受条约拘束的签署。更何况陈贻范画行前已有声明："画行与签押，当截然为两事。""如政府不认，尚可作废。"同年 5 月 1 日，民国政府也曾照会英国驻华公使馆：陈贻范没有政府训令，其草签纯属个人行为，已声明无效。1959 年 3 月 17 日，印度总理尼赫鲁在给中国政府总理周恩来的信中正式向中国政府提出大片领土要求，其依据正是这样一份没有法律效力的草签条约和一份同样没有法律效力的地图草案。

综上所述，结论是显而易见的：一是中方草签的《西姆拉条约》草约，基于条约的缔结程序中缺少表示同意受条约约束这一关键环节，而不产生效力；二是基于受英方强迫缺乏自由表示同意这一构成条约有效的基本条件，而自始无效；三是西藏地方政府代表单方面同英方签署的标绘有"麦克马洪线"的地图和《西姆拉条约》，由于西藏地方政府不是国际法上的主体，因而不是缔结条约的主体，不具有缔约能力，其代表没有缔约权；四是由于西藏地方当时正处于英国的武力控制之下，受英国"以土地换独立"的利诱和胁迫等而不能成为条约法上的条约，没有法律效力。所以，"麦克马洪线"自然也就是非法的。由于"麦克马洪线"的非法性，自然决定了所谓"印度主张线"的非法性。

区域分异中的贫困家庭代际传递实证研究

李蔓莉[①]

一、研究背景

国际社会对动态贫困、慢性贫困的关注，促使了贫困家庭代际传递（Intergenerational Transmission of Poverty，简称 ITP）的研究热潮。传统贫困研究多为静态模式，但不断变动的贫困家庭要求对贫困进行动态研究，即动态贫困（Poverty Dynamics）研究。在贫困动态性的理论预设之下，最基本的研究分类是长期性贫困（Chronic Poverty）和暂时性贫困（Transient Poverty）。世界银行对长期性贫困的定义是，某些人群长期处于贫困状态，且至少持续 5 年以上，虽经扶助也难以脱贫的状态；暂时性贫困则是指某些人群贫困状态持续不超过 5 年，经过救助或帮扶可以脱贫的现象。从贫困的深度和广度而言，针对长期性贫困的扶贫任务更加严峻艰深，据“国际持续性贫困研究中心”（CPRC）的统计，全球有高达 420 万人处于的长期性贫困中，联合国千年发展目标（MDGs）也将消除长期性贫困作为主要目标之一。

扶贫的前提是界定贫困对象和贫困事实，国内学术界一直致力于研究我国暂时性贫困和长期性贫困存在现状，并通过数据实证两者发生比例和程度，以期对国家扶贫政策提供更具针对性的意见。但中国贫困异质性和区域性较强，对该问题的讨论已持续数年，至今仍未盖棺定论。许多学者倾向于折中地认为在中国长期性贫困与暂时性贫困同时存在：一方面，虽然中国农村暂时性贫困状态更多，但脱离贫困与进入贫困的状态并存，且脱贫家庭并不具有较强的维持能力（张立冬，2009）；或认为慢性贫困的比例更大，慢性贫困所占的比例随着时间的推移呈现微弱的上升趋势（章元，2012）。他们一致认为与暂时性贫困相比，长期性贫困的消除难度更大。

对长期性贫困研究的理论积累带动了贫困代际传递的研究发展，并逐渐与相关领域进行理论对接，以微观的家庭模型推演宏观动态贫困的成因。该研究最早可以追溯到美国社会学家布劳和邓肯对家庭社会地位的代际传递研究，他们还建立了著名的“布劳-邓肯模型”，形成了个人社会经济地位获得的两个核心自变量——先赋因素和自致因素（Blau&Duncan，1967）。同时在“经济学帝国主义”对社会科

① 李曼莉（1991—），女，重庆人，四川大学公共管理学院社会学系硕士研究生。

学的侵入之下，英国经济学家贝克尔拓展了经济学对家庭代际传递的解释力。他假设每个人能活两“代”：“第一代是作为孩子的时期，父母对他成人的生产投入时间和资源；第二代作为成年人，创造收入、进行消费并孩子进行投资。”代际传递的资源包括人力资本和非人力资本（贝克尔，1998）。总之，对贫困代际传递研究正是从家庭内部视角对贫困的发生发展进行理论回应和实践突破。

关于贫困代际传递的现有文献研究范围以美国等发达国家为主，内容包括分析贫困代际传递的原因、影响并进行实证研究。在研究父辈与子辈贫困相关性方面。贝尔曼通过使用 Young Lives 数据来估计父母资源和孩子的人力资源投资之间的代际关联，并假设因果联系以模拟父辈对子辈的影响，其结果表明减轻父母辈的贫穷和不平等一定程度上也会减轻子辈的贫穷和不平等，但程度并不明显（Behrman，2013）。贝克尔和托姆斯的研究表明，在许多情况下，父母的收入状况在很大程度上决定了他们对孩子人力资本投资数额，从而影响孩子成年时的受教育程度以及工资收入，因此贫富差距可能会在代际间形成一种传递机制（Becker Tomes，1979）。

在研究贫困代际传递的影响因素方面，凯伦·莫尔等“国际持续性贫困研究中心”专家对贫困的代际传递作了比较全面的分析和总结。他们认为，影响贫困代际传递的因素主要包括五个方面：人口与健康因素、政治性因素、社会与文化性因素、经济因素、生活环境因素（Karen Moore，2001）。伯德研究则认为主要包括家庭因素和非家庭因素：前者包括家庭结构、资产禀赋和社会控制；后者包括基于性别的歧视和排斥、阶级、社会地位、宗教、种族、治理和政策失误以及灾害，如冲突和饥荒（Bird，2011）。

我国对贫困代际传递的研究，随着“二代现象”的舆论热潮，逐渐受到学者的关注和重视。现有的相关文献以理论研究为主，辅之以实践考察和实证研究。在对贫困代际传递西方理论整合与国情分析方面，李晓明总结了西方学界关于贫困代际传递新近理论取向，主要有要素短缺论、智力低下论、贫困文化论、环境成因论、素质贫困论、功能贫困论、社会排斥论、能力贫困论等观点（李晓明，2006）。蓝红星以国外慢性贫困最新研究理论，认为父辈贫困的家庭，陷入慢性贫困的概率大大增加；而父辈不贫困时，即使家庭现在已经陷入贫困，这些贫困往往属于暂时性贫困或者短期贫困（蓝红星，2013）。

在研究中断贫困代际传递的措施和政策建议方面，“教育程度”作为子辈切断贫困代际传递“恶性循环圈”的重要途径，引起了大量学者的瞩目。例如，陈全功、程蹊研究证明子女教育有加深父辈家庭贫困状况的迹象，但子女接受教育的程度越高，摆脱家庭贫困的比例越高，这对于三代家庭状况的影响比较明显，其中贫困代际变动的断裂点为 15 年，即大专教育（陈全功、程蹊，2007）。张立冬研究发现教育和非农就业对于破除贫困代际传递具有重要的积极作用，建议加强对农村贫困家庭子女的教育投资以及职业教育和就业技能培训的投入（张立冬，2013）。

实证研究包括定性与定量两种研究取向，定量研究主要利用国内数据库资料，通过面板数据等计量方法，探究父辈与子辈在经济收入等方面的统计学学理意义。例如林闽钢、张瑞利围绕农村贫困家庭的代际传递问题进行测算和分析，表明与农村非贫困家庭比较，贫困家庭的代际收入弹性大，收入流动性较差（林闽钢、张瑞利，2012）。定性研究以深度访谈和问卷调查为主，陈文江、杨延娜从贫困代际传递的理论视角出发，以动态研究方式，并运用质性研究的方法探讨了西部农村贫困代际传递的主要影响因素，即：受教育程度、职业地位以及社会关系网等自致性因素；父亲的经济地位、社会关系网以及子代儿时的家庭结构等先赋性因素；社会支持与社会流动等社会性因素（陈文江、杨延娜，2010）。

在现有的研究中，虽然实证和理论在各场域中均有涉猎，但对于家庭作为微观研究单位并未深入细化剖析，而对不同区域贫困家庭代际传递的横向对比尚不突出，因此，本研究主要想回答几个问题：在家庭对贫困代际传递的影响中，父亲和母亲的社会经济地位以何种方式产生作用？区域间家庭代际传递的模式是否存在差异？西部地区的贫困家庭代际传递现象是否比中东部地区更严重？

二、数据、变量与样本描述

（一）数据来源

本研究数据来源于“中国综合社会调查（CGSS 2008）”，该数据库根据行政区划资料对全国 22 个省、4 个自治区、4 个直辖市，共 2801 个区县单位进行抽样调查，6000 个样本涵盖了除西藏、青海、海南以外的全国所有行政区。CGSS 抽样调查采用了分层设计、多阶段 PPS 方法，形成的五个抽样框：三大直辖市市辖区、省会城市市辖区、东部地区区县、中部地区区县、西部地区区县，本研究的区域差异正是在调查分组的基础上进行的。

（二）变量设计与分析模型

1. 研究变量设计

（1）因变量。

子辈贫困状态：根据经济合作与发展组织（OECD）提出的相对贫困线的标准，将城乡家庭可比收入中位数的 50%作为贫困线，从而将全部家庭分为相对贫困家庭和非贫困家庭。样本的全年收入根据职业内和职业外收入总和得到，设定相对贫困线为 5000 元，将子辈样本分为“相对贫困家庭”和“非贫困家庭”（姚毅，2012）。

（2）自变量。

被访者父亲受教育程度和职业状况[①]：基于布劳和邓肯的发现，根据教育和收

① 在分析父辈和子辈经济状况时，现有文献通常计算社会经济地位指数（SEI），即以每个职业的平均收入和教育水平并乘以相应的权数进行计算。但由于样本职业编码的缺失值过多，故本研究舍弃该方法。

入这两个变量可以测算出社会经济地位指数，而且基本上与人们对职业声望的主观评价相一致。本研究根据样本使用职业状况和教育程度作为被访者社会经济地位的自变量。样本采用了“一代”家庭情况的数据，即受访者 14 岁时，父亲的就业状况和受教育程度，受教育程度分为“未接受过教育”和“接受过教育”，就业状况分为“务农”和“就业”。

被访者母亲受教育程度和职业状况：母亲在家庭内部承担了更多的文化教育责任，与父亲的家庭角色截然不同，对子辈贫困状态的影响也有所差异。该变量与被访者父亲受教育程度和职业状况处理方式相同。

被访者居住地区：我国除了二元城乡差异之外，东部地区、中部地区和西部地区间的区域明显，基础设施和教育水平均存在较大的距离，该变量根据抽样框的区域设定进行处理。

(3) 控制变量

受访者性别：贫困的非均质性尤其体现在性别差异上，全球贫困者中有 2/3 是女性群体，妇女贫困直接导致了贫困家庭更严重的代际传递。

受访者户口：基于我国二元社会的现实，城乡差异势必影响贫困发生率。户口区分为“农村户口”和“城市户口”。

受访者政治面貌：控制政治资本对于贫困的影响，政治面貌包括“群众”“共青团员”“中共党员及民主党派成员”。

受访者受教育程度：受教育程度是影响社会经济地位和贫困发生的重要自致性因素。将受访者教育区分为“小学及以下”“初中”“高中及同等学力”“大专及以上”。

2. 研究模型

本研究中子辈贫困状态是二分类变量，取值只有 0、1 两种，本文使用 Logistic 模型进行回归处理。Logistic 回归因变量不要求在正态假设前提下预测，二项 logistic 回归模型本质上是一个二分类的线性概率模型，考察变量引起事件发生概率 P 变化的程度，对比组之间的相对风险与 logistic 回归方程的解释变量的回归系数有关，估计模型如下：

$$P=\frac{1}{1+\exp\left[-\left(\beta_0+\beta_1 X_1+\beta_2 X_2+\beta_x X_c\right)\right]}$$

其中 P 表示子辈陷入相对贫困状态的概率，X_1 表示父亲的社会经济地位，X_2 表示母亲的社会经济地位，X_c 分别表示控制变量。

(三) 样本数据人口学特征

研究贫困家庭代际传递样本数据如表 1 所示。

表1　贫困家庭代际传递样本数据描述

变量 \ 样本数据	取值	编码	全部样本	比例	全部样本（加权后）	比例（加权后）
贫困状况	非贫困家庭	0	1485	30.3	2408	26.0
	相对贫困家庭	1	3420	69.7	6842	74.0
性别	女	0	2324	47.4	4450	48.1
	男	1	2581	52.6	4800	51.9
城乡户口	农村	0	1760	35.9	3032	32.8
	城市	1	3145	64.1	6218	67.2
子辈文化程度	小学及以下	1	1602	32.7	2612	28.2
	初中	2	1437	29.3	2755	29.8
	高中及同等学力	3	1148	23.4	2331	25.2
	大专及以上	4	718	14.6	1552	16.8
政治面貌	群众	1	4024	82.0	7481	80.9
	共青团员	2	248	5.1	575	6.2
	中共党员及民主党派成员	3	633	12.9	1194	12.9
区域	西部区域	1	1179	24.0	1018	11.0
	中部区域	2	2037	41.5	3612	39.0
	东部区域	3	1689	34.4	4620	49.9
父亲文化程度	未受过教育	0	1752	35.7	2911	31.5
	受过教育	1	3153	64.3	6339	68.5
父亲就业状况	务农	0	2166	44.2	4772	51.6
	就业	1	2739	55.8	4478	48.4
母亲文化程度	未受过教育	0	2812	57.3	4890	52.9
	受过教育	1	2093	42.7	4360	47.1
母亲就业状况	务农	0	2799	57.1	5641	61.0
	就业	1	2106	42.9	3609	39.0

（四）研究假设

根据研究内容和基本观点，本研究的两个基本假设如下：

基本假设一：家庭社会经济地位更好的人陷入相对贫困的概率较低。这一基本假设涵盖了父母的社会经济地位，因此可以进一步表述成：假设 1.1：父亲接受过教育的子女在成年后下陷入贫困的可能性更低；假设 1.2：父亲职业状态为就业，其子女成年后陷入贫困的可能性越低；假设 1.3：母亲接受过教育的子女在成年后陷入贫困的可能性更低；假设 1.4：母亲职业状态为就业，其子女成年后陷入贫困的可能性越低。

基本假设二：西部地区贫困代际传递比中东部地区更严重，父母社会经济地位对子女的影响更显著。该基本假设也可以进一步分解为：假设 2.1：西部地区父亲的职业状态对子女贫困状态的影响更加显著；假设 2.2：西部地区父亲的受教育程度对子女贫困状态的影响更加显著；假设 2.3：西部地区母亲的职业状态对子女贫困状态的影响更加显著；假设 2.4：西部地区母亲的受教育程度对子女贫困状态的影响更加显著。

三、数据分析与结果呈现

（一）贫困代际传递的家庭因素

家庭承担着抚育后代、维持种族延续的社会功能。正如费孝通所说“婚姻的主要意义是在确立向孩子的抚育的责任”。家庭包括两性关系和亲子关系，这种稳定的三角结构随着时间的迁移，将在子辈成年或成家后逐渐被打破，“这并不是原有三角形的意外结局，而是构成这三角形的最终目的，三角形的破裂是它功能的完成。（费孝通，1999）”。可以说家庭的社会意义使其具有了重要的经济内涵——家庭是一个独立的经济体，这与我国扶贫系统中将“贫困户”作为扶贫的基本单位的思路相契合。“一代”家庭资本优劣势在“三角形破裂”后，如何在“二代”家庭重组的过程中得以继承或延续？父辈家庭的贫困或非贫困状况并非具有生物学意义的遗传性，本研究主要研究父辈的社会经济资源究竟以何种方式影响子辈的贫困状态。

为了分析父亲和母亲对子辈经济状况的影响，本研究通过逐步回归的方式，逐步将父亲和母亲纳入分析模型中，最终形成综合模型表是贫困代际传递总体情况的分析，在三个模型中均控制了性别、城乡户口、文化程度和政治面貌这四个变量，以考察父亲社会经济地位、母亲社会经济地位对子辈陷入贫困的影响。模型显示：被访者的性别、文化程度和政治面貌对其当前的贫困状态产生了显著的影响。

表 2 模型一显示：性别、城乡户口、文化程度、政治面貌和区域对子辈陷入贫困的概率都有显著的影响。在性别方面，女性比男性更容易处于贫困状态，女性陷入贫困的可能性是男性贫困的 2.3 倍。与城市人口相比，农村人口陷入贫困的可能是前者的 6.2 倍。城乡户口和受教育程度对贫困影响较强，在我国农村人群受到长期制度不公和权力剥夺，在政策和自身贫困文化的影响下处于劣势。同时教育水平对贫困的影响也得到数据证实，获得初中学力的人群摆脱贫困的可能性是小学及以下学历的人群的 2.5 倍，获得高中及同等学力的人群摆脱贫困的概率是小学及以下学历的人群的 3.2 倍，而专科学历是教育影响贫困状态的分水岭，拥有专科及以上学历的人群摆脱贫困的概率是小学及以下学历人群的 7.1 倍，证明了学历越高的受访者陷入贫困境地的概率越小，舒尔茨和丹尼森的增长核算方程和增长方程说明了

教育对收入增长的积极影响，而从能力理论的角度而言，剥夺受教育权利将带来能力贫困，穷人应该更多的对教育进行投资（王云多，2014）。

相比以上几个因素，政治资本对贫困的影响虽然显著但并不强烈，共青团员脱离贫困的可能性是群众的1.5倍，如果是党员可能性则为1.7倍。就区域分异的横向比较而言，属于西部地区的受访者陷入贫困的概率是中部地区的2.5倍，是东部地区的3.2倍，西部地区贫困发生率更高。

以上分析都证实了相关文献对贫困影响因素的结论，而本研究的重点是“一代”家庭对子辈贫困状态的影响。父亲文化程度和就业状况对子辈陷入贫困的可能性有显著的影响，父亲未受过教育的受访者陷入贫困的可能性是父亲接受过教育的受访者的1.4倍，假设1.1成立。父亲务农或无业的受访者在成年后陷入贫困状态的可能性是父亲就业的受访者的1.5倍，假设1.2成立。父亲对子辈成年后经济状态的直接影响在于教育投入的多寡，父亲在家庭中往往扮演“养家糊口”的角色，通过对家庭经济基础的支持和供给，维持家庭生活的正常运作，通过经济资本积累的方式，间接扩大子辈的文化资本，高额的学费、择校费意味着教育支出比额日益增大，经济实力充足的家庭可以为子女争取更多的教育资源和较好的学习环境。此外，父辈的现有非生物资源具有继承性和传递性。继承性集中体现在经济资本，如：医疗和养老保险、遗产或遗赠、捐赠或借贷、债券或劳动收入、嫁妆、房产及其收益等；传递性集中体现在文化资本方面，如：知识与技能（生育和生存策略）、能力遗传（智力）、受教育程度等方面（李晓明，2005）。在经济资本和文化资本方面父辈与子辈有极强的相关度，经济资本的继承具有显性特征，这源于我国相关度极高的亲子关系：父辈所创的经济财富可以直接转化为子女的经济财富，虽然多子女家庭将涉及遗产分配的问题，但子辈可以继承父辈的物质经济财产甚至社会资源是显而易见和理所当然的。

母亲的社会经济地位在家庭中的功能屡遭忽视。表2模型二中母亲文化程度和就业状况对子女的贫困状态影响也很显著，母亲未接受过教育的子女在成年后陷入贫困状态的可能性是母亲接受过教育的子女的1.5倍，假设1.3成立。母亲务农或无业的受访者在成年后陷入贫困状态的可能性是母亲就业的受访者的1.4倍，假设1.4成立。母亲在家庭中扮演“教育者”角色，家庭教育作为学校教育的补充，具有重要的教化意义，家庭文化的传递具有潜在性特征，刘易斯“贫困文化论”提出：由于社会中的穷人与其他人在社会生活方面相对隔离，因此产生出一种与社会主流文化相脱离的贫困亚文化，并认为这种贫困文化可以通过贫困群体内部的交往得到自我加强，形成贫困文化的代际传递。当母亲的家庭角色被赋予了更多的文化传承和教育意蕴，那么母亲的受教育程度对子辈能否走出贫困亚文化的影响至关重要。

为了对比父亲和母亲同时对子女贫困状态的影响，表2联合模型显示父母的影响系数虽然都减弱了，但父亲的文化程度和就业状态，已经母亲的文化程度依然显著的影响着子女的现状，而母亲的就业状态已进一步减弱丧失了显著性。综合而言，父母的社会经济地位对子女的贫困状态都有显著的影响，其中父亲的就业状态和母亲的受教育程度更加直接的影响到子女的贫困状况。

表 2　贫困家庭代际传递影响因素的 Logisitic 模型

常数项/变量	模型一		模型二		联合模型	
	B	Exp (B)	B	Exp (B)	B	Exp (B)
常数项	−4.966 (0.182)	0.007	−5.055*** (0.185)	0.006	−5.097*** (0.185)	0.006
性别（女性=0）	0.830*** (0.062)	2.292	0.814*** (0.062)	2.257	0.833*** (0.063)	2.3
城乡户口（农村=0）	1.820*** (0.067)	6.171	1.819*** (0.068)	6.167	1.787*** (0.069)	5.974
文化程度（小学及以下=0）						
专科及以上	1.970*** (0.163)	7.173	1.906*** (0.165)	6.727	1.827*** (0.166)	6.218
高中及同等学力	1.150*** (0.160)	3.157	1.055*** (0.162)	2.871	1.039*** (0.162)	2.827
初中	0.932*** (0.163)	2.541	0.856*** (0.164)	2.354	0.858*** (0.165)	2.358
政治面貌（群众=0）						
中共党员及民主党派成员	0.502*** (0.117)	1.652	0.529*** (0.117)	1.697	0.541*** (0.118)	1.718
共青团员	0.377*** (0.192)	1.457	0.435*** (0.192)	1.544	0.459*** (0.193)	1.583
区域（西部地区=0）						
东部地区	1.152*** (0.095)	3.165	1.149*** (0.095)	3.156	1.14*** (0.095)	3.125
中部地区	0.903*** (0.065)	2.468	0.903*** (0.065)	2.468	0.905*** (0.065)	2.473
父亲文化程度（未受过教育=0）	0.364*** (0.065)	1.439			0.245*** (0.071)	1.278
父亲就业状况（务农=0）	0.384*** (0.072)	1.469			0.282*** (0.087)	1.326
母亲文化程度（未受过教育=0）			0.421*** (0.067)	1.524	0.309*** (0.074)	1.361
母亲就业状况（务农=0）			0.363*** (0.082)	1.438	0.182 (0.099)	1.2

续表2

常数项/变量	模型一		模型二		联合模型	
	B	Exp (B)	B	Exp (B)	B	Exp (B)
—2LL	7135.129[a]		7139.069[a]		7112.659[a]	
卡方	3472.695		3468.754		3495.165	
自由度	11		11		13	

注：*表示在0.10水平下显著；**表示在0.05水平下显著；***表示在0.001水平下显著。

（二）贫困家庭代际传递区域分异

我国幅员辽阔，地域广博，地理形态、民族群落的差异带来现代化进程的参差发展。根据各省贫困人口发生率，我国贫困具有明显的区域分异，城市贫困发生率自西部、中部、东部由高到低排列，且西部与中东部贫困发生率差距日趋扩大（梁汉媚，2011）。此外，西部地区特殊的人文地理环境产生了西部贫困文化，长期的封建专制、小农意识和各民族原始风俗、简朴而具体的多神文化、贫困文化等使得西部的贫困代代传递更为显著（李宏斌，2004）。但西部地区仍终将融入现代化的潮流中，对西部贫困的研究需要结合其制度性原因和区域性因素，为此，本研究将东部、中部和西部按照区域单元分别研究。

如表3所示：西部女性陷入贫困的可能性是男性的1.9倍，说明西部地区贫困性别差异低于中东部地区，其中中部地区女性陷入贫困的可能性是男性的2.6倍，东部次之，中部地区面临较为严峻的性别贫困问题。西部城乡界限更加明显，农村受访者发生相对贫困的可能性是城市受访者的9.7倍，而在东部，城乡身份差异的影响只有6.1倍，中部的影响则是5.2倍；受教育程度的影响在西部地区也比中东部地区更加显著，与初中学历受访者相比，小学及以下学历的受访者处于贫困状态的可能性是前者的2.2倍，与高中学历受访者相比，小学及以下学历的受访者处于贫困状态的可能性将高达4.3倍，与专科及以上学历相比，小学及以下学历的受访者处于贫困状态的可能性为9.6倍。此外，在总体研究中影响并不明显的政治资本因素在西部地区却比较显著，与普通群众相比，共青团员受访者处于非贫困状态的可能性是前者的2.4倍，如果是中共党员则高达6.1倍。

除了以上因素的影响，西部地区的贫困代际传递与中东部相比并不十分严重，基本假设二中的假设2.1、2.2和2.4都不能成立。在东部，父亲的就业状况和母亲的文化程度对子辈贫困发生有显著影响，东部地区父亲务农的子辈处于相对贫困状态的可能性是父亲为就业状态的1.5倍。中部地区父亲的文化程度和母亲的就业状况对子辈贫困也有显著影响。而在西部，父亲的文化程度和就业状况以及母亲的就业状况对子辈的影响都没有实现统计学上的显著性，但母亲的文化程度在西部地区影响最为显著，母亲未受过教育的子女处于相对贫困的可能性是母亲受过教育子女的1.6倍。

在西部地区，父辈与子辈之间较低的相关度源于西部地区的宏观发展环境和方向。自2000年3月开始的西部大开发等一系列的政策倾斜，西部地区经济和社会发展迅速，在城镇化水平上，西部地区虽然落后，与东部有较大的差距，但截至2007年，西部城镇化水平增长了8.26个百分点，但同时期的东部城镇水平变化不大，地区间的差距逐渐缩小（王卓，2010）。"一代"家庭与"二代"家庭发育都伴随着不同的时代变迁，代际之间差别实质上是发展背景的差异所带来的后果，正因为西部地区城镇化速度的加快，与中东部地区差距日益减小，故而在一定程度上扩大了代际间的差异。

母亲受教育程度在西部地区对子女影响更加明显，但西部地区整体受教育程度不容乐观。截至2007年，虽然西部地区的成人文盲率下降到11.32%，但东西部地区差距从2000年1：2.14扩大到1：2.8（王卓，2010），西部地区的妇女尤其是贫困山区尚有部分文盲存在，而女性文盲占文盲总数的2/3以上，失学儿童中，女童的比例也非常突出。

表3　贫困家庭代际传递影响因素的Logisitic模型的区域比较

常数项/变量	东部地区模型		中部地区模型		西部地区模型	
	B	Exp (B)	B	Exp (B)	B	Exp (B)
常量	−4.215*** (0.243)	0.015	−4.943*** (0.308)	0.007	−4.715*** (0.566)	0.009
性别（女性=0）	0.726*** (0.101)	2.067	0.974*** (0.091)	2.648	0.668*** (0.179)	1.949
城乡户口（农村=0）	1.816*** (0.112)	6.147	1.656*** (0.1)	5.238	2.282*** (0.201)	9.796
文化程度（小学及以下=0）						
专科及以上	1.516*** (0.234)	4.552	2.183*** (0.282)	8.871	2.258*** (0.512)	9.566
高中及同等学力	0.64*** (0.226)	1.897	1.485*** (0.279)	4.414	1.461*** (0.507)	4.311
初中	0.69*** (0.222)	1.994	1.182*** (0.284)	3.26	0.814 (0.518)	2.256
政治面貌（群众=0）						
中共党员及民主党派成员	0.284 (0.267)	1.328	0.197* (0.303)	1.217	1.814* (0.622)	6.136
共青团员	−0.003 (0.178)	0.997	0.864*** (0.172)	2.372	0.889* (0.334)	2.433

续表3

	东部地区模型		中部地区模型		西部地区模型	
父亲文化程度（未受过教育=0）	0.221* (0.116)	1.247	0.273*** (0.103)	1.314	0.258 (0.204)	1.294
父亲就业状况（务农=0）	0.398*** (0.134)	1.488	0.159 (0.129)	1.173	0.235 (0.278)	1.265
母亲文化程度（未受过教育=0）	0.426*** (0.123)	1.532	0.181 (0.104)	1.198	0.499* (0.227)	1.647
母亲就业状况（务农=0）	−0.089 (0.148)	0.915	0.513*** (0.149)	1.671	−0.045 (0.326)	0.956
—2LL	2891.818[a]		3309.729[a]		841.077[a]	
卡方	940.406		1447.963		524.847	
自由度	11		11		11	

注：*表示在0.10水平下显著；**表示在0.05水平下显著；***表示在0.001水平下显著。

四、研究结论与政策建议

在传统的家庭贫困代际传递的研究中，大部分学者都是将父亲的文化程度和经济地位作为家庭背景的唯一或重要指标。但人类的社会性要求家庭抚育“由单系的生理给养，转变成双系的社会教养”（费孝通，1999：118），本文尝试将母亲的社会经济因素纳入研究范围，抚育子女根据“小群负责”原则，“一代”家庭势必将担负个体成长责任，深刻地影响“二代”家庭经济发展。同时通过对整体研究对象的区域分离，分析西部的家庭贫困代际传递与中东部地区的差异。

本文的研究在假定子辈的发展与父母愿意提供的资源有关，在父母“对孩子感兴趣”的前提之下，父亲和母亲分别以不同的路径对子辈的贫困现状产生影响，“两性分工是形成双系抚育的一个重要的条件”（费孝通，1999：123）。研究发现，我国家庭内部仍然持续着传统的社会性别分工，即父亲作为“养家者”承担经济资本支持义务，而母亲仍然以家庭“教育者”负责教化子女和文化传递，也就是说家庭内部的任务可以划分成工具性作用和表达性作用，工具性作用主要分配给父亲，而表达性作用主要分配给母亲（瓦西里沃斯·费纳克斯，2003）——这样的分工在中国并未彻底改变。

虽然现代社会要求消灭女方在家庭和婚姻中特定角色的要求，但在中国传统分工的存在意味着母亲在截断贫困恶性循环链中的核心地位。研究论证了母亲的教育背景对子辈贫困状态的影响，母亲的素质决定了国民素质，而女性在抚育后代、家庭未来发展方面具有特殊使命，但事实上贫困家庭的内部资源分配也并非均质，而个体贫困的承担者也更倾向于女性，“贫困女性在社会生活中的低层次性是她们在家庭中从属性的自然延伸和必然渗透”（王爱君，2009）。对此，扶贫政策应该更进一步关注妇女，尤其是母亲的贫困，弥补因为自然条件、社会经济和传统文化刻印在女性群体上的牺牲和不公，推广诸如“春蕾计划”等帮助女童发展的公益事业，防止女童失学、辍学带来母亲素质的低下，从而保证“二代”家庭能够摆脱贫困，实现家庭经济的良性发展。

本文同时研究了家庭贫困代际传递的区域差异，表面上看，西部地区的贫困代际传递并没有中部或东部明显，但西部地区的自致性因素影响仍然十分明显，子辈的教育程度和政治资本均高于中西部地区。个体的自致性因素同样受制于先赋性因素，因此西部家庭贫困代际传递制度性原因大于家庭内部影响，从侧面反映了21世纪以来国家对西部地区发展政策的成效。对此，应进一步巩固西部大开发现有成果，同时加大贫困家庭人力资源培养，对教育资源进行公平分配，并关注西部地区尤其是偏远少数民族地区妇女贫困和儿童贫困。

本文对贫困家庭代际传递进行了理论回顾和实证研究，主要探讨了父辈社会经济地位对子辈的影响，其重要的前提假设是父辈社会资本、人力资本、经济资本对子辈传递的均质性，而子辈的性别和同辈数量等相关要素是否会影响资源传递的有效性尚未深入讨论；此外在讨论家庭社会经济地位的作用和影响时，也绝对不能忽视个体的主观能动性的发挥。

参考文献

[1] 贝克尔．家庭论［M］．北京：商务印书馆，1998.

[2] 毕瑨，高灵芝．城市贫困代际传递的影响因素分析——基于社会流动理论的视角［J］．甘肃社会科学，2009（2）.

[3] 陈全功，程蹊．子女教育、代际支持与家庭贫困的变动［J］．市场与人口分析，2007（3）.

[4] 陈文江，杨延娜．西部农村地区贫困代际传递的社会学研究——以甘肃M县四个村为例．甘肃社会科学，2010（4）.

[5] 费孝通．生育制度［M］．北京：商务印书馆，1999.

[6] 蓝红星．民族地区慢性贫困问题研究——基于四川大小凉山彝区的实证分析［J］．软科学，2013（3）.

[7] 李晓明．贫困代际传递理论述评［J］．广西青年干部学院学报，2006（2）.

[8] 李晓明．我国山区少数民族农民贫困代际传递的基本特征［J］．内蒙古社会科学：汉文版，2005（6）.

[9] 梁汉媚，方创琳．中国城市贫困人口动态变化与空间分异特征探讨［J］．经济地理，2011（10）.

[10] 林闽钢，张瑞利．农村贫困家庭代际贫困传递研究［J］．农业技术经济，2012（1）.

[11] 刘欣．中国城市的阶层结构与中产阶层的定位［J］．社会学研究，2007（6）.

[12] 王爱君．女性贫困、代际传递与和谐增长［J］．财经科学，2009（6）．

[13] 王瑾．破解中国贫困代际传递的路径探析［J］．社会主义研究，2008（1）．

[14] 王云多．教育与贫困关系研究综述及启示［J］．贵州师范大学学报：社会科学版，2014（1）．

[15] 王卓．论中国城市化进程中的贫困问题［J］．经济体制改革，2004（6）．

[16] 王卓．西部开发十年社会效应研究［J］．农村经济，2010（2）．

[17] 杨静，唐丽霞．暂时性贫困研究——对已有文献的述评［J］．贵州社会科学，2013（3）．

[18] 姚毅．城乡贫困动态演化的实证研究——基于家庭微观面板数据的解读［J］．财经科学，2012（5）．

[19] 张立冬，李岳云，潘辉．收入流动性与贫困的动态发展：基于中国农村的经验分析［J］．农业经济问题，2009（6）．

[20] 张立冬．中国农村贫困代际传递实证研究［J］．中国人口资源与环境，2013（6）．

[21] 章元，万广华，史清华．中国农村的暂时性贫困是否真的更严重［J］．世界经济，2012（1）．

[22] Bird K，Higgins K. *Stopping the intergenerational transmission of poverty：Research highlights and policy recommendations* ［J］. Chronic Poverty Research Centre（CPRC）Working Paper. Forthcoming September，2011.

[23] Blau P M，Duncan O D. *The American occupational structure* ［J］. New York：Wiley，1967.

社会组织依托城市社区促进农民工市民化探析[①]

王 飞[②]

一、前言

国外关于市民化的研究主要集中于市民化的动因、动力、数量、行为和模式研究。迁移理论在解释市民化的动因方面具有重要地位，最著名的有刘易斯模型、费景汉和拉尼斯模型、乔根森模型。莱温斯坦在19世纪提出了人口移动理论，此理论经后人发展形成了“推力—拉力”理论。罗斯基和米德（1997）从农业技术需要出发，基于中国农业的状况对中国农民工规模进行了计算。对劳动力转移的行为进行研究，其中最著名便是的托达罗模型。农民工市民化的国际模式中较为典型的是英国的强制性非农化模式、美国的自由迁移的非农化模式，以及日本的“跳跃式转移”和“农村非农化转移”相结合的非农化模式。国外关于社会组织供给公共服务方面研究比较成熟，而鲜有社会组织参与市民化进程作用机制方面的研究。

当前国内这方面的研究主要集中于社会组织为农民工提供服务和市民化相关研究两方面。在为农民工提供服务与帮助方面，主要集中于社会组织为农民工维护权益和提供就业方面的帮助。非政府组织（NGO）在农民工维权中具有动员社会资源、提供劳动法律咨询、进行维权知识培训和代理诉讼等作用。[③] 他们大多以业缘、地缘和血缘为纽带，借助各种力量和社会资源为农民工免费解答法律咨询、代写法律文书、主持非诉讼调解、协助申请法律援助和开展法制宣传等多种维权服务，成为代表和保护农民工合法权益的民间维权组织；他们在维护农民工合法权益

---

① 本文系四川省教育厅2013年立项一般项目“社会组织促进农民工市民化作用路径研究（13SB0173）”，泸州市哲学社会科学研究规划2013年度课题立项资助项目“社会组织以城市社区为平台促进农民工市民化路径探究”，2013年国家社科基金项目“社会冲突视野下刑事社会抗拒研究（13XSH024）”，2010年度教育部人文社会科学研究规划项目“新生代农民工就业培训研究——以多元主体参与机制为视角”（CLS—D1033）的阶段性成果。

② 王飞，男，四川隆昌人，汉族，管理学硕士，四川警察学院警察管理系讲师，主要研究方向为公共管理和农民工问题。

③ 高丽娜：《论非政府组织在维护农民工权益中的作用》，暨南大学行政管理硕士论文，2006年，第38～40页。

方面确实发挥了一定的作用，社会影响力不断增大。[①] 社会组织在为农民工提供就业方面的帮助的主要形式是提供就业信息与就业培训等就业服务。基于 NGO 自身良好的社会关系网络和其掌握的其他资源，能够通过多种途径解决一部分返乡农民工的再就业问题。[②] 通过 NGO 的发展壮大来吸纳农民工，不仅能够解决农民工的就业问题，还能够对农民工进行针对性更强的培训。[③] 农民工市民化方面的研究主要是分析农民工市民化所处进程、市民化进程中的障碍及对策研究等。王春光认为，农民工城市化进程存在"半城市化"现象，即就业非正规化、居住边缘化、生活孤岛化、社会名声污名化、发展能力弱化及社会认同内卷化。[④] 张春华也认为农民工群体中呈现出"虚城市化"这一暂时现象。[⑤] 农民工市民化过程中遭遇了经济、政治、组织、素质、文化和制度障碍。[⑥] 必须以城市化发展作为市民化的基础条件和载体，为农民工市民化创造更多的机会；必须以制度环境的优化作为市民化的关键和突破口，为市民化提供制度支持和保障；必须以教育发展和培训为途径，赋予农民工以市民化的能力；坚持市场机制与政府主导相结合、自上而下与自上而下力量相结合、进程与育人相结合，拉动市民化的实现。[⑦] 当前学界一致认为农民工处于半市民化进程，在此进程中遭遇了种种障碍，在促进农民工市民化的措施中，主要是发挥政府与市场的力量，然而这两者在推进农民工市民化的过程中具有"政府失灵"与"市场失灵"的风险，忽视了社会组织的第三部门力量在农民工市民化进程中所应扮演的重要角色与发挥的重要作用。

农民工市民化越来越受到各界高度关注，在促进农民工市民化的过程中，政府应发挥主导作用，市场也理应肩负起相应的职责，社会组织因其具有政府和市场所不具备的"非分配性约束"等优势不可避免地会参与其中，因此，构建"政府主导、市场参与和社会组织促进"的多元合作式农民工市民化治理机制将是大势所趋。于此，十分有必要探讨社会组织在促进农民工市民化进程中的作用路径。

二、农民工市民化现状与期盼

农民工市民化是指离乡经商的农民工克服认识偏见、政策排斥、制度抑制和农民工自身素质低下等多重障碍最终逐渐转变为市民的过程和现象。它包括四个层面

---

① 余章宝、杨淑娣：《我国农民工维权 NGO 现状及困境——以珠三角地区为例》，《东南学术》，2011 年第 1 期。

② 杨龙：《论金融危机下 NGO 之于农民工的重要意义》，《中共成都市委党校学报》，2009 年第 3 期。

③ 邓雪楠：《非政府组织（NGO）参与农民工就业培训研究》，西南政法大学行政管理硕士论文，2011 年，第 5 页。

④ 王春光：《农村流动人口的"半城市化"问题研究》，《社会学研究》，2006 年第 5 期。

⑤ 张春华：《组织化：农民工"虚城市化"到市民化的理性路径》，《学术论坛》，2012 年第 1 期。

⑥ 钱正武：《农民工市民化问题研究》，中共中央党校科学社会主义博士论文，2006 年，第 72～105 页。

⑦ 王竹林：《城市化进程中农民工市民化研究》，《西北农林科技大学》，2008 年第 10 期。

的含义：一是职业转变成首属的、正规的劳动力市场上的非农产业工人；二是社会身份由农民转变成市民；三是自身素质的进一步提高和市民化；四是意识形态、生活方式和行为方式的城市化。[①] 农民工要成为市民，完成市民化进程，需要克服认识偏见、政策制度排斥与素质能力不足等障碍，其职业身份、素质能力、意识形态、生活方式和行为方式等方面均与市民相当。

课题组在2013年4月至6月选择了绵阳市一些企业，对在这些企业打工的农民工进行随机抽样调查，课题组共收回调查问卷503份，有效问卷406份，有效率为80.72%。此次调查的农民工的基本信息主要涵盖有性别、年龄、婚姻状况、文化程度、月收入状况、外出打工所带家人、外出打工的地点和打工时的住所等（详情请参见表1）。

表1　调查农民工样本基本信息

题干	选项	频次	频率
性别	男	195	51.2
	女	186	48.8
	合计	381	100.0
婚姻状况	未婚	162	40.0
	已婚	226	55.8
	再婚	9	2.2
	离异	8	2.0
	合计	405	100.0
文化程度	小学及以下	12	3.0
	初中	161	39.7
	高中	66	16.3
	中专、职高	87	21.4
	大专及以上	80	19.7
	合计	406	100.0

题干	选项	频次	频率
年龄	60后	6	1.6
	70后	67	17.5
	80后	232	60.6
	90后	78	20.4
	合计	383	100.0
月收入状况	2500元以下	300	74.3
	2500-3500元	84	20.8
	3500-4500元	12	3.0
	4500元以上	8	2.0
	合计	404	100.0
外出打工带哪些家人	妻儿都带上	68	16.9
	只带妻子	25	6.2
	只带子女	8	2.0
	自己一个人	301	74.9
	合计	402	100.0

题干	选项	频次	频率
外出打工地点	本镇	33	8.1
	本县	28	6.9
	本市	216	53.2
	本省	98	24.1
	外省	31	7.6
	合计	406	100.0
打工时的住处	临时工棚	8	2.0
	单位集体宿舍	127	31.4
	自己租的房	184	45.4
	自己买的房	51	12.6
	其他	35	8.6
	合计	405	100.0

（一）农民工对基本公共服务的评价状况

课题组主要选择从就业服务、子女教育制度、医疗卫生服务、养老保险制度和住房制度五个方面调查农民工对城市基本公共服务的评价状况（具体评价状况请参见表2）。在五项基本公共服务中，被调查者仅仅对就业服务的满意度稍微高一点。对就业服务略倾向于满意，究其缘由，主要是得益于近年来政府采取了一系列措施

① 刘传江：《中国农民工市民化研究》，《理论月刊》，2006年第10期。

促进农民工就业，公共就业服务体系在农民工就业中尤其是农民工向城镇转移就业方面发挥了重要作用。[①] 农民工对于五项基本公共服务的满意率由高至低依次是：就业服务、打工子女教育制度、医疗卫生服务、养老保险制度、住房制度；不满意率由高至低依次是：住房制度、医疗卫生服务、打工子女教育制度、养老保险制度、就业服务。其中，农民工对于住房制度的满意率是最低且不满意率是最高的，过半的农民工对此感到不满意。而且没有一项公共服务的满意率超过30%。为此，笔者认为城市政府要有序推进农民工市民化必须要对以住房制度为典型代表的基本公共服务进行整顿，稳步推进城镇基本公共服务常住向农民工全覆盖。

表2　农民工对城市基本公共服务的评价

评价 公共服务	非常不符合		不太符合		一般		比较符合		非常满意	
	频次	频率	频次	频率	频次	频率	频次	频率	频次	频率
对打工所在城市提供的就业帮助和服务满意度	25	6.2	70	17.4	191	47.4	102	25.3	15	3.7
对打工所在城市的养老保险满意度	23	5.7	90	22.3	210	52.0	62	15.3	19	4.7
对打工所在城市的打工子女教育制度满意度	24	6.0	92	22.9	178	44.3	98	24.4	10	2.5
对打工所在城市的住房制度满意度	94	23.6	127	31.8	118	29.6	46	11.5	14	3.5
对打工所在城市的医疗卫生服务满意度	14	3.5	82	20.3	134	33.3	132	32.8	41	10.2

（二）农民工市民化意愿、程度、希冀

1. 农民工城市定居的意愿

从表3可见，过半数的农民工（50.5%）希望留在城市定居成为市民。通过相关分析发现，以下方面与农民工在城市定居意愿相关性比较高：月收入、文化程度、就业服务、打工子女教育制度、医疗卫生服务、自身力量、政府提供的帮助与服务、城市社区提供的帮助与服务、社会组织提供的帮助与服务。其中，除农民工的婚姻状况与其在城市定居的意愿呈现负相关外，其余因素均是呈现正相关。由此可知，政府、城市社区和社会组织为农民工提供的帮助与服务状况均会对农民工的城市定居意愿产生影响。

① 王飞：《城市社区与农民工就业服务》，《重庆理工大学学报》，2012年第12期。

表 3　农民工在城市定居意愿

非常不符合		不太符合		一般		比较符合		非常符合	
频次	频率	频次	频率	频次	频率	频次	频率	频次	频率
26	6.4	44	10.8	131	32.3	145	35.7	60	14.8

2. 农民工市民化的程度

从农民工融入城市状况、在城市中交往遇到障碍的状况、在城市受到歧视的状况三个层面的自我感受认知方面测度农民工融入城市的程度（见表 4）发现：仅有8.4%的农民工认为自己完全融入城市，31.2%的农民工倾向于认为自己融入城市；11.6%的农民工认为自己在城市社交中完全没有障碍，41.8%的倾向于没有障碍；19.2%的农民工感觉受到了歧视。农民工在城市中，仅有不到两成的农民工感受到歧视，其他两方面数据非常不乐观，这在一定程度上从一个侧面显示出，农民工城市化程度降低，大部分农民工仍处于“半市民化”阶段。

表 4　农民工融入城市状况

融入状况 具体问题	非常不符合		不太符合		一般		比较符合		非常符合	
	频率	频次	频率	频次	频率	频次	频率	频次	频率	频次
觉得自己完全融入了务工城市	18	4.5	68	16.8	192	47.5	92	22.8	34	8.4
在务工城市的社会交往中完全没有障碍	26	6.4	49	12.1	160	39.6	122	30.2	47	11.6
在务工城市中没有受到歧视	20	4.9	58	14.3	111	27.4	167	41.2	49	12.1

3. 农民工市民化的希冀

农民工对政府、城市社区和社会组织提出了相关期盼。由表 5 可知，仅仅4.9%的农民工非常赞同只靠政府便能使农民工转变成为市民，14.3%的农民工认为只靠政府便能使农民工转变成为市民。相较而言，仅 12.0%的农民工认为只能靠自身力量转变成为市民，43.9%认为只能依靠自己转变成为市民。53.3%的农民工认为政府能独自促进农民工市民化，55.9%的农民工认为只能自力更生。此外，58.9%的农民工认为政府应该承担市民化的成本。依此有 62.8%、59.6%的农民工希望城市社区和社会组织为他们提供服务与帮助。新型城镇化发展背景下，政府在推进农民工市民化时，应该履行相应职能，承担农民工市民化的相关成本。农民工除了依靠自身力量外，政府、城市社区和社会组织为其提供相应帮助与服务，这也是农民工早日成为市民的希冀所在。

表 5　农民工市民化的期盼

融入状况 具体问题	非常不符合		不太符合		一般		比较符合		非常符合	
	频率	频次	频率	频次	频率	频次	频率	频次	频率	频次
认为只靠政府不能让务工人员彻底转变成市民	20	4.9	58	14.3	111	27.4	167	41.2	49	12.1
认为只能靠自己的力量才能转变成市民	14	3.5	45	11.2	118	29.4	176	43.9	48	12.0
期望城市通过社区为我们提供帮助和公共服务	11	2.7	24	6.0	115	28.5	188	46.7	65	16.1
认为政府应该承担务工人员转变成市民的成本	3	0.7	48	11.9	115	28.5	173	42.8	65	16.1
期望获得政府和企业之外的其他组织提供的帮助和服务	5	1.2	34	8.5	123	30.7	169	42.1	70	17.5

三、社会组织依托城市社区促进农民工市民化的路径

于此，主要以小小鸟打工互助热线（后文简称“小小鸟”）作为个案，分析草根社会组织依托城市社区促进农民工市民化的具体路径，本文所有涉及“小小鸟”的数据和资料均由调查小小鸟打工互助热线提供，如无单独说明，所有数据均截止于 2012 年。“小小鸟”类似于大多数草根社会组织，也存在组织规模小、力量薄弱、绩效不足、缺乏认同、面临生存发展等困境，但是“小小鸟”仍竭尽全力地帮助向他们求助的农民工。

（一）开展文娱活动促进农民工融入城市

农民工既感受不到，也无法真正融入城市丰富的精神文化生活中；他们面临着精神文化生活上的“亚健康”危机，成为“城市文化的沙漠地带”。他们的精神文化生活已经深深影响了我国的城市化进程，这种精神文化生活的缺失导致他们在城市化进程中逐渐被边缘化。① 农民工要转变成为市民，首先就得融入城市的工作和生活。“小小鸟”早在 1999 年就发现了大部分农民工在打工城市业余生活枯燥乏味、缺乏文化娱乐活动，为此“小小鸟”主要借助广播节目与城市社区公益活动这两条途径为农民工提供帮助，丰富其业余生活。“小小鸟”从 1999 年 10 月便开始在北京人民广播电台开通了“打工族之夜”节目，在每个周五晚上为农民工讲述打

① 梁娜：《新生代农民工精神文化生活研究》，山西大学科学社会主义与国际共产主义运动硕士论文，2012 年，第 17 页。

工故事，以及由专家通过电话热线为农民工提供意见与建议。“小小鸟”动员全国各地 4000 多名志愿者与城市社区联合组织当地农民工开展交友、读书、维护公共秩序与公共卫生等活动。农民工在城市中生活遭遇诸多困难，“小小鸟”借助传媒、广播节目、网络工作者、免费发放手册（诸如《打工者融入城市手册》）和培训等途径帮助农民工适应城市生活、礼仪习惯等，促进其融入城市。

（二）提升农民工组织化程度

在中国向市场型社会转变的过程中，在政府没有有效调节市场力量的情况下，“资强劳弱”的格局不可避免，而农民工组织却是抵御这种力量的重要武器。① 对于大多数农民工来说，他们在打工地处于一种“无组织化”的状态，很多组织对农民工采取拒之门外的态度，从总体上说，农民工参加组织的状况不容乐观。② 由于缺乏组织保护，农民工在就业选择、工资水平、与雇主签订合同、社会保险、子女教育等方面都处于不利地位。③ “小小鸟”发现提升农民工组织化程度对于农民工和城市发展等诸多方面均具有重要现实意义，于是给向其咨询求助的农民工介绍了加入社会组织的益处、官办与草根社会组织等各类社会组织的特点和优缺点、适合农民工加入的社会组织等。“小小鸟”尽可能地把农民工向其他社会组织引荐，以促使他们加入各种社会组织。“小小鸟”向农民工主要推荐了北京“打工妹之家”、北京艾滋病防治控制中心、深圳市春风劳动争议服务部、深圳打工者中心等数十家社会组织。

（三）提供指导维权与教育培训服务

新生代农民工职业指导不仅有利于促进新生代农民工有效的选择职业、制定职业发展规划，同时还有利于人力资源的优化配置，推动社会稳定发展。因此，加强新生代农民工职业指导具有重要的现实意义。④ 当前我国各级政府对新生代农民工的职业介绍、职业培训和职业指导等公共服务十分匮乏，远远滞后于新生代农民工的职业成长和发展需求。⑤ 在制度化维权失败的背景下，越来越多的农民工选择了一种新的维权方式——非制度化利益抗争，这一方式具有集体性、非理性、主动性、利益性等特征，且近几年呈扩大性、破坏性和严重性的趋势。⑥ 目前所开展的农民工教育培训，由于培训形式单一，培训内容缺乏针对性，政府组织工作缺位，

---

① 梁娜：《新生代农民工精神文化生活研究》，山西大学科学社会主义与国际共产主义运动硕士论文，2012 年，第 17 页。

② 钱正武：《农民工的阶级属性及其向工人阶级的转化》，《科学社会主义》，2006 年第 1 期。

③ 钱正武：《农民工的阶级属性及其向工人阶级的转化》，《科学社会主义》，2006 年第 1 期。

④ 杨丽娜：《新生代农民工职业指导研究》，东华理工大学职业技术教育硕士论文，2013 年第 1 页。

⑤ 叶心宇：《新生代农民工职业指导探索——可雇佣性视角》，《河北师范大学学报》，2014 年第 2 期。

⑥ 董玥玥：《非制度化利益抗争：农民工维权的行动策略及其解释》，《湖北省社会主义学院学报》，2011 年第 6 期。

政策、培训体制不完善，从而不能完全满足新生代农民工的需要。① “小小鸟”针对农民工在城市工作生活遇到的法律就业等困难，依托城市社区主要为农民工提供了法律咨询、就业指导、建立工友档案、打工子弟教育、就业培训、职业安全培训等服务。“小小鸟”已直接培训农民工 324995 人次，为超过 250000 名农民工提供了法律、心理、情感、就业辅导，维护他们的权益，连同 600 多名律师志愿者帮助农民工追回欠薪共计 1.83 亿元。“小小鸟”还利用其庞大的志愿者网络、新闻媒体和城市社区资源，帮助农民工获得恰当的就业机会，他们已帮助超过 43000 名农民工找到工作。

（四）与政府合作争取政府支持

作为公民社会基础的各类社会组织，在社会管理创新中发挥社会协同作用，参与社会治理，最大限度地实现与政府的良性互动、合作共治，可在一定程度确保中国社会充满活力与和谐稳定。② 由于农民工文化素质较低，较少与政府接触，导致其普遍缺乏同政府沟通、交往的能力以及经验和技巧。在中国这个特殊地生存环境下，社会组织（特别是支持型社会组织）为了更好地生存与发展，会通过权威、私人交情、领袖魅力等非正式关系实现对政府的非制度性或者制度性依赖，普遍具有较强的与政府合作以争取支持的能力，致力于服务农民工的社会组织恰好可以发挥其优势，弥补农民工寻求政府帮助与合作方面的缺陷。“小小鸟”与北京市司法局、北京市劳动局等政府部门建立了合作关系。“小小鸟”也是目前唯一一家争取到政府支持而赋权合作的致力于服务农民工的社会组织，早在 2004 年便成立了中国第一家民间调解机构——小小鸟人民调解委员会。

（五）建立健全多元协同合作机制

多元供给主体通过协同合作实现优势互补和资源高效配置，降低单位服务的平均成本，提升生产效能；通过良性互动与协调，有效降低多元主体在非协同状态下内耗熵值，提升整体效能；通过基于信任基础上的信息沟通与共享，产生迭代的学习效应，推动网络组织持续创新；多元协同网络供给依托有机统一、相互嵌套的协同运行机制和保障机制来实现，协同运行机制渗透在公共服务供给过程的每一环节，决定整体效能；信息沟通与共享、信任、协调等保障机制，促进多元主体有序互动和协同供给过程稳定运行。③ 确立社会协同治理模式的关键和核心是建立健全社会协同治理机制，需要通过建立协同治理的愿景目标、形成关于社会治理的多元主体、构建制度化的参与平台、建立健全协同配合、良性互动的运行机制等举措，

---

① 李雪：《我国新生代农民工教育培训策略研究》，四川师范大学成人教育学硕士论文，2012 年，第 1 页。

② 梁星心：《社会组织与政府实现合作共治的路径探析》，《中国浦东干部学院学报》，2011 年第 6 期。

③ 齐艳芬：《城镇化加速期城市公共服务供给新路径——多元协同网络供给》，《当代世界与社会主义》，2013 年第 1 期。

既给社会力量的发育成长留出空间，又建立和完善对于各类社会主体的支持培育机制。[①]“小小鸟”在帮助农民工的过程中，与政府、城市社区均建立起了相关合作机制，但是这种协同机制均是双向协同机制，并未建立起多元主体协同机制。为此，为了更好地促进农民工市民化，社会组织可以在之前与政府和城市社区建立协同合作机制的基础上，建立健全协同合作机制，有效地将政府、城市社区、社会组织、用工单位、农民工等多方主体连接起来。

农民工市民化要经过一个漫长的历程，在此过程中，社会组织应根据自身实力力所能及地帮助和服务农民工。政府应该发挥主导作用，真正实现城市基本公共服务对城市常住农民工全覆盖。政府应该连同社会组织、城市社区等诸方主体完善多元协同合作机制。城市社区要以一视同仁的态度对待外来农民工和社区居民。诚然，要转变成为市民，这与农民工自身利益有莫大关系，他们要多加努力实现自身定居城市的梦。

① 任泽涛：《社会协同治理中的社会成长、实现机制及制度保障》，浙江大学行政管理博士论文，2013年，第1页。

后发型农村社区发展机制与社区建设路径研究[①]

陈光军[②]

一、泸定县农村社区治理现状分析

F. 滕尼斯（1887）最早提出“社区”这一概念。在他看来，社区是人们基于共同的历史、信仰及风俗而形成的一种守望相助的人际关系，农村社区指的是以农耕为主要生产功能或生活方式的社区。依据农村社区发展程度来划分，可以将我国农村社区划分为先发型、后发型和滞发型三类。先发型农村社区是指发展起步较早、发展水平较高的农村社区，如江苏华西村等一批“明星村”。滞发型农村社区是指由于恶劣自然环境以及缺乏必要发展资源的农村社区，主要指中西部地区的贫困村。后发型农村社区则是指发展起步较迟、发展水平较低的农村社区。这些社区可以利用后发优势促进社区经济、社会、文化等方面的发展。目前我国绝大多数村庄都属于后发型农村社区，当前农村社区建设的主要对象应该是后发型农村社区。20 世纪 80 年代以来，随着人民公社体制的解体，中国农村社区普遍实行村民自治制度，形成了乡政村治的新型治理模式。多年来，泸定县在突出村民自治的基础上，就后发型农村社区发展机制与社区建设的实现途径和管理创新进行了许多有益的探索与实践，并形成了一些值得借鉴和推广的地方经验。

（一）泸定县农村社区治理的主要特点

从调查了解的情况看，目前泸定县农村社区建设的特点主要体现在以下几个方面。

1. 领导集团得到了组织保障

任何一个社会的公共权力运行，均需要有一个强有力的领导核心。在村民自治制度环境下，乡村的治理和发展很大程度上依靠农村社区。农村社区是否具有较高的整合度，是提高组织在村庄和村民中的动员力和凝聚力的组织基础，是充分实现组织的领导和治理功能的前提条件。从泸定县农村来看，农村领导集团主要是由村级党组织中的党支部委员会、村民自治组织中的村民委员会组成，部分村还设立了

① 本文系四川省高等学校人文社会科学重点研究基地——农村社区治理研究中心 2014 年度重点项目“后发型农村社区发展机制与社区建设路径研究”（项目编号：SQZL2014A01）的研究成果。

② 陈光军，男，江西南昌人，四川民族学院康巴发展研究中心副教授，法学硕士，主要从事社会学和思想政治研究。

村级合作经济组织中的合作社管委会。

村党支部委员会是农村社区的常设领导机构，委员基本上由村内的全体党员按一定程序选举产生，部分村庄由上级组织委派。村党支部是党延伸在乡村的组织基础，是党在村庄的工作堡垒和领导核心。事实上，村党支部委员会的地位已经远远超出法理意义上的权限，实际执掌着村庄主要公共权力，是乡村社会治理中的核心。①

村民委员会（以下简称村委会）在法理上是农村基层群众性自治组织，承担着村庄自我管理、自我教育、自我服务的重要职责。村委会一般下设治安、计划生育、妇代会、共青团等小组或委员会。村委会最主要的工作是上传下达，即把村里的情况反映给上级政府和接受上级政府指示，完成其交付的任务；其次是调节村民之间的矛盾、纠纷，维护农村社会的稳定；最后还有一些关于计划生育、共青团、妇联等方面的工作。

村经济合作社管委会是村级集体经济组织的领导机构和村集体的法人代表，承担着经营和管理集体经济的职责。在调研的村当中，多数村建立了村经济合作社管委会，且原则上由村党支书（总支书记、党委书记）兼任主任，并掌握重大村级财务的审批权。在极个别村庄，村办集体企业没有进行改制，至今依然坚持由集体经营。比如，泸定县冷碛镇木瓜沟村。在这些村庄，村集体企业管理机构往往取代村经济合作社管委会，成为重要的村级组织之一。

总体上说，村党支部委员会、村民委员会、村经济合作社管委会是当下泸定县农村的村庄领导集团，既拥有重要村务的决策权，又执掌着村务决策执行权（管理权），实质是一种“议行合一”的组织。在现实中，多数村庄自发地选择了村级组织“一体化”运行模式，采取“多块牌子、一套班子、统一分工、共同管理”，形成了统一的村务管理机构。这些“结合型”村级领导组织运行模式显示了明显的治理成效和强大的生命力。②

2. 民间组织接管了农村社区生活

随着农村经济社会发展的多元化和农民需求范围、层次的变化，各地农村出现了一些由农民自我组织、自我管理、自我服务的新兴民间自治组织。这些民间组织极大地丰富和发展了农村生活。

民间组织大致有自治组织、自我管理组织、自我服务组织、自我娱乐组织四类。由于各乡镇具体情况不同，民间自治组织的设置状况有较大差异。比较常见的主要有老年人协会、护村队、计生协会等。在一些村庄还建立了禁赌协会、禁毒委员会、红白理事会、消防队、科技组、市场管理委员会等。例如在岚安乡，为丰富

① 卢福营：《村民自治背景下的基层组织重构与创新——以改革以来的浙江省为例》，《社会科学》，2010年第2期。

② 卢福营：《村民自治背景下的基层组织重构与创新——以改革以来的浙江省为例》，《社会科学》，2010年2期。

农村自我娱乐，村里组织了女子锅庄队、歌舞演唱队等群众文娱队伍；在德威乡磨子沟村、脚乌村，村民自发组织了跨村专业合作经济组织，开展生产技术交流、产供销的合作互助等活动。特别是近年来，泸定县大力推进了农村社区建设，村落传统组织结构得到了进一步优化，邻近村庄得到了有效整合，由此形成了一种新型的超村落农村社区。

应当指出，现阶段的农村新兴民间组织，大部分是因当地农村和村民群众的实际需要应运而生的，所涉及的范围非常广泛，深入到了农村生活的方方面面。这类组织具有较强的内生性，往往能够在实践中发挥较好的自治、自我服务功能，显示出很强的生命力。

3. 大学生村干部注入了生机活力

2010年出台的《四川省中长期人才发展规划纲要（2010－2020年）》明确提出，四川省要推进实施“新农村建设人才支撑工程”，深入推广实施“一村一名大学生计划”，力争5年内，实现达到村（社区）干部半数以上。泸定县自实施“大学生村官计划”以来，基本实现了大学生的个人发展与农村发展的“双赢”：一方面有效地促进了农村的跨越发展，为农村社区与管理注入了生机活力；另一方面也让大学生找到了施展才华的人生舞台，实现了自身价值。

大学生村干部优化了农村社区建设结构，提升了农村社区建设的能力和水平。大学生村干部精力充沛、接受新事物快、懂电脑等，能积极地为村两委出谋划策，充分发挥当村两委“参谋长”的作用。

大学生村干部为农村的发展注入了新的活力，是农村富民创业的引路人。大学生村干部头脑灵活，除了能将自己所学的知识运用到农村的生产生活中，还能及时学习农业实用技术和外地先进的发展模式，有效带领村民致富。泸定县出台激励措施，鼓励和扶持大学生村干部兴办、领办致富项目，设立大学生村干部创业基金，对重点项目予以扶持。据统计，在20名大学生村干部带动下，该县村民先后发展种养殖、农产品加工企业30多个。

4. 党建帮扶强化了城乡联系

新世纪以来，泸定县大力开展了农村党建帮扶工作。由城镇的机关部门、企事业单位对口帮扶新农村建设示范村，以两年为一个周期，通过机关帮扶基层、机关联系企业、企业帮扶农村、社区农村联创，积极探索了城乡党建工作统筹发展新途径，农村社区建设和各项工作得到了较快发展。

党建帮扶工作有力促进了农村社区建设。社区建设始终是帮扶工作的重点，各帮扶点按照“带头致富能力强，带领群众致富能力强”的“双带双强”用人标准，着力在党员干部群众中培养一批、在优秀后备人才中起用一批、在致富能手中物色一批，把能致富、能带富、有心办事的创业型人才充实到村级领导班子，使村级领导班子真正成为农村发展稳定的领头雁。另一方面，各乡镇以加强人才培养锻炼与加强社区建设为结合点，建立了选派优秀年轻机关干部赴农村挂职锻炼的制度。下派干部“吃住在农家，工作在村组，管理在乡镇”，在加强社区建设，帮助壮大集体经济实力，加快产业结构调整，维护社会稳定等方面发挥了重要作用。据统计，2013 年至 2014 年两年里，全县 12 个联系点共调整村（社区）干部 41 人，发展新党员 58 人，整章建制 157 条，培训党员干部 584 人次，村（社区）党组织的“造血”功能明显增强。

党建帮扶工作有力地促进了以城带乡、以城促乡，促进了城乡之间的党员互帮、资源共享、产业互动、发展互赢，有效地密切了党群干群关系，是创新农村社区管理、实现城乡统筹的新探索。

5. 管理创新突出了地方特色

农村社区建设离不开农村发展实际，离不开农村地域特色和民俗民风。泸定县各乡镇立足于地方特色，就农村社区建设创新进行了有益探索。

泸定县探索村级组织“3+2”建设模式，让村党组织、村民自治组织、村级经济合作组织形成合力。通过抓支部建设、抓书记管理、抓队伍培育、抓基础保障方面的“四个结合”举措，进一步完善农村社区建设机制。

兴隆镇以“五基”规则为抓手，对村级组织的基本组织体系、基本职责任务、基本管理制度、基本工作方法、基本待遇保障等“五基”内容进行了系统规范和具体细化。

冷碛镇推出“十条”意见，以“三兴三治转作风（兴学治玩、兴实治浮、兴干治庸）、四联四促抓落实（联乡村促发展、联项目促见效、联企业促增长、联群众促民生）”“百名青年干部下基层”等活动为载体，激发基层工作活力，强化工作责任。

磨西镇在全镇行政村率先推行“四议两公开”工作法（又称“4+2”工作法），逐步推动农村社区建设走向科学化、制度化和规范化。即凡是村级重大事务和农民群众切身利益相关的事项都要按照党支部提议、“两委会商议”、党员大会审议、村民代表会议或村民会议决议，决议公开、实施结果公开的程序进行决策、实施。

（二）存在的主要问题

1. 农村社区建设与农村发展不相适应

随着市场经济的发展，村民逐渐有了自己的经济支配权，部分村党支部，乃至乡、镇政府，已找不到自己在市场经济中的位置和空间，不知道还能帮助村民干些什么。上级政权对于农民的生产活动所发挥的影响越来越小，农民对于上级政权的依赖越来越小，与村党支部的关系也越来越少。农村社区建设与农村发展在一定程度上已不相适应。

一是农村社会管理组织形式不适应现实多层次经济成分的需要。目前，农民分化日趋明显，已经分化为农业劳动者、农民工、农村管理者、个体户、农村知识分子及私营企业主等众多群体。这些群体因利益上的差异性，分别需要为其服务的组织，他们在从事务工、生产、经营等活动中，急切需要成立农村专业经济、综合配套服务、教育与培训、法律维权援助等指导其顺利进行生产经营的各类组织。现有的农村社区与基层管理已不太适应农村经济发展的需要。

二是现有公共服务项目不适应农村村民多样性的服务需求。近年来，我国农村公共服务建设取得较大进展，但随着农村经济的不断发展，农民生活条件不断改善，农民需求出现了多样化的特点。现实中农民享受的服务还比较单一，整体服务水平还比较低，覆盖范围不够宽，城乡居民在医疗、教育、文化、交通、就业等方面仍存在较大差距，农民看病难、上学难、行路难等问题在有的地方仍较为突出。

2. 农村社区建设机制不完善

农村社区建设执行的是“乡政村治”的管理体制，是以“村民自治”为核心的。但由于农村社区建设机制的不完善，“村民自治”难以实现。

一是村民的自治意识不够强，参与农村自治的积极性不高。现阶段农村社会资本普遍呈现出缺失和脆弱的特点，如：邻里关系淡漠、合作意识差，农民参与不足，村民之间平等、自由、互惠、民主的参与网络难以形成，乡村共同体内尚未建立起以契约为基础的信任，干群关系不佳影响村民对政府的信任等。

二是政府主导力量仍在农村社区建设中起主导作用。在相当长的时期内，我国一直过分强调对农村的行政控制，缺乏实行民主自治的传统，这对 20 世纪 80 年代开始的村民自治有着深刻的影响，致使村民自治表现出强行政性与弱民主自治性的特征。尽管村民自治的治理模式体现了让村民自我管理的民主性质，但在“乡政村治”的体制下，政府主导性力量不仅在政策设计中而且在政策实际运行中仍然起着决定性的作用。① 虽然国家控制与政府主导在该治理模式运作初期起到过积极作用，但从长远来看，其抑制农村社会自主性生长的负面影响却在不断凸显，从而最终消解了村民自治的实效。

3. 村与镇之间的关系没有理顺

村与乡镇之间的关系没有理顺，主要表现在以下两个方面：

一是部分乡镇过分干预农村发展和村民自治。取消农业税后，乡镇一级政府仿佛一下子失去了方向，不知道干什么了。受传统的“单中心”治理模式的影响，乡镇的行政公共权力表现出公共权力资源配置的单极化和公共权力运用的单向性特征。基层政府以完成上级政府的指令为主，其管理手段主要采取行政命令的方式，而不是对话、协商、协调的方式，上级领导作决策，技术部门规划，专家进行论证，行政部门行政命令式地安排发展项目，农户或农民按部就班地完成任务。许多发展项目没有得到当地农民的理解和支持，也没能充分考虑农民的切实利益②，因而农民没有积极性。在推进村民自治上，乡镇政府为了便于管理和发展农村经济，

---

① 崔玉丽：《农村基层组织管理模式创新视域下的村级治理问题研究》，《华章》，2011 年第 23 期。

② 陈本凤、陈艳梅：《中国西部新农村治理模式调查报告》，《重庆工商大学学报》（社科版），2010 年第 2 期。

往往插手村两委的任用与管理，致力于把党员培养成致富能人，把致富能人培养成党员，把致富党员培养成干部，这在客观上鼓励了家族式领导管理，也在一定程度上削弱了党的执政基础。

二是一些村委会成为乡镇政府下属机构，疲于应付各项行政指令。村委会是按法律规定而实行的基层群众性自治组织，不属于政府的一级行政组织。但从实际情况看，村委会承担着上级政府大量的行政管理任务，村干部的主要工作是完成乡镇布置的任务，"行政化"倾向十分突出。调查中，许多村干部表示，他们主要的工作是"上传下达"，完成上级政府交付的任务，他们很少主动去发现农村治理的问题，纵使发现了也很少主动去解决。这就导致了村委会工作主要不是为村民搞好服务，而是协助乡镇政府完成各项任务。这就从根本上违背了村民进行自我管理、自我服务、自我教育、自我发展的宗旨①，导致村民自治的目的难以达到。

4. 农村社区战斗力不强

第一，一些农村基层干部工作积极性不高。一是村干部缺乏工作积极性。目前，农村干部工作紧、任务重、待遇低，平均月工资约 400 元，且没有社会保险，严重挫伤了村干部的工作主动性。二是乡镇干部流动慢，长期的固定环境容易导致干部思想消极，得过且过，进取意识逐渐消磨。同时，与各村交往较多，人情关系熟悉，在工作中，难免带有感情，致使矛盾不好化解，工作局面不好打开。三是激励机制不完善。受经济社会影响，部分基层干部把主要心思用于经商或其他事情上，认为工作好不好，富裕自已最重要，导致基层干部工作积极性不高、事业心不强。

第二，部分支部和村委关系不和。一是出现书记、主任"两层皮"现象。支部和村委会各行其是，互相扯皮，严重影响班子的协调和稳定。二是脱离支部领导，片面强调村民自治。部分村委会往往出现凌驾于党组织之上，呈现出我行我素、不服领导管理的现象。

第三，农村基层干部的整体素质偏低。受文化水平限制，一些农村基层党员干部统揽农村经济社会发展的能力，特别是带头致富和带领群众致富的能力不强，为农民提供社会化服务的内容和形式单一，组织农民进行规模化、产业化经营的能力偏弱，难以肩负起带领农民建设社会主义新农村的历史重任。另一方面，由于农村有文化、有头脑、有一技之长的青年农民大量外出，加上村干部报酬低、岗位缺乏吸引力，村干部队伍后继乏人。

二、农村社区发展机制与社区建设路径选择

"理论是灰色的，生活之树常青。"在社会主义新农村建设中，对乡村治理模式的关注，不应当仅仅停留在学者们思考与讨论的层面上，现实的探索才是最具说服

① 王绍军、曾学龙：《我国农村社会治理模式的特点与利弊分析》，《南方农村》，2010 年第 6 期。

力的。

（一）农村社区与基层管理创新的实践

面对新形势、新情况、新问题和新任务，农村社区如何顺应发展要求，不断提高自身社会管理和社会服务能力，及时化解农村社会的各种矛盾，将直接关系农村社会的和谐与稳定。近年来，各地进行了一系列创新尝试，形成了各种不同的模式。

1. 河北“青县模式”

“青县模式”是指在农村建立村民代表大会，构建出“党支部领导、村代会做主、村委会办事”的村治模式。村民代表会议被确定为村民参与民主决策的权力机构；村党组织书记通过竞选担任村民代表会议主席，党组织通过民主程序依法领导民主决策的过程；而村委会则作为执行机构，将村民代表会议的决策付诸实施，并接受村民和村民代表会议的监督。这是一种权责明确、以制度确保主体权威的模式。

2. 湖北襄樊“三三制”模式

具体做法：一是构建“三位一体”的组织架构。即建立党组织、自治组织和集体经济组织“三块牌子、一套班子”的组织构架。二是完善“三会治事”的运行机制。坚持以推进基层民主为目标，完善村党委议事规则、村民自治章程和村规民约，形成村级重大事务实行党组织会议议事、村民（代表）大会定事、村民委员会理事的“三会治事”的工作机制。三是形成“三联共建”的工作格局。开展以“干群联动、工农联建、城乡联创”为主要抓手的“城乡互联共建”活动。这是一种协商式、提升合力的模式。它把社区设置、民主运行机制、发展保障机制整合到一起，形成了一个有机衔接、功能互补、覆盖广泛的制度体系。

3. 四川成都“三分离、两完善、一加强”模式

主要做法是，以建立村民议事会制度为突破，按照“决策权与执行权分离、社会职能与经济职能分离、政府职能与自治职能分离，完善农村公共服务和社会管理体系、完善集体经济组织运行机制，加强和改进农村党组织的领导”的原则，构建以村党组织为领导核心，村民（代表）会议为村级自治事务最高决策机构①，村民议事会为常设决策机构，村委会为执行机构，集体经济组织为独立市场法人，各种其他经济社会组织广泛参与、充满生机活力的村级治理机制。新型村级治理机制延伸和强化了村民自治功能，有效促进了基层矛盾化解，加强了村级事务监管，有效推动了村级公共服务项目实施，巩固了村党组织的领导核心地位。

4. 河南邓州“四议两公开”模式

“四议两公开”即所有村级重大事项的决策由村党支部在广泛征求党员和村民意见的基础上提议，再由村“两委会”商议、党员大会审议、村民代表会或村民大

① 王亚平：《望城区格塘镇农民集中安置模式创新研究》，湖南师范大学硕士论文，2011年。

会决议，决议和实施结果都要向全体村民公开，这是一种从程序上保障民主权利的模式。[①] 这一模式的核心理念，就是让群众成为基层民主政治建设的主体，村级事务让农民自己议、自己定、自己干，增强了农民群众的主人翁责任感，使广大农民群众的思想观念实现了由"被动旁观"向"主动参与"的转变，群众参与村级事务管理和产业发展的积极性空前高涨，为新农村建设注入了生机与活力。为保证"四议两公开"工作法的顺利实施，还有相应的六项配套制度、即党员联系群众制度、村民代表推选制度、村民代表联系户制度、民主监督制度、责任追究制度、档案管理制度。它把农村经济社会发展的问题用一套实用的议事决策程序加以解决，创新了农村基层民主政治建设机制。

（二）农村社区发展机制与社区建设路径选择

乡村治理模式是乡村治理权力产生、运作与变更的制度安排与组织构架。成功的基层治理是乡村治理的理论同各地的实际相结合的产物，各地的情况千差万别，不能采取"一刀切"的改革策略，并非一定要构建一个统一的农村社区建设体制模式。但这并不排除吸收和借鉴一些先进的理论资源和成功的实践经验。笔者认为上述农村社区与基层管理的实践模式，对于当前我国农村社区建设体制创新至少有如下几点路径选择。

1. 重整社区是完善农村基层治理的基础

一般而言，基层社会管理格局和管理体制状况与社会的特定权力结构紧密相关。20 世纪 80 年代初普遍开始的乡村经济改革，彻底打破了传统集体经济一统天下的垄断格局。土地承包权下放使农民获得了生产自主权，当乡村社会的开放与流动进一步增强时，农村社区管理"行政性整合"的社会根基在逐渐消解。特别是农业多种经营不断出现、乡村个体私营经济相继兴起、乡村社会结构日益多元化，乡村经济结构的深刻变化奠定了多元主体参与权力资源配置的经济基础。乡村权力资源配置由集体垄断型向多元主体参与型转变，意味着农村社区管理的原有组织格局趋于瓦解，农村社区的组织重构则成为实现农村社区管理创新的首要条件。[②]

"组织就是为实现某方面的特定目标一定规则和程序排列组合起来并开展活动的群体。"任何一种治理均需要构建相应的组织体系，以实现有效的权力运作。实践中的农村社区建设创新时常借助于社区的重构来实现。实现农村基层民主的最大化，关键取决于如何以灵活多样的形式使农村社区建设的方向和实现人民群众利益的最大化合拍。

2. 创新运行机制是完善农村社区建设的关键

农村治理创新是一个涉及多层次、多方面的改革实践，为了保证改革的深入性和长效性，必须建立相应的运行机制和相关程序。农村社区的目标评价、组织管

① 崔玉丽：《农村基层组织管理模式创新视域下的村级治理问题研究》，《华章》，2011 年第 23 期。

② 曹海林：《乡村和谐发展与农村基层社会管理创新的理性选择》，《中国行政管理》，2009 年第 4 期。

理、决策执行、运行保障等机制的建立健全，是提升新的组织体系在农村社区管理创新中的运作效率的关键。新型运行机制的建构应着力强化农村社区管理中的自治功能，扩大基层民主、改善治理结构。近年来，各地农村在基层治理方面的实践，一般都按照系统分工，重新对农村组织进行准确定位，明确组织的职责和功能，从而制定出一套权责分明、运行协调的规范运行机制。首先，改变传统的村级组织架构，形成以农村党支部为核心、多元主体合作的环式治理结构。其次，调整村级组织的职责和权力。以制度安排的方式明确了党支部、村代会和村委会的职责和权限，并强调这三个村级组织是目标一致、相互配合的关系，各自具有不可替代的重要作用。再次，加强村级组织之间的相互制衡。运用分权制衡和社会监督，建立健全农村民主监督制度，以遏制农村权力腐败现象。

3. 加强制度规范是完善农村社区建设的保障

“无规矩不成方圆”，要搞好农村社区建设工作，必须建立相应的制度和相关的程序，把村治工作纳入法制化、制度化、规范化轨道。通过建立各组织的工作规则，明确各自职责和办事程序，使村务管理有章可循、规范有序。以制度形式，对村级事务决策内容、决策过程和决策执行，进行具体、详细的规定，克服村治工作中的随意性。加强制度建设，不仅能够使新的组织体系以制度化的规范要求适应市场经济发展的新形势，而且能够确保农民的各项权利保障不会被“悬空”或“虚置”。实践证明，《村务党务公开细则》《民主决策流程》《村民自治章程》《村民公约》等一系列制度，既为村级组织民主管理提供了依据，同时也让广大干部和村民以这些制度为准绳，加强自律、自我约束，相互监督、相互评价。

4. 实现城乡同治是完善农村社区建设的新的突破口

在经过30多年的改革和发展之后，中国经济社会已进入统筹城乡发展的新阶段。由于农村经济资源的流动性明显加强，农村产权制度也发生了深刻的变革，从而使农村现实和潜在的基本公共需求开始转变为全面的公民基本权利的需求。保障城乡居民享有平等的发展机会和公民权利，建立城乡统一的基本公共服务制度，实现城乡基本公共服务均等化，已成为政府与社会不可推卸的职责。各地农村社区建设模式尽管在实践探索中取得了一定经验成就，但仍然没有打破长期城乡隔绝的局面。怎样实现统筹发展，怎样优化配置和整合使用各种资源，还缺少具体的抓手和载体。随着国家城乡发展战略从城乡分离向城乡一体转变，传统村民自治所承担的公共服务及公益事业将更多地由中央和地方政府承担，中央和地方也将更多地承担村民自治的财政及运行成本，我国的农村社区与管理体制再次走到历史性变革的重要关口：构建与市场经济体制及城乡一体化发展相适应的城乡一体的社区与管理体制，将是我国农村社区建设的又一次重大变革。

三、农村社区与基层管理创新的模式选择

目前农村不是有没有组织的问题，关键是如何构建设置完善、职责明确、相互

制衡、运转高效适应城乡一体化建设需要的村党组织领导和村民当家做主有机统一的村级治理机制，建立城乡同治的治理结构模式，依托城镇乡村的协同管理来优化和改善农村社区建设。

（一）城乡共建农村社区

搞好农村社区建设是实现村民自治的前提条件，是完善农村社区建设的基础平台。在农村社区建设上，城镇应给予农村更多的帮助与支持，在确保村民自主自治的基础上，实现农村社区的城乡共建。

一是要指导农村社区建设。指导和协助村级组织健全基本组织体系，明确基本职责任务，完善基本管理制度，凝聚村务管理合力，推行基本工作方法，促使乡村干部转变作风、深入一线、为民办事。要充分发挥县市机关单位和领导干部的作用，实现机关单位、领导干部与农村社区建设的“结对共建”。比如攸县就将“城乡同治，结对共建”作为开展“社区建设年”活动的载体，该县组织县直机关单位和党员干部深入农村，县级领导办点一个乡镇、指导一个社区、联系一个重点企业，县直单位帮扶一个村（社区），县直机关干部联系一名重点对象。

二是要培养农村基层党员干部。按照“班子共管、阵地共建、党员互培、活动互联”的要求，进一步加强和改进农村党员干部队伍建设，完善党员活动阵地和服务管理平台，实现城乡党建统筹发展。县市各直属部门要积极为农村基层培养党员干部，城市党员干部要积极下到农村锻炼，努力形成城乡党员干部的互动式学习培养机制。要深入开展创先争优活动，引导农村社区和党员干部立足本职岗位创优秀，带领群众争一流，打造服务型党员干部队伍。

三是要加大资金支持力度。县乡两级财政要加大农村干部预算支出，落实农村干部基本待遇和社会保障，基本做到城乡干部待遇对等。县市后盾单位、结对单位要加大资金支持力度，保障一定的农村社区经费。

（二）城乡统筹公共产品供给

城乡公共产品供给是我国统筹城乡发展的重要内容。完善农村社会治理，就要着力改善城乡居民的生产生活条件，让农村居民享受与城镇居民同等的社会待遇，积极推动社会公共服务、公共产品向农村延伸。

一是要提升统筹城乡公共产品供给能力。以村级社会管理和公共服务为主要内容的公共产品，由原来主要依托村两委提供转变为政府主导、多方参与的分类供给，由原来的城乡分离转变为城乡一体。对应由村级自治组织承担的公共服务和社会管理项目，实行财政“定额补贴”；对应由政府提供的，政府依托村级自治组织或其他经济社会组织实行以事定费、以质定酬的核算和考核；同时鼓励民间力量参与提供村级公共产品，由政府给予政策和资金上的支持和补助。

二是构建覆盖城乡的基本公共产品供给体系，提高统筹城乡公共产品供给效率。要逐步建立城乡一体的基础教育资源分配制度，建立覆盖城乡的基本社会保障制度，建立健全城乡全民医疗保障制度，加快农村流动人口和城郊失地农民社会保障制度建设，加快教育、卫生、社会保障等城乡一体的公共保障服务体系的建设。

三是要建立城乡公共产品供给良性运行机制。要推进制度创新，降低农村公共产品供给成本，有针对性地推进农民集中居住和土地集中经营，提高医疗、基础设施等公共产品供给的规模效应，降低农村公共产品供给成本，提高农村基层政府财政支出效率。要完善居民监督机制，激励地方官员加强公共产品市场化供给的政府规制，确保公共产品供给质量和公平。

（三）城乡同治农村社区建设

要把城市和农村作为一个有机整体，打破原有城乡分割的管理模式，以统筹城乡资源、优化发展空间、实现城乡一体化为目标，达到城乡之间社会治理的“全民同教化、设施同建设、事务同管理”。

一是要突出综合服务、网格管理两大抓手，积极推动社会管理重心下移，提高基层社会管理效率。积极构建涵盖党建、社保、民政、计生、维稳等在内的农村社区综合服务管理平台，实行统筹管理、综合服务，提升效率，方便群众。

二是要大力推行城乡联合办公制度。紧扣“便民服务、调处纠纷、村务管理、提供咨询、教育教化”功能定位，进一步提升村级定期联合办公制度规范化、常态化运行水平，推动党员干部在深入基层、服务群众、解决问题中抓落实、强本领、促发展。切实加强驻村单位、县直部门、乡镇、村组的协调联动，进一步规范办公流程，抓实关键环节，有效解决涉及群众切身利益的具体问题，为农村社会治理办实事，出实效。在泸定县，每月 20 至 25 日之间，由村干部、县乡办点干部和相关县直部门单位，联合到村现场办公两天，共同研究解决村级重要事务、重点问题。一年来，全县 500 余名县、乡（镇）、村（社区）干部参与联合办公，收集梳理群众各类生产、生活困难和问题 135 件，现场办公议定解决 47 件。

三是要统筹城乡文化生活。以营造文明、提升素质、弘扬正气、健康身心、促进发展为目标，充分利用城市文化资源，积极组建文明礼仪宣教队、文化宣传队，以城带乡突出抓好文明教化，积极组织群众文化体育活动，倡导健康生活理念，以丰富乡村群众精神文化生活，着力打造文明乡村。

（四）组织创新推动自主自治

农村社区变革必须适应当前城乡一体化发展和新农村建设的现实需要，基本思想是建立城乡有效衔接，党的领导与村民自治良性运行，农村自治组织社会基础不断扩大，农村自治组织、经济合作组织和社会公益性组织等各种组织关系顺畅的现代农村社区管理新机制。

实行“村社分开”，建立党组织、村民自治组织、村级合作经济组织以及其他公益性社会组织等各司其职、良性互动的组织体系。除了党组织、村民自治组织等正式组织在社会管理等方面发挥作用外，经济合作组织则主要负责协调各方面利益和矛盾，实现入会会员的共同利益；其他的包括老年协会、青年组织等农民自组织，主要是公益性的，作为志愿者参与农村事务，为新农村建设和广大农民服务。

他们相互补充、共同服务于农村建设和农村经济发展和社会进步。当前，应优化农村社区中各类型组织的服务功能，大力推进农村的经济、文化、社会建设，为实现城乡一体化打下良好的基础。

积极推动自主自治，把城乡居民自我服务、社会组织参与服务、志愿者公益服务有机结合起来，激发群众主人翁意识，积极推动基层群众自我管理、自我教育、自我服务。目前，泸定县有各类社会组织189个，他们活跃在城乡各个角落，服务社会能力显著增强。特别是在近几年的城市“四创四化”、农村环境综合整治等工作中，广大人民群众始终都是奋战在一线的“主力军”。

（五）调整规范村两委职能

党的十八大报告指出：“要健全基层党组织领导的充满活力的基层群众自治机制。”完善村民自治，并不会削弱党的领导，而是使村党组织从过去事无巨细的直接管理中彻底解脱出来，将大量的时间和精力真正用在想大事、定方向、管规则、重引导、强监督和抓好党的自身建设上，充分凸显村级党组织核心领导地位，使村党组织在广大农村党员群众中更具威信。

村民委员会是农村基层群众性自治组织，其基本职能是管理本村的公共事务和公益事业，调解民间纠纷，协助维护社会治安，向人民政府反映村民的意见、要求和提出建议。在新型村级治理机制下，村委会的职责应得到规范和限制：一是对村民（代表）会议和村民议事会负责并报告工作，执行落实村民（代表）会议和村民议事会的决定；二是承接政府委托和购买的社会管理和公共服务；三是办理本村公益事业、调解纠纷、协助维护社会治安等村级自治事务。从发展目标看，村委会主要是为发展经济创造有利环境，提供各种服务，而不是直接管理经济，从而回归社会事务管理。

对村两委而言，要把制度建设作为村级组织建设的重要内容，坚持在依法治国方略的指导下推进依法治村。要建立村党支部、村委会议事规则，规范决策程序，实行民主决策，正确处理好村党支部与村委会的关系，保持领导班子的团结、有战斗力。要健全村民代表会议议事制度和党员首议制度，调动村民、党员参与村务管理的积极性，加快村民自治的进程。

基于民族乡理论和实践的若干思考

陈永亮[①]

2014年9月28日至29日，中央民族工作会议在北京召开，习近平总书记指出，新中国成立65年来，党的民族理论和方针政策是正确的，中国特色解决民族问题的道路是正确的，我国民族关系总体是和谐的，要坚持和完善民族区域自治制度，把宪法和民族区域自治法的规定落实好，帮助自治地方发展经济、改善民生。民族乡是民族区域自治制度的一种补充形式，是一种以少数民族聚居区为基础建立的基层政权形式，对促进民族繁荣发展、和谐民族关系构建起到了重要作用，特别是对散杂居的、人口较少的少数民族将起到非常关键的作用，是中国特色解决民族问题正确道路之一。

一、关于民族乡理论研究

自1955年12月29日《国务院关于建立民族乡若干问题的指示》颁布以来，党和政府对建立民族乡工作就十分重视，历代领导集体都强调民族乡是民族区域自治制度的一种补充形式。鉴于一些少数民族聚居地域较小、人口较少并且分散，不适合建立民族自治地方，宪法规定通过设立民族乡的办法，使这些少数民族也能行使当家做主、管理本民族内部事务的权利。有学者指出，民族乡是我国特有的、少数民族自己管理自己内部事务、依法行使当家做主权利的一种基层政权形式，是解决我国散杂居少数民族问题的一种较好的政治形式，是民族区域自治制度的一种必要补充形式。[②]

作为民族区域自治制度的重要补充形式，截至2013年底，国家在相当于乡的少数民族聚居的地方，共建立了1034个民族乡。11个没有实行区域自治的少数民族中，除高山族和京族外，有9个少数民族建有民族乡。[③] 1993年，国务院颁布了

---

① 陈永亮，男，满族，辽宁葫芦岛市人，中央民族大学中国民族理论与民族政策研究院2013级博士研究生，主要研究方向为民族区域自治与民族工作、民族理论与民族政策等。

② 金炳镐：《民族理论通论》，中央民族大学出版社，2007年版，第356页。

③ 李景田：《全面贯彻实施民族区域自治法大力推进民族工作法治化》，载国家民族事务委员会网，2014－11－08，http://www.seac.gov.cn/art/2014/11/18/art_7960_219353.html。

《民族乡行政工作条例》来保障民族乡制度的实施。《民族乡行政工作条例》[①]（以下简称《条例》）是我国唯一的关于民族乡的法规，成为民族乡民族工作的基本准则。根据这个条例，民族乡享有比一般乡更优惠的政策，体现出一定的自治性质。民族乡与一般乡的区别，主要有以下几个方面：

（1）建乡的主体民族不同。根据1983年国务院《关于建立民族乡问题的通知》，成立民族乡要具备下面几个条件，即：凡是相当于乡的少数民族聚居的地方，应当建立民族乡。少数民族人口占全乡总人口30%以上的乡，可以按照规定申请设立民族乡；特殊情况的，可以略低于这个比例。有关民族乡的建立事宜，由省、自治区、直辖市人民政府决定。[②]

（2）它们的法律地位有所区别，即法律赋予民族乡一些特殊的权利或自主权。例如，《条例》第12条指出："民族乡依照法律、法规和国家其他有关规定，管理和保护本乡的自然资源，并对可以由本乡开发的自然资源优先合理开发利用。"

（3）乡政府机关的组成原则有区别，《条例》第4条规定："民族乡人民政府配备工作人员，应当尽量配备建乡的民族和其他少数民族人员。"1983年12月29日国务院《关于建立民族乡问题的通知》[③]中规定："民族乡的乡长由建乡的少数民族公民担任。"

（4）政府机关行使的职能有所区别，民族乡结合本地区的情况和民族特点，因地制宜地发展经济、文化、教育、卫生事业等。例如，《条例》第12条指出："在民族乡依法开发资源、兴办企业，应当照顾民族乡的利益和当地人民群众的生产、生活，在配套加工产品的生产和招收当地少数民族人员方面做出合理安排。"

民族乡是民族区域自治制度的一种补充形式，与民族自治地方有一定的区别，相互比较下又有着一定的相同之处。例如，建立的理论和政策依据都源于党的民族区域自治理论和政策；建立的宗旨和目的相同，都是为了"少数民族自己管理自己内部事务"；建立都涉及民族因素与地域因素，是政治因素与经济因素的正确结合；地方政府的组成原则基本相同，行政首长都由自治民族或建立民族乡的民族担任，等等。因此，民族乡是一种特殊形式的基层政权。也可以解释民族乡是带有民族区域自治性质的基层政权的地位，既区别于民族自治区、州、县（旗），又区别于现有的一般乡、镇。

新世纪新阶段，随着改革开放的不断深入和城市化水平的不断提高，我国的民族乡发展迅速，同时也出现了一些问题。本文通过调研，分析民族乡的法律依据以

① 《民族乡行政工作条例》，国家民委办公厅等编：《中华人民共和国民族政策法规选编》，中国民航出版社，1997年版，第78页。

② 《国务院关于建立民族乡问题的通知》，国家民委办公厅等编：《中华人民共和国民族政策法规选编》，中国民航出版社，1997年版，第31～32页。

③ 《1983年12月29日国务院〈关于建立民族乡问题的通知〉的主要内容是什么?》，国家民族事务委员会网，2004年7月11日，http://www.seac.gov.cn/gjmw/wtjd/2004-07-11/1169170090744299.htm。

及新时期出现的若干情况，并对新时期民族乡法律地位的确立提出几点思考。

二、新时期民族乡发展的一些问题

(一) 关于民族乡数量的不断变化

我国的民族乡的数目不断变化，从1991年到1996年，从1031个增加到1264个，到2005年基本稳定在1123个左右，具体数据还有一点变动。例如，2008年，江西省峡江县成立的金坪民族乡。该乡以1957年建立的金坪华侨农场为基础，有侗、傣、瑶、京、壮、彝、苗、畲8个少数民族，占总人口的32.7%。另外还有由于移民而促使当地的民族比例发生变化而增设的民族乡，例如，甘肃省玉门市的独山子东乡族民族乡，乡民主要是来自甘肃省东乡族自治县的移民。①

(二)《关于建立民族乡问题的通知》《民族乡工作条例》等法律法规的执行情况

《关于建立民族乡问题的通知》《民族乡工作条例》在各地的执行情况不同，执行力度不同。由于诸多原因，很多民族乡并没有完全按照《条例》执行。例如，《关于建立民族乡问题的通知》中规定："民族乡的乡长由建乡的少数民族公民担任。"笔者在辽宁省、吉林省、黑龙江省调查了解到，一些民族乡的乡长是由汉族担任的。在与当地的民族事务主管部门的访谈中了解到，民族政策的执行力度不够，当地的组织部门考察安排，提出没有合适的少数民族干部，就由汉族的干部担任。

又如，《条例》第12条指出："民族乡依照法律、法规和国家其他有关规定，管理和保护本乡的自然资源，并对可以由本乡开发的自然资源优先合理开发利用。"很多外来的企业对民族乡的发展起到推动作用的同时，也使当地民族乡的居民受到了影响。笔者在内蒙古自治区呼伦贝市恩和俄罗斯民族乡调研时，一位从事家庭旅游的俄罗斯族大妈介绍了当地的情况。

个案1　佟某某：俄罗斯族家庭游经营者

我们俄罗斯族开始做俄罗斯风情游（家庭旅馆）生意的有17家，政府开始扶持我们做家庭旅游，规模虽然小，但是生意很好。我们17家都是俄罗斯族，做的也是纯正的俄罗斯族的家庭文化。后来政府招商引资，外地来的企业进来了很多，打的都是俄罗斯族文化的旗号。外来的企业资金充足，酒店的硬件设备好，我们传统的家庭游失去了竞争力，生意就不好做了。例如，我们俄罗斯族的列巴都用烤炉做的，在面包中加入列巴花。而其他商家基本上都是用烤箱烤的，也不正宗。但是游客也不知道，吃了后觉得和外地的也差不多。我们俄罗斯族的居民就有意见，不正宗的面包影响了游客对我们民族的文化产品的理解，我们也没办法改变现状。

① 《中国民族年鉴（2008）》，中国民族年鉴社，2009年版，第159页。

个案 2　李某某：恩和俄罗斯民族乡乡长

我们民族乡的发展情况很好，乡长、书记都是俄罗斯族的。这里的文化发展和传承都比较好，大家也比较集中。现在这里都发展俄罗斯族的旅游文化产业，招商引资的企业也比较多，都在规范化地发展，我们也体谅当地的俄罗斯族的群众的想法，但是外地来的游客选择也不同，有些游客就是需要硬件条件好的宾馆，家庭宾馆达不到标准，市场有需求，所以才招商引资促发展。选择酒店等都是游客自己决定，乡政府都是推广正宗的俄罗斯族族文化。

案例 1 反映当地俄罗斯乡有能力对本乡开发的自然资源优先合理开发，但是政府出于发展的考虑，还是要招商引资。两个案例充分反映了《条例》中规定的相关内容与现在的实际情况有一定出入，可见《条例》的相关内容与现实中的很多情况不符，需要适当修改。笔者在辽宁调研时了解到辽宁省没有正式出台过民族乡相关的工作条例。《辽宁省散居少数民族权益保障条例》① 是保障辽宁省内散居少数民族权益的重要法规。该条例第 9 条明确规定："省、市、县人民政府应当设立民族乡发展资金，重点用于扶持贫困或边远地区民族乡的发展。""民族乡财政收入的超收部分和财政支出的节余部分，应当全部留给民族乡使用。"但是一些民族乡镇并没有按照《条例》的规定建立民族乡镇发展的专项资金，对民族乡镇的项目扶持未能全面纳入到法制化的轨道之中。

（三）关于民族乡撤销建镇、街道的现象

随着城镇化的加速推进，一些民族乡特别是沿海的民族乡发展迅速，具备了镇的资格，纷纷撤销民族乡，建立镇或街道。笔者在调研中发现，城市中的一些民族乡纷纷撤乡设街道。例如，辽宁省大连市金州区 2005 年、2008 年将石河镇、七顶山满族乡相继改为街道，其各自所辖的行政区域和政府驻地不变，实行街道管村体制。而农村的民族乡则很多改为镇。笔者在辽宁省葫芦岛市绥中县调研过程中了解到，当地的满族乡撤销直接变成镇的现象十分普遍。例如，荒地满族乡变成荒地镇，小庄子满族乡变成小庄子镇，大王庙满族乡变成大王庙镇等，现在只剩下 6 个民族乡。而葫芦岛市兴城市 2013 年 1 月也相继撤销红崖子满族乡、海滨满族乡改为镇。

民族乡改为街道以后，面临着失去法律赋予的民族乡镇的优惠待遇，民族乡镇经济建设的自主权不同程度地遭到削弱。一些民族乡改为街道后，少数民族原有的特色文化的保护、挖掘和整理也面临挑战。而 2000 年 6 月，中共中央、国务院发布了《关于促进小城镇的健康发展的若干意见》，进一步推动了这项工作的开展。一般来说，民族乡的人口总数、地域面积、经济总量都要小于普通乡镇，这使有的

① 《辽宁省散居少数民族权益保障条例》，辽宁省民族事务委员会网，2012 年 5 月 21 日，http://www.lnmz.gov.cn/zfxxgk/zcfg/mzflfg/lndf/201205/t20120521_878877.html。

民族乡因此而被撤销或合并。[①]

例如，笔者在内蒙古呼伦贝尔市调研时了解到，2011年，内蒙古自治区政府批复呼伦贝尔市分设部分苏木乡镇，其中，撤销额尔古纳市室韦俄罗斯族民族乡名称，设立恩和俄罗斯族民族乡、蒙兀室韦苏木。室韦俄罗斯民族乡拆分后除名称发生变化、部分辖区划归蒙兀室韦苏木外，仍保留其民族乡职能和建制。据了解，原室韦俄罗斯民族乡成立于1994年，2001年全区开展撤乡并镇工作时将原室韦镇并入室韦俄罗斯民族乡。近年来，由于辖区面积大、行政管理不便，加之国内外专家认同室韦地区为蒙古族发祥地、呼伦贝尔市倾力打造大型民族文化园——蒙兀之源等原因，呼伦贝尔市三级政府多次呼吁将室韦俄罗斯民族乡拆分，便于管辖和发展民俗旅游等产业。

个案3　于某某：俄罗斯族基层乡干部

我们这个地方以前叫室韦俄罗斯民族乡，2011年，自治区撤销额尔古纳市室韦俄罗斯族民族乡名称，设立恩和俄罗斯族民族乡、蒙兀室韦苏木。当时一些俄罗斯族的群众也有一定的情绪，后来通过做工作，仍然把俄罗斯文化作为苏木发展的一部分，这样当地的俄罗斯群众也就没意见了，现在的蒙兀室韦苏木发展俄罗斯文化和蒙古族文化两种。

（四）关于民族镇的法律地位

民族镇往往与民族乡相提并论，但是目前我国法律上却没有民族镇这一行政层级。改革开放以后，在民族乡的恢复和重建过程中，一些地方根据《国务院关于更改相当于区和相当于乡的民族自治区的补充指示》[②]，建立了民族镇。吉林省很多满族镇就是在这种情况下成立的，如吉林市乌拉街满族镇于1986年成立，四平市叶赫满族镇于1983年成立，吉林市大口钦满族镇于1988年成立。

1992年7月12日的《关于停止审批民族镇的通知》指出："当前有的地方设置行政区域不遵照宪法规定办事，自行设立'民族镇'，而且还有进一步增加的趋势……设置'民族镇'是不符合《中华人民共和国宪法》规定的，必须予以制止。"[③] 但是，民族镇的设立并没有停止。例如，甘肃省武威市天堂土族民族镇就在2002年成立。

（五）关于民族自治乡的称谓

随着新闻传媒、网站的不断发展，各地各部门都建立了自己的网站，但目前在一些地方政府网站和新闻媒体网站上不恰当地将民族乡称为"民族自治乡"。例如，安徽经视《第一时间》栏目中，记者在采访肥东县牌坊回族满族乡一村民时，画面

---

① 沈林：《中国的民族乡》，民族出版社，2001年版，第154页。

② 《中国民族统计年鉴（2008）》，民族出版社，2009年版，第643页。

③ 《民族政策文献汇编》第二编，人民出版社，1958年版，第61页。《国务院关于更改相当于区和相当于乡的民族自治区的补充指示》中指出："过去在镇内建立的相当于乡的民族自治区，凡适合将所在镇改为民族的，可以讲镇改为民族镇。"

字幕打成了“肥东县回族满族自治乡”的牌坊村。

准确、规范地使用民族乡的称谓，是一件十分严肃的事情。因此，国家民族事务委员会办公厅专门制定了《国家民委办公厅关于进一步规范有关民族乡称谓的通知》，提出：民族乡是在我国少数民族聚居的地方建立的乡级行政区域。由于一些少数民族聚居地域较小、人口较少，不宜建立民族自治地方，宪法规定通过设立民族乡的办法，使这些少数民族也能行使当家做主、管理本民族内部事务的权利。民族乡不是民族自治地方，是我国民族区域自治制度的补充形式，其称谓具有严格的法定规范性。《民族乡行政工作条例》规定：“民族乡的名称除特殊情况外，按照以地方名称加民族名称确定。”[①] 但是，目前，还是有很多网站上用“民族自治乡”，体现出社会各界对民族乡认识的模糊。

三、关于民族乡理论和发展的若干思考

民族乡工作是我国散杂居民族工作的重要的一部分，是少数民族发展的一个重要标志，特别是没有建立民族自治地方的基诺族、赫哲族等11个少数民族通过民族乡这一形式自己管理本民族内部事务，行使自主权的。因此，民族乡的建立是建乡少数民族行使民族平等和一定自治权利的标志，民族乡的发展是建乡民族及其他的乡内民族发展的标志。

（一）加快民族乡的法制建设，明确民族乡的性质

前述中提到了民族乡的法律地位，宪法、民族区域自治法明确提到了民族乡的一些特殊性，但是没有完全明确规定民族乡的性质，这样民族乡的自主权利容易受到质疑。笔者在辽宁省调研过程中，一些人错误地认为，民族乡只是一个空架子，只是多了一块双语的牌子，安排了一名少数民族乡长而已，认为和一般的乡镇没什么区别。民族乡权利的实施缺乏必要的制度和法律保障。因此，建议在法律中明确民族乡的性质和地位，以利于落实党的民族政策，切实保障散杂居地区少数民族的平等权益。

（二）适当修改《民族乡行政工作条例》

《民族乡行政工作条例》的颁布已经20年了，不能适应当前社会发展的现实需要。例如，条例第4条中规定：“民族乡人民政府配备工作人员，应当尽量配备建乡的民族和其他少数民族人员。”这里提出的对民族乡的干部配备和少数民族人才培养使用问题，和现行的公务员制度不匹配，另外“尽量”只是一种体现。调研时出现的民族乡的乡长由汉族担任，也是当地组织部门尽量协调的结果。如果改为“在辖有民族乡的市、县在招录国家公务员时，要留出名额或按一定比例招录少数民族考生，安排到民族乡工作。”可能比较合适。例如，第10条关于对民族乡财政

---

① 《国家民委办公厅关于进一步规范有关民族乡称谓的通知》，国家民族事务委员会网，2011年11月17日，http://www.seac.gov.cn/art/2011/11/17/art_142_141177.html。

扶持和扶贫工作等规定都已不适应现行的国家政策，因为税制改革的原因而形同虚设。如果改为“在安排国家财政转移支付资金时，民族乡应高于其他同类别的乡镇。扶贫项目应优先安排到民族乡”比较合适。笔者在调研时也发现，各地方的民族乡基本没有安排机动财力，与一般的乡、镇区别不大。

建议在《民族乡行政条例》修改过程中明确规定，“民族乡的乡长由建乡的少数民族公民担任”，“民族乡一经建立，不得随意撤销或合并，不得随意变更其行政区域。如果确因经济社会发展需要撤销、合并或变更其行政区域的，在报请省级人民政府批准前，需经民族乡人民代表大会表决通过”等在其他相关法律中有关解释的条文。

各地方政府根据时代的变化，适时出台了相关法律法规，补充新时期《条例》的不足。例如，笔者在调研过程中，发现各地方政府相关部门认真贯彻落实《条例》各项规定，辽宁省出台的《辽宁省散居少数民族权益保障条例》是依法保护散居少数民族的合法权益，把民族乡镇发展纳入法制化轨道的重要法规，也应加紧贯彻落实。辽宁省的各级党委和政府要根据条例要求，在制定国民经济和社会发展规划时，优先列入对促进民族乡镇发展有利的项目；合理分配和使用国家用于扶持散居少数民族发展生产和改善生活条件的各种专项资金；在安排为经济不发达地区分配的专项资金、扶贫资金、民族资金时，应对民族乡给予必要的照顾；对民族乡镇应享有的政策，要加强监督检查，保证落实到位。

（三）确立民族镇的法律地位

民族镇是城市化过程中发展出的折中产物，是民族乡和镇的一种杂糅。但是，一直没有在法律上给以“民族镇”的行政地位。1992 年的国务院《关于停止审批民族镇的通知》中明确提出：设置民族镇是不符合《中华人民共和国宪法》规定的，必须予以制止，否则将损害《中华人民共和国宪法》作为国家根本大法的尊严，并将造成行政区划体系的混乱，影响国家的行政管理。为此，各省、自治区、直辖市人民政府在接到本通知后应立即停止审批民族镇。已经设立的将另行研究处理办法。因此，确立民族镇的法律地位迫在眉睫。

（四）加强民族乡的民族干部的队伍建设

民族乡的少数民族干部是少数民族自主权利的重要体现之一。调研过程中，笔者发现很多民族干部知识结构不合理，比例相对较低。例如，黑龙江省的 7 个朝鲜族乡，其朝鲜族人口占总人口的 43.1%，但朝鲜族干部却只占干部总数的 22.3%，远未达到《黑龙江省民族乡条例》规定“民族乡政府工作人员中，少数民族应占 30%以上”的要求。其他一些省（区、市）民族乡的少数民族干部比例也不到 30%。[①] 建议加大对民族乡少数民族干部的培训力度。帮助民族乡建立起一支包括

① 中央民族干部学院调研组：《民族乡发展，亟待更多政策支持》，《中国民族报》，2012 年 4 月 2 日，第 5 版。

企业经营管理、专业技能和农村适用技术的人才队伍。要出台民族乡干部的优惠政策，鼓励、支持、吸引各类人才到民族乡创业发展。同时在公务员招考中，继续对民族乡倾斜，专门划定名额在少数民族中进行录考，使更多的少数民族干部能够脱颖而出。

综上所述，民族乡作为我国的基层政权形式之一，具有多方面的民族特点，做好民族乡工作是我国民族工作发展的需要，是保障散杂居少数民族权益的需要，是扶持人口较少民族发展的需要，是促进和谐民族关系的需要。

参考文献

[1] 沈林. 中国的民族乡 [M]. 北京：民族出版社，2001.

[2] 金炳镐. 民族理论通论 [M]. 北京：中央民族大学出版社，2007.

[3] 中国民族统计年鉴（2008）[M]. 北京：民族出版社，2009.

[4] 中央民族干部学院调研组. 民族乡发展，亟待更多政策支持 [N]. 中国民族报，2012-4-2.

白帽：作为一种民族与宗教的服饰

郝铁滚[①]

在我国，回族人民和广大的伊斯兰信徒经常会穿戴一种典型的头饰——“白帽”。这种颜色洁白的无檐帽子在长时间的历史发展中逐渐成为区分民族和宗教信仰的一种标志。同样的，这种极具特色的头饰对于回族人民和伊斯兰教信众也有着特殊的意义和象征。

一种简单的头饰或者服饰，在日常生活中如何演化成为一种具有区分意义的标志？笔者认为，追溯“白帽”的产生历史、基本类型、产生原因及其民族和宗教功能，可以很好地解释这一问题。作为民族和宗教服饰的白帽正是借此抽象成为一种民族和宗教符号的。

一、“白帽”的产生历史

根据文献记载，在我国，回族和伊斯兰信众头戴无檐白帽并非由来已久，也并非自然形成。民族风俗的简单解释，似乎缺乏充分的说服力。这种并非是自然而然的社会现象，其实是一种社会生活、民族、政治等多重因素交织的历史现象。

回顾“白帽”作为一种经典的民族和宗教服饰的历史发展过程，可以明显地发现，这个历史习惯的形成主要分为三个时期：“戴斯达尔”时期、“白帽”习俗形成时期、“白帽”习俗的定型和延续时期。

（一）“戴斯达尔”时期

所谓的“戴斯达尔”指的是用白色的毛巾或者布料缠绕在头上，最初是阿拉伯地区民众的一种服饰。这种生活习惯最初具有的只是民族服饰的意义。自汉唐以来，中国封建帝国的繁荣和开放政策吸引了众多的阿拉伯人来往经商。从此之后这些商人便在东部沿海和西北内陆地区居住和生活。杨怀中先生认为：“唐代是中国历史上的封建盛世，回族的先民阿拉伯人、波斯人戴着白帽在长安街衢走来走去。”[②] 由此可以推测出，此时的回族先民所戴“白帽”，不可能是后来回族民众普遍戴的无檐白帽或六棱无檐白帽，而是保持着其本国的民族服饰习俗。宋人朱彧《萍洲可谈》载“广州番坊，番人衣装与华异”。这种习俗不断延续，直到元朝时达

① 郝铁滚（1990－），男，河南南阳人，四川大学公共管理学院社会学系硕士研究生。

② 杨怀中：《回族史论稿》，宁夏人民出版社，1991年版，第460页。

到顶峰时期。元朝统治者赋予了回族较高的社会地位，其民族服饰和社会风俗被完整地遵循，并在此基础上呈现多样化。《明太祖实录》卷 26："诏，复衣冠如唐制。初，元世祖起自朔漠，以有天下，悉以胡俗，变中国之制，士庶咸辫变椎髻，深檐胡帽。"[①] 白寿彝先生引《多桑蒙古史》"影戏"中有扮回教老人者，"长髯，冠缠头巾"。[②] 回族群众和伊斯兰信众的头饰除了"戴斯达尔"，还出现了"深檐胡帽"等头饰。正是在这个历史时期，社会上普遍形成了"缠头回族"的社会认同，其民族区分意义一目了然。

在历史上，元朝乃至明朝之前，回族和伊斯兰信众并没与形成固定形式的"白帽"，"白帽"也并没有太多的宗教标志意义。其作为一种与汉族有明显差异的头饰，只有民族区分的意义十分显著。

（二）"白帽"习俗形成时期

明朝政权建立之后，由于受到当时封建统治者和官僚集团对前朝（元朝）的否定和民族误解，"戴斯达尔"乃至深檐胡帽等一些回族和伊斯兰信众的头饰风俗被大范围的禁止。明人顾炎武《天下郡国利病书》载："商人……诡服殊音。"明太祖甚至以直接颁布诏书的形式在全国范围内禁止这种服饰习俗。但是到清朝之后，封建统治者采用了开明的民族政策和统治策略，回族和伊斯兰信众的头饰习俗得到广泛尊重。大多数学者认为，清中叶时期是"白帽"习俗的定型时期。较为著名的史料是清雍正时期有官员陈世馆与鲁国华上书雍正帝禁止"白帽"风俗。两人认为：回民戴"白帽"不符合"正朔服制"，属"违制"，是异服，是"混戴"，所以要禁绝。雍正帝以惑国乱政、无事生非将两人处置。由此可见，此时"白帽"习俗已经成为一种广泛的社会习俗。

从明朝时期的禁止，到清中叶时期变成一种广泛的社会习俗，"白帽"作为一种头饰，变化自"戴斯达尔"等多样头饰。将这段历史时期看作回族民众对头饰的简化时期和"白帽"习俗的初步形成时期也是科学的。因此，笔者将元朝之后到清朝中叶这一历史时期看作"白帽"及其习俗的形成时期。

（三）"白帽"习俗的定型和延续时期

清中叶之后，"白帽"习俗已经基本定型。这种定型主要表现在"白帽"的规格和制作有了一定的约束和标准。尽管"白帽"的颜色、质地和工艺技术差异在全国各地依然很大，但是"帽子无檐""帽顶小帽口大""必有帽顶和帽圆"等一些标准被全国各个地区和各种伊斯兰教派分支广泛遵从。除此之外，"白帽"还具有一定的宗教意义，伊斯兰教内部各种不同的教派，在不改变以上约束条件的前提下，以不同样式的"白帽"作为区分标志。[③] 在宗教仪式中，伊斯兰教神职人员信徒有

---

① 转引自余振贵：《中国历代政权与伊斯兰教》，宁夏人民出版社，1996 年版，第 132 页。

② 白寿彝：《中国伊斯兰史存稿》，宁夏人民出版社，1983 年版，第 176 页。

③ 哈正利、马威：《日常生活中的教派差异——关于甘肃临潭旧城区伊斯兰教的人类学田野报告》，2010 年，第 3 页。

必须戴“白帽”的规定；在伊斯兰葬礼上，戴“白帽”也是一种必须执行的服饰要求。这些规则和约束至今依然被传承。

二、“白帽”的基本类型

“白帽”从清朝中叶定型之后，逐渐演变成为一种具有宗教和民族意义的头饰。随着社会的变迁，这种无檐“白帽”或者六棱无檐“白帽”的基本样式没有发生太大的变化。这种白色帽又被称为号帽、顶帽、孝帽、回回帽或者礼拜帽。学者王正伟在《回族民俗概论》一书中，记述了白帽的基本类型：

号帽从颜色上看，有白、灰、兰、绿、黑五色，分春夏秋冬不同的季节来戴。从过去到现在，多数回族群众喜欢戴白帽。

白色的帽子一般用的确良、涤卡、棉布等料子做成，还有用白色棉线钩制的。

白的号帽样式也很多，基本的类型主要有小圆白帽和白色角帽（四角或者六角）。

（伊斯兰信众）逐渐养成了佩戴无檐小帽的习惯。现在回族男子无论是百岁老人还是四五岁的儿童，上寺礼拜和不上寺礼拜的，都喜欢戴这种标志的民族“号帽”。当回族过节参加会礼时，白帽帽白的耀人眼目，好像一片银海。[①]

学者研究发现，目前国内回族和伊斯兰信众佩戴的“白帽”和清朝中叶之后的类型规格基本是一样的。只不过，随着时代的发展和生活水平的提高，“白帽”在材质、艺术审美等方面呈现多样性。包括“白帽”在内的一些民族服饰也经历着现代化的革新和改变。[②] “白帽”的制作方法也随着科技的发展，更加的简便快捷，更加多样化和美观。

三、“白帽”产生的原因

“白帽”何以成为一种为广大伊斯兰信众和回族人民认可、接受，并且普遍穿戴的头饰？这一问题一直是人们很不理解的。笔者认为除了政治、经济和社会生活的外在形象塑造使白帽定型为一种民族宗教服饰之外，“白帽”自身所蕴含的宗教意涵和生活价值才是最重要的原因。

（一）“白帽”的宗教意涵

“白帽”的宗教意涵其实蕴含在“白帽”颜色的选择和外在形状中。在帽子颜色的选择上，尽管回族和伊斯兰信众还有佩戴其他颜色小圆帽的习惯，但是“白帽”的佩戴频率和使用场合是最高和最多的。其中，大部分的原因与白色在伊斯兰教中的圣洁意义有关。相传伊斯兰教先知穆罕默德在早期传教过程中头戴白色的

① 王正伟：《回族民俗学概论》，宁夏人民出版社，1994年版，第77～78页。

② Caroline Osella & Filippo Osella，*Muslim Style in South India*，Fashion Theory，2007（11），240—248.

"戴斯达尔"礼拜。他也教导其信众把白色作为一种纯净圣洁的颜色。在众多的颜色中，白色成为一种头饰色彩显然是有一定的宗教意涵的。而中国境内人数居多的汉族人民把白服、白帽视为一种忌讳，"白帽"服饰的意涵不可能受到汉族人民宗教和文化的影响。除了颜色之外，"白帽"在形状上也具有一定的宗教意涵。"白帽"中的圆帽和角帽是伊斯兰不同教派佩戴的头饰，但都有帽顶、帽檐。其中帽顶都寓意着真主独一无二，帽檐则代表着万教归一。六棱白帽与小圆白帽的区别的是其接合帽顶和帽檐处的六个等边三角形缝合块。这六瓣在某些伊斯兰教派系分支中被认为是伊斯兰教中的六大信仰。因此"白帽"的宗教意涵可能是其成为一种大范围信众佩戴头饰的主要原因之一。在一些伊斯兰教大型节日中和宗教仪式中，如古尔邦节中和入寺礼拜，信众人人佩戴"白帽"也很好地说明了"白帽"的宗教意涵。

（二）"白帽"的社会生活价值

单纯的宗教意涵，可以解释为什么"白帽"在宗教节日和仪式中被广泛穿戴。但是，这并不足以解释在日常生活中或者一些一般场合中，佩戴这种帽了的意义和原因。笔者认为，这种简单便捷的头饰可以很好地适应伊斯兰信众和回族人民的日常生活，其日常生活价值也是"白帽"被如此普遍佩戴的一个原因。

礼拜是每个伊斯兰信众必须按时进行的宗教活动，并且频率非常高。除了少量的上清真寺礼拜的集体仪式之外，大部分的礼拜是在日常生活中完成的。王正伟在《回族民俗学概论》中认为，回族在礼拜时，前额和鼻尖必须着地，为了方便，他们就戴上了无檐小白帽。① 这种"白帽"极大地便利了信众的日常生活，这种生活价值也是"白帽"流行的一大原因。

对"白帽"产生和流行原因的解释除了主流的宗教意涵和生活价值归因之外。部分学者也认为，这与伊斯兰教诞生地区干燥多光照的中亚气候有一定的关系："白帽"可以在一定程度上反射光线，故能避免头部因为过分吸热受到伤害。这种解释也是有一定道理的。但在国内沿海和内陆地区穆斯林聚居较多，气候差异明显，佩戴"白帽"的习惯却相同。因此这种归因只能具有部分的说服力，其科学性尚待推敲。

（三）"白帽"与"白帽"习俗的民族和宗教功能

"白帽"作为一种民族和宗教服饰，其功能值得探究。笔者认为，作为一种富有特色和标志性的头饰，这种头饰具有以下的功能。首先，作为服饰，其具有最直接的着装和装饰功能，这构成了我国多民族国家多元多彩的服饰特色。"白帽"作为回族和伊斯兰教典型服饰，也是回族群众服饰文化的承载物，具有一定的文化意义和内涵。

但"白帽"的文化意义和内涵并不是本文探讨的重点。笔者认为，"白帽"和

---

① 王正伟：《回族民俗学概论》，宁夏人民出版社，1994 年版，第 77～78 页。

"白帽"习俗同时具有丰富的民族和宗教功能。主要可以概括为：鲜明的民族识别功能、宗教整合和仪式崇拜功能。

"白帽"在我国通常又被称为"回回帽"，这让"白帽"和民族直接联系在一起。"回回帽"这一称呼，具有鲜明的民族识别和区分意义。目前在我国信仰伊斯兰教的少数民族中，仍是以回族居多。"回回帽"中的"回回"不仅指代的是回族，还包括维吾尔族、哈萨克族、乌兹别克族、塔塔尔族、塔吉克族、东乡族等众多的少数民族。这些民族在社会风俗习惯上有着较为显著的相似之处。除此之外，民族地域之间的相邻和经济文化的联系，使"回回"这种称呼可以很好地概括这些民族的某些特点。在统一的多民族国家内部，"白帽"因此具有明显的民族识别和民族区分功能。这对民族地区大范围的经济、政治、文化交流和发展，提供了超出单一民族和地域的平台和载体。随着国内民族工作的开展，类似"白帽"这种风俗实物都可以成为整合不同民族、联系不同地域的纽带，这也会对民族工作和社会团结带来一定的积极意义。

王正伟在《回族民俗学概论》中提到，在回族人民或者伊斯兰信众的重大宗教节日和宗教仪式中，"白帽"耀人眼目，远望好像一片银海。这说明"白帽"除了民族识别区分功能之外，还有这宗教整合和仪式崇拜的功能。国外学者在看待这种现象的时候，也将包括典型的头饰和服饰作为宗教的一种识别标志加以研究。① 从大范围来看，"白帽"可以视为广大伊斯兰信众有别于其他宗教信仰者的标志。这种简单的头饰，在伊斯兰教信众中明显具有宗教性质的整合作用。在伊斯兰教内部，不同样式的"白帽"还是区分教派分支的明显标志，可以视为不同派别信仰认同和身份认同的产物。在一些人类学家的田野调查中，这种服饰的区分可以作为其宗教信仰不同层次的表达。②"白帽"所折射出来的宗教集体认同，进一步强化了日常生活中"我群"与"他群"意识，一定程度上是宗教群体延续和教义传承的一种形式。在伊斯兰教的各种宗教仪式中，神职人员普遍穿戴"白帽"，其示范效应和宗教信仰带来的仪式感和宗教团结功能十分明显。当伊斯兰教信众在寺庙或者家中进行礼拜时，头戴圣洁白帽进行各种宗教活动被信众广泛的认为可以得到更多的真主恩赐。因此，在伊斯兰教中，通过这种简单头饰的统一，无形之中强化了集体力量的存在，这种集体力量和宗教相结合，达到了宗教崇拜的功能。其实质和涂尔干在《宗教生活的基本形似》中对宗教实质的解读契合。

四、小结

从民族和信众服饰中折射出来的宗教心理和社会心理，可以为我们理解不同宗

① Michael Humphreys, Dress and Identity: A Turkish Case Study, Journal *of Management Studies*, 2012 (12), 943—944.

② 哈正利、马威：《日常生活中的教派差异——关于甘肃临潭旧城区伊斯兰教的人类学田野报告》，2010年，第124～126页。

教的意涵提供独特的视角。“白帽”以及民族服饰所带有的社会功能，在剖析和解读之后，也可以为不同民族和宗教人民之间的理解和团结提供很好的平台。

在回顾了“白帽”作为民族与宗教服饰产生的历史、目前的基本类型及其产生的原因和意义之后，笔者认为它不仅仅是回族和伊斯兰教信众的日常穿戴和服饰，在世界范围内它也越来越成为一种具有艺术审美和时尚价值的服饰文化。① 更重要的是，从清中叶“白帽”作为民族和宗教头饰定型之后至今，漫长历史过程中的文化积淀和习俗的形成，树立了回族和伊斯兰信众的外在典型形象。这种被穆斯林喜爱并且传承，被社会认同的简单头饰，被作为形象的民族和宗教的符号标志。其在历史过程中的演化以及对其意义和功能的建构与解读，都构成了“白帽”今天的丰富内涵。

参考文献

[1] 杨怀中. 回族史论稿 [M]. 银川：宁夏人民出版社，1991.

[2] 余振贵. 中国历代政权与伊斯兰教 [M]. 银川：宁夏人民出版社，1996.

[3] 白寿彝. 中国伊斯兰史存稿 [M]. 银川：宁夏人民出版社，1983.

[4] 王正伟. 回族民俗学概论 [M]. 银川：宁夏人民出版社，1994.

[5] CarolineOsella & Filippo Osella , Muslim Style in South India [M], *Fashion Theory*, 2007 (11), 240-248.

[6] 王正伟. 回族民俗学概论 [M]. 银川：宁夏人民出版社 , 1994.

[7] Michael Humphreys, Dress and Identity: A Turkish Case Study [J], *Journal of Management Studies*, 2012 (12), 943-944.

[8] Heather MarieAkou , Building a New “World Fashion Islamic Dress in the Twenty—first Century” [J], *Fashion Theory*, 2007 (11).

---

① Heather Marie Akou, Building a New “World Fashion Islamic Dress in the Twenty—first Century”, *Fashion Theory*, 2007 (11), 403—417.

社会工作介入四川省残疾人的案例研究

罗　夏　刘华强①

引　言

随着社会政治、经济、科学、文化的迅速发展和文明程度的日益提高，残疾人问题受到社会的普遍重视。根据2006年的第二次全国残疾人人口普查，全国各类残疾人总数为8296万人，占全国总人口的比例为6.34%，与1987年第一次全国残疾人抽样调查相比，这次调查的残疾人总数占总人口的比例以及各类残疾人数量、结构都发生了一些变化。其中听力残疾为2004万人，占残疾人总数的24.16%，言语残疾127万人，占残疾人总数的1.53%。聋哑学生属于其中较为特殊的一类。随着聋哑学生的增多，他们的需求和问题引起了国家和社会各界的重视，政府也出台了相关的文件，全国各省市均建立了聋哑学校或者特殊教育学校，有关配套服务也取得了长足发展，但还远远不能满足现实的需求。一是由于这一群体基数大，且存在资源分配问题；二是目前对该群体的关注往往在物质方面，相对忽视了他们在心理和精神方面的需要。

有学者指出聋哑学生不仅对福利服务方面有需求，还有希望真正被了解、被关心和被爱的需要，这是一般的福利服务所不能涉及的地方。专业社会工作介入在这方面具有独特的优势。

笔者对聋哑群体有十分浓厚的兴趣，曾深入聋哑学生相对集中的福利机构开展探访活动和专业的社会工作服务，在此过程中发现很多聋哑学生都存在一些情绪问题。2013年，笔者参加了由某市社工服务中心承接的四川省民政厅关于“福利院儿童”的社会服务项目中。该项目尝试在艾利斯理情行为疗法的指导下，为某聋哑学生开展个案服务，观察其介入前、介入过程中和介入后的变化，并作专业反思，探讨理情行为疗法对聋哑学生介入的可行性和有效性。本文为项目成果之一。

一、文献回顾与研究介绍

目前，学者们对聋哑学生的研究主要集中在问题界定、需求评估和服务对策建

① 罗夏，女，四川宜宾人，四川大学社会工作专业硕士研究生在读；刘华强，男，四川泸州人，硕士研究生，助教，主要从事青少年社会工作和农村社区工作方面的研究。

议这三大方面。

在问题界定方面，目前对聋哑学生问题方面的研究主要涉及学校和家庭两个方面。学校方面的问题主要有：义务教育入学率低，特殊教育教育层次低、体系不够完善等（张小根，2004）。家庭方面的问题主要包括：聋哑孩子的出生给家庭带来了巨大的负担（彭虹、周海燕、陈淑云等，2010），聋哑学生护理缺乏发展性的服务等（张长伟、熊全生，2012）。

针对这一群体的需求，相关学者也进行了评估和分析：聋哑学生的需求主要集中在家庭康复、福利服务以及被爱和关心等（谭秀菁，2011）。而针对这些需求，政府、社会、家庭、学校、立法机构等方面都应发挥积极作用，构建聋哑学生社会支持网络（谷长芬、陈耀红、曹雁，2012）。

理情行为疗法是一种行为导向、对质和情绪取向的治疗学派。阿尔伯特·艾利斯（Albert Ellis）于20世纪50年代最早提出了“理性疗法”（Rational Therapy，RT），在治疗的过程中主要强调认知治疗的重要性。而后几经易名，于20世纪60年代更名为“理性情绪疗法”（Rational Emotive Therapy，RET），并被学者们广泛应用于各领域。20世纪90年代，艾利斯最终确定将其命名为理性—情绪—行为疗法（Rational Emotive Behavior Therapy，REBT），中文简称为“理情行为疗法”，这一疗法的理论和方法日臻完善。

通过对文献的梳理，学者们指出：理情行为疗法在国内大量被应用在心理学领域和医学领域，也有在社会学和社会工作领域的部分应用，其主要对象包括学生、妇女、病人和其他特殊人群（彭传媛，2012）。

本文以笔者在某市儿童福利院为某聋哑学生提供的个案服务为基础，通过以一对一的服务方式与案主进行会谈，并在会谈过程中与案主共同寻找其“非理性信念”，改变案主偏激和极端的想法，并以此提升案主的人际交往能力和理性看待及处理问题的能力。本次研究严格按照个案工作的一般过程进行，主要包括接案与服务设计、介入与治疗、结案与反思等三大部分。

二、接案与服务设计

（一）案主情况简介

案主田某是一名19岁的聋哑孩子，现就读于某特殊教育学校。其幼时父母先后因车祸、疾病去世，由爷爷奶奶抚养。几年后，爷爷奶奶由于上了一定年纪，并靠务农为生，收入微薄，在十年前将案主送到了某市儿童福利院。案主性格内向，甚至有些孤僻，在福利院里面很少与其他孩子交流。院方界定案主存在的最大问题是遇事偏激、极端，比如在生气之后常常对人对事“怀恨在心”，甚至出现逃学、绝食和自残等极端现象。在特殊的情况下脾气更暴躁。

（二）案主的心理特点分析

在做好接案前的准备工作后，笔者对案主的资料进行了整理，结合福利院老师、工作人员等所提供的信息不难发现，案主作为一个从小就面临聋哑、“被抛弃”的孩子，存在着一些心理特点：

（1）认为自己是一个被爷爷奶奶抛弃的孩子。他固执地认为是爷爷奶奶不爱自己才抛弃自己，因此对爷爷奶奶有较深的怨恨情绪。

（2）对福利院缺乏归属感和安全感。由于福利院的集体生活充满“无趣”（案主用语），且集体生活或多或少存在一些“偷窃”等陋习，让案主在福利院生活总是缺乏归属感和安全感。

（三）案主问题分析与服务计划

根据福利院方面提供的案主资料和笔者所在的机构对案主进行基线测量得出的初步分析结果，结合笔者开展的前期会谈，我们对案主问题进行了预估。基本情况如下：

（1）人际交往能力欠缺。聋哑学生因为不具备正常孩子的听说能力，往往缺乏正常的交往能力，所以特别不愿意与正常人交流（卢彩荣，2009）。在本案中，案主平时都是一个人看书、玩手机，在看到其他小朋友结伴而行的时候会投去羡慕的眼神。福利院还有另外一名聋哑孩子，他们之间会有些许交流，但因为年龄的差距交流也比较少。对于其他孩子，案主更是不能迈出主动交流的第一步。

（2）心理孤僻、内心封闭，有一定的自卑情绪。笔者从一些从事过聋哑学生教育的老师口中得知，聋哑学生容易对外界产生焦虑不安的情绪，别人很难走进他们的内心世界，他们往往将自己封闭起来，并且对身边的人和事特别敏感多疑（孟万金，2009）。在本案中，案主在福利院几乎不与别人交流、交往，福利院的某老师也指出，案主平时有什么事情基本上不会告诉别人，而是把事情憋在心里。在笔者与案主的前期交流中，案主也很难敞开心扉，刚开始的很长一段时间都只是向社工提供一些无关紧要的信息。案主对于福利院举行的一些诸如表演、出游的活动较少参与，觉得自己根本做不好这些。

（3）行为偏激（逃学、绝食）、仇视。聋哑学生与正常孩子相比，他们的心理问题多数反应为品行障碍，看问题片面化、绝对化、极端化，对正常人的世界表现出抵触、防御甚至是仇视，存在着较强的攻击心理、破坏心理和报复心理（杨洋，2012）。在介入过程中，案主也表现出了之前福利院的老师和工作人员所提到过的行为偏激和极端的现象，例如对爷爷奶奶的敌视心理和行为。

案主所表现出的情绪、想法和行为都具有很明显的非理性信念痕迹。例如，“灾难化”（大家都不会理我的，这很糟糕）、“我无法容忍”（失败、在交流中被别人拒绝）、“过度概括化”（爷爷奶奶不爱我）、“误解正面信息”（爷爷奶奶想为我提供更好的生活，所以把我放在了福利院）等。基于此，社工认为用艾利斯的理情行为疗法对其提供服务是十分可行的。

通过前期的接触，笔者在与案主初步建立专业关系之后，完善了案主自身、案主的家庭、学校等方面的资料，在与案主对所面临的问题和工作目标达成共识后，共同制定了为期5个月共15次的艾利斯理情行为疗法个案服务计划。

三、介入与治疗

理情行为疗法强调认知、行动并重，强调理性、经验并存，强调人自身的认知、情绪和行为三个维度的统一性（王向征，2007）。该理论中最重要的部分，也是被广泛运用的内容是ABC理论：A（Activating Events）是指诱发性事件；B（Beliefs）是指在诱发性事件A发生之后形成的认知和看法，可以是“理性的”，也可以是“非理性的”；C（Consequences）是指在诱发性事件发生之后个体出现的认知、情绪和行为。艾利斯认为，A并不能直接导致C，B才是解释某一行为后果更为直接的原因。在理性信念的指导下，个体倾向于较为合理的情绪和行为，反之则不然。D（Disputing）是指对“非理性信念”的介入和治疗，之后就会形成一种新的认知和情绪E（New Emotional and Behavioral Effects）。ABC理论的重点就在于引导服务对象检查并消除“非理性信念”，使我们在情绪受到干扰的时候，借由这个机会可以检视自己对事实的想法，看看这些假设是不是真实，以此恢复生活的“本真性”。

本案以协助案主改变非理性信念为中心，采用了艾利斯的治疗过程技术，主要包括明确辅导要求、检查非理性信念、与非理性信念辩驳、学会健康思维模式和生活方式以及巩固辅导效果等五个方面。

（一）明确辅导要求

这一阶段，首先，社工需要与案主建立良好且稳定的专业关系，使案主信任社工。关系是一种建构并不断发展的过程，其本身就是专业作用的要素。其次，社工要告知案主有关理情行为疗法的相关内容，让案主有所认识，为接下来几个阶段的工作奠定良好的基础。再次，社工要及时搜集案主的资料，发掘案主的问题，将众多问题按照主次进行排列，与案主共同制定服务目标和计划。

在本案中，社工开展了五次会谈完成了这一阶段的计划和任务。在与案主建立关系之后，及时告知案主我们将采用“理情行为疗法”对其进行介入，为其提供了相关的书籍。同时，社工尝试根据案主的需要与其共同总结了关于案主的几点期待：一是希望能够在福利院里面过得更加充实和有意义；二是提高数学成绩；三是改善与爷爷奶奶的关系。

（二）检查非理性信念

在与案主建立了良好的专业关系之后，社工就需要采用直接的指导方法干预案主的生活，积极引导案主对自己的非理性信念进行检查。

在本案中，社工界定案主的非理性信念主要包括以下几个方面：第一，案主将爷爷奶奶送他到福利院看作是爷爷奶奶对他的抛弃；第二，在遭遇了福利院孩子的偷盗后，案主认为福利院的孩子都是不可接触的；第三，案主认为发生了令自己不开心的事情就应该采取极端的方式来处理。为了分重点、分步骤的解决问题，在案主自决原则的指导下，本案主要运用理情行为疗法改变案主对“爷爷奶奶将我送到福利院是不爱我”的“非理性”认识以及在此基础上采取的偏激、极端的行为。

在艾利斯理情行为疗法 ABC 理论的指导下，笔者协助案主找出了自己的“非理性信念”。需要注意的是，在本案中，出现了“多重非理性信念”，从而导致的时间跨度大且过程复杂，在此做简要分析：

A（Activating Events）——案主的爷爷奶奶在 10 年前将其从老家送到了某儿童福利院，这是一个陌生的环境，案主感受到压力……

B（Beliefs）——爷爷奶奶不爱我/去福利院就意味着被抛弃/福利院的孩子是不幸福的/去福利院意味着我和爷爷奶奶永远分别、脱离关系……

C（Consequences）——提到爷爷奶奶就生闷气/不愿意回老家看望他们……

在这个检查探视的过程中，我们看到了外在的事件和压力是怎样通过案主的观念一步步形成一系列观点、情绪和行为的。同时，我们也能够感受到案主内心深处对自己、对爷爷奶奶、对他人和对环境的期待。

（三）与非理性信念辩驳

心理困扰源于人类一方面具有建设性，一方面又流于破坏性，再加上环境条件和社会学习互动而生成。

REBT 在工作中并不判断案主的想法是对还是错，而是陪同案主去看想法的内容本身是否符合逻辑。在发现了案主的非理性信念以及原因之后，社工需要及时引导案主与这些非理性信念进行辩驳，发现其不合理之处和不切实际之处，并让案主知道这对其自身的发展是极为有害的，鼓励案主放弃非理性的思考方式，更好地生活。

在本案中，这一阶段主要通过给案主布置“家庭作业”和引导案主对相关案例进行分析，让案主认识到自身存在的“非理性信念”。在此过程中，案主已经知道 ABC 分别代表的含义，而且对社工提供的有关“理情行为疗法”的书籍当中的案例有浓厚的兴趣。在此基础上，社工引导案主用 ABC 理论来分析自己的“非理性信念”，社工让案主认识到他讨厌爷爷奶奶，并且不想再见到他们，是和自己有着密切关系的。包括案主认识和看待问题的视角、考虑问题的全面性、是否换位思考和自己内心深处中的一些固有观念等。在这一阶段的介入中，通过与非理性信念辩驳来检视自己的观念，同时觉察到爷爷奶奶的心理感受、难处和初衷（为了让其生活有保障）。

（四）学会健康思维模式和生活方式

经过上几个阶段的治疗，接下来就要协助案主找到合理的、健康的思维模式，并把理性信念与合适的情绪、行为反应连接起来，形成良好的生活方式。

艾利斯假设人们将非理性信念转换为更理性的信念时，不管是透过治疗师的协助还是自助的过程，他们的情绪障碍都将大为减轻。

在服务进行到第十周的时候，案主告知社工他已经回老家看望了爷爷奶奶并且表示已经消除了对爷爷奶奶的“怨恨”。在此基础上，社工又引导案主分析“在福利院生活没有意义”“遇事后绝食生闷气”等事件，让案主在积极信念的指导下，拥有合理的情绪和行为。

（五）巩固辅导效果

在此阶段，社工的主要任务包括以下几个方面：第一，帮助案主继续练习核查自己的观念以及自己在面对生活时的理性-情绪-行为反应方式，巩固个案辅导的效果；第二，帮助案主逐步内化积极的信念，并鼓励案主以此指导自己的现实生活；第三，布置一些家庭作业，并鼓励案主在今后的生活中继续学习一些有关理情行为疗法的内容。

这一阶段的进行，意味着本案也将结束。社工通过让案主继续阅读有关理情行为疗法的书籍并将书籍里面的案例与自身实际相联系分析自己的问题来巩固辅导效果。同时，社工也安排了一些个案跟进服务。

经过五个月的个案服务，案主检视了一系列自己的非理性信念，并做出了积极的尝试，总目标已经达到。

四、结案与反思

社工提前告知了案主结案的时间，随着案主“非理性信念”的改变以及个案服务总目标的达成，案主可以在自己的控制和引导下独立理解和处理问题了，因此社工和案主都认为可以结束专业关系了。

这一次个案服务的开展，不仅是实务的训练，也是将理论应用于实践的一次有效尝试。作为专业实践，笔者也进行了反思：

(1) 笔者对理情行为疗法的认识还比较浅显和狭隘。本次个案在艾利斯理情行为疗法的指导下为聋哑学生提供服务，但是笔者对这一疗法的运用还只是处于尝试阶段，对其认识并不够深入。

(2) 在进行个案评估的过程中，选择“参与观察”并不稳妥。由于自身的疏忽，结案时让案主填写的“个案评估表”是在社工的指导和观察之下进行的。案主对社工的评价十分高，表面看来这是对社工的肯定，其实这样的评估结果并没有反映出真实的情况。这主要是由于社工的实务经验还不成熟。

(3) 为案主提供服务的过程中，发现了自身知识的局限性。社会工作要培养的不仅是“专才”，从某种意义上说，它更加需要一个“通才”。社工不仅要掌握个案工作中的倾听、影响和关注等技巧，还应该适当地接触一些心理学、社会学、人类文化学科以及法律知识等。在本次个案服务过程中，笔者就有亲身的体会和感受，法律知识的匮乏、心理学和社会学等知识的不扎实导致本案的服务质量受到了影响。

五、结语

理情行为疗法在心理学领域的应用较多，作为社会工作三大方法之一的个案工作与心理学也有着千丝万缕的联系。通过社会工作的实务介入，不难发现，理情行为疗法能够很好地指导个案工作的开展，特别是针对认知、情绪、行为系统，在聋哑学生这一特殊群体也具有较高的适用性。理情行为疗法虽然源自于欧美国家，但是它与中国的文化背景却有相通之处，中国人在遇到认知或情绪问题的时候，总希望能够有人以一个“老师”的身份给出建议和帮助，所以社会工作者能够较快较好地与案主建立良好的专业关系，从而促进服务的开展。但是需要注意的是，社会工作者在理情行为疗法的指导下开展服务的时候，不能将自己的意志强加于案主，要让案主更自由地表达和抉择才能更有利于案主的成长和发展。

参考文献

[1] 谷长芬，陈耀红，曹雁. 北京市 0—6 岁残障儿童家长教育需求研究 [J]. 中国特殊教育. 2012 (4)：11.

[2] 卢彩荣. 聋哑儿童的心理特点及教育 [J]. 心理健康教育，2009 (3)：51—52.

[3] 孟万金等. 论聋哑学生心理问题及解决策略 [J]. 中央教育科学研究所心理与特殊教育研究部，2009 (5)：1—4.

[4] 彭传媛. 生命之光——慢性病患者个案工作 [J]. 华中师范大学社会学院学报，2012 (4)：13—14

[5] 彭虹，周海燕，陈淑云，程悦，熊汉忠. 北京市学前聋哑儿童家长心理压力问卷调查 [J]. 中国特殊教育，2010：12.

[6] 谭秀菁. 早期教育：为聋哑孩子的幸福生活奠定基础 [J]. 现代特殊教育，2011 (4)：1.

[7] 王向征. 两种认知行为疗法的比较——试论理情疗法与现实疗法的异同 [J]. 井冈山医专学报，2007 (3)：1.

[8] 杨洋. 残障儿童生存现状及福利服务分析 [J]. 残障人研究，2012 (3)：43—44.

[9] 张长伟，熊全生. 家庭供养模式下农村残疾儿童的社会融合社会路径 [J]. 佳木斯教育学院学报. 2012 (11)：425.

[10] 张小根，傅林峰. 论聋哑儿童少年受教育权的法律保障及其实现 [J]. 中国特殊教育，2004：9—10.